日本占領と「敗戦革命」の危機

江崎道朗

Ezaki Michio

PHP新書

はじめに——敗戦後の日本を襲った「敗戦革命」という危機

戦争は恐ろしい。

実はこの戦争と同じくらい恐ろしいのが、共産主義だ。

そして、共産主義の脅威は終わっていない。現在進行形の「脅威」なのだというのが、アメリカのドナルド・トランプ大統領の認識だ。

日本のマスコミは黙殺したが、トランプ大統領は韓国を訪問した二〇一七年十一月七日、この日を「共産主義犠牲者の国民的記念日（National Day for the Victims of Communism）」とするとして、次のような声明を出した。

《本日の共産主義犠牲者の国民的記念日は、ロシアで起きたボルシェビキ革命から百周年を記念するものです。

ボルシェビキ革命は、ソビエト連邦と数十年にわたる圧政的な共産主義の暗黒の時代を生み出しました。共産主義は、自由、繁栄、人間の命の尊厳とは相容れない政治思想です。

前世紀から、世界の共産主義者による全体主義政権は一億人以上の人を殺害し、それ以上の数多くの人々を搾取、暴力、そして甚大な惨状に晒《さら》しました。このような活動は、偽の見せかけだけの自由の下で、罪のない人々から神が与えた自由な信仰の権利、結社の自由、そして極めて神聖な他の多くの権利を組織的に奪いました。自由を切望する市民は、抑圧、暴力、そして恐怖を用いて支配下に置かれたのです。

今日、私たちは亡くなった方々のことを偲《しの》び、今も共産主義の下で苦しむすべての人々に思いを寄せます。彼らのことを思い起こし、そして世界中で自由と機会を広めるために戦った人々の不屈の精神を称え、私たちの国は、より明るく自由な未来を切望するすべての人のために、自由の光を輝かせようという固い決意を再確認します》（原文英文は「ホワイトハウス報道資料」https://www.whitehouse.gov/briefings-statements/national-day-victims-communism/。邦訳は「ドナルド・トランプNEWS」https://www.trumpnewsjapan.info/2017/11/09/national-day-for-the-victims-of-communism/）

この声明のポイントは、四つある。

第一に、ロシア革命百周年に際して、改めて共産主義の問題点を強調したことだ。その背景には、アメリカで現在、共産主義に共鳴し、自由主義、民主主義を敵視する風潮が左翼リベラル側のあいだで強まっていることがある。

第二に、《世界の共産主義者による全体主義政権は一億人以上の人を殺害し、それ以上の数多くの人々を搾取、暴力、そして甚大な惨状に晒しました》として、二十世紀において最大の犠牲者を生んだのは戦争ではなく、共産主義であったことを指摘したことだ。

第三に、《私たちは亡くなった方々のことを偲び、今も共産主義の下で苦しむすべての人々に思いを寄せます》として、共産主義の脅威は現在進行形であることを指摘したことだ。

日本では、東西冷戦の終了とともにイデオロギー対立の時代は終わったかのような「誤解」が振りまかれた。

だがトランプ大統領は、共産主義とその変形である全体主義の脅威が北朝鮮、そして中国において現在進行形であることを理解している、極めて珍しい指導者なのだ。このことを理解していないから、日本のトランプ報道は頓珍漢《とんちんかん》なものが多いのだ。

ちなみにこの声明を出した翌日、トランプ大統領は中国を訪問した。アジア太平洋の平和と経済的利益のため中国共産党政府と取引するが、だからといって《今も共産主義の下で苦しむすべての人々》を忘れるつもりはないとの基本哲学を示したわけだ。

そのうえで第四に、アメリカ・ファーストを掲げ、国益を第一に考えるが、《世界中で自由と機会を広めるために戦った人々の不屈の精神を称え、私たちの国は、より明るく自由な未来を切望するすべての人のために、自由の光を輝かせようという固い決意を再確認します》として、共産主義・全体主義と戦う同盟国と連携し、「世界の」自由を守る方針を貫くと表明したのだ。

この「反共」声明をより具体化させたのが、その翌日の十一月八日、韓国の国会においてトランプ大統領が行なった演説だ（全文は、二〇一七年十一月九日付『読売新聞』を参照のこと）。この演説で目を引くのは、金正恩体制のもとで苦しむ北朝鮮人民の苦境について詳しく述べていることだ。

《韓国の奇跡は、1953年に自由な国々の軍隊が進撃した地点――ソウルから北へちょうど24マイルの地点までしか届いていない。そこで終わり。すべてが止まった。行き止まりだ。繁栄はそこで止まり、残念ながらそこからは監獄国家、北朝鮮が始まる》

では「監獄国家」とはどういうことか。

《北朝鮮の労働者たちは、耐え難い状況下で、へとへとになりながら何時間もほぼ無給で働いている。最近、すべての労働者が70日間連続での労働を命じられた。休みたいなら金を払わなければならない。

北朝鮮の家族は、給排水もない家に暮らし、電気が来ている家は半分にも満たない。親たちは、息子や娘が強制労働に送られるのを免除してもらおうと教師に賄賂を贈る。1990年代には100万人以上が餓死した。今日も飢えによる死者が続いている。

5歳未満の子供たちの約30%は、栄養失調による発育不良に苦しんでいる。北朝鮮政権は2012、13年に、その独裁者たちをたたえる記念碑や塔、像をこれまで以上に建造し、それに費やした費用は約2億ドルに上ったと見積もられる。これは、国民の生活改善に充てた予算の約半分に及ぶ》

日本でも、ブラック企業が問題になっているが、北朝鮮は、そんな生易しいものではない。一党独裁の朝鮮労働党の幹部たちだけが豪華な暮らしをする一方で、一般の家庭の多くは未だに水道もなく、電気も通っていない。当然、クーラーなどもない。満足に食糧もなく、百万人以上が餓死したが、こうした状況を批判すれば、強制収容所に送られ、拷問・レイプのうえ、殺されるのだ。

共産主義体制とは一部の特権階級のもとで、多くの庶民が弾圧され、いくら働いても満足な食事もできず、風呂にも入れず、不満をいえば殺される政治制度なのだ。その恐ろしい体制が日本のすぐ隣に存在している。

では、なぜ北朝鮮は、こうした残酷な共産主義体制になってしまったのか。北朝鮮の悲劇は、ソ連・コミンテルンの工作と、先の大戦および日本の敗戦の結果、生まれたのだ。

そもそも共産主義体制が人類の歴史に姿を現したのが、一九一七年に起きたロシア革命によってであった。

世界初の共産主義国家となったソ連は厄介なことに、コミンテルンという世界の共産主義者ネットワークを構築し、世界「共産」革命を目指して、各国に対する工作を仕掛けた。

具体的には、世界各国のマスコミ、労働組合、政府、軍のなかに「工作員」を送り込み、秘密裏にその国の世論に影響を与え、対象国の政治を操ろうとした。その目的は、資本主義国同士をいがみ合わせ、戦争を引き起こし、敗戦に追い込むことで、その混乱に乗じて一気に権力を奪取し、共産党政権を樹立しようというものであった。「敗戦革命」と呼ばれる。

このコミンテルンの対日工作の実態は、二〇一七年に発刊した拙著『コミンテルンの謀略と日本の敗戦』（ＰＨＰ新書）において詳述したが、コミンテルンの工作に振り回された日本の課題を明らかにするため、明治維新から説き起こしている。

詳しくは拙著を読んでほしいが、明治以降、日本は「庶民の日本」と「エリートの日本」の二つの世界があり、断絶していた。庶民たちと異なり、エリートたちの多くは、日本の伝統を軽んじることを教えられ、精神的な空洞のなかに追い込まれていた。

しかも、「祖国・伝統喪失」状況に置かれた「エリート」たちは大正時代以降、主として次の三つのグループに細分化していた。

第一は、世界恐慌を背景に「資本主義はもうダメだ」という不信感に基づいて、社会主義にのめりこんだ「左翼全体主義」のグループだ。昭和初期以降、このグループに属する学者、ジャーナリスト、官僚、軍人たちがソ連・コミンテルンの「秘密工作」に同調し、日本を英米との戦争へと誘導していった。その代表的な人物が、近衛文麿首相のブレーンを務めた朝日新聞の尾崎秀実《ほつみ》だ。

第二は、皇室を尊重し、教育勅語を重視する一方で、資本主義を掲げたアメリカやイギリスを敵視し、内心では社会主義に共感しながらも、「左翼」を弾圧し、「官僚独裁」政治にすることが戦争遂行のために必要であり、「国体」を守ることだと信じた「右翼全体主義」のグループだ。いわゆる五・一五事件から二・二六事件、そして大政翼賛会に至る動きを主導したのがこのグループだ。

第三は、聖徳太子以来の政治的伝統を独学で懸命に学ぶなかで、議会制民主主義を尊重し、統制経済に反対し、コミンテルンの「対日工作」に警戒心を抱き、「皇室のもとで秩序ある自由」を守ろうとした「保守自由主義」のグループだ。

「右翼全体主義者」と「保守自由主義者」は、皇室を仰ぎ、伝統を尊重することでは一致していたものの、言論の自由、議会制民主主義、経済政策などの面では、まったく異なっていた。

そのため、美濃部達吉博士のような「保守自由主義者」は、政権と軍部を主導した「右翼全体主義者」たちによって弾圧され、日本は「反米親ソ」、「統制経済から全体主義」へと進み、日米開戦、そして敗戦へと追い込まれた。

この敗戦の結果、日本の支配下にあった北朝鮮地域は、ソ連軍によって占領され、ソ連の軍事力を背景に金日成たち共産党勢力（朝鮮労働党）が一九四八年九月、朝鮮民主主義人民共和国の建国を宣言した。

コミンテルンの対日・対米工作、日米戦争の勃発、日本の敗戦、ソ連軍が日本支配下にあった北朝鮮地域を占領、ソ連の支援を受けた朝鮮労働党が権力を掌握、共産主義政権の樹立という流れだ。

北朝鮮は、ソ連・コミンテルンによる対日「敗戦革命」工作の結果、生まれたのだ。こうした基本認識が、現在の日本には決定的に欠落している。

北朝鮮を襲った「敗戦革命」は、日本もターゲットにしていた。大半の人たちは気づいていないが、日本もまた北朝鮮のようにソ連の影響下で共産主義体制になっていたかもしれなかったのだ。これが本書の主題である。

ソ連・コミンテルンは、日米戦争に追い込んだ日本に対して敗戦革命を引き起こすつもりであったし、その準備を周到に進めていた。

その準備は、どこで誰の手によってされていたのか。

ソ連を司令塔に仰ぎながら、アメリカと中国の二カ所で、日本の敗戦革命の計画立案と「革命の担い手」の養成が行なわれていたのである。

日本は敗戦後、アメリカを中心とするGHQによって憲法改正を含む全面的な占領改革を強制された。その対日占領政策の形成過程についての研究は一九八〇年代から急速に進んできた。

その研究を全面的にひっくり返す事件が一九九五年に起こった。第二次世界大戦前から戦中にかけて在米のソ連スパイとソ連本国との秘密通信を傍受し、それを解読した機密文書、通称「ヴェノナ文書」が公開されたのだ。

一九八九年、東西冷戦のシンボルともいうべきドイツのベルリンの壁が崩壊し、東欧諸国は次々と共産主義国から自由主義国へと変わった。ソ連も一九九一年に崩壊し、共産主義体制を放棄し、ロシアとなった。

このソ連の崩壊に呼応するかのように、世界各国が第二次世界大戦当時の、いわゆる外交、特に秘密活動に関する「機密文書」を情報公開するようになったのだ。「ヴェノナ文書」が公開されたのも、その一つであった。

この「ヴェノナ文書」の公開によって、アメリカのルーズヴェルト民主党政権内部に、ソ連・コミンテルンのスパイ、工作員たちが多数潜り込み、アメリカの対外政策に大きな影響を与えていたことが明らかになった。

これまでは「戦勝国のアメリカが、日本の民主化のために対日占領政策を立案した」といわれてきたが、ヴェノナ文書の公開とその研究の結果、「ルーズヴェルト民主党政権に潜り込んだコミンテルンの工作員たちが対日『敗戦革命』計画を立案していた」側面が明らかになりつつあるのだ。

しかも、この対日「敗戦革命」計画に多大な影響を与えていたのが、第二次世界大戦中、延安を本拠地にしていた中国共産党と野坂参三であった。本書では、中国共産党の対日心理戦争が現在に至る日中関係をいかに歪《ゆが》めてきたのか、ということについても触れている。

このようにしてアメリカと中国で対日「敗戦革命」の準備が周到に進められていたのに対して、日本政府と軍幹部は「右翼全体主義者」たちによって主導され、「国体護持」の名のもと、反米親ソ政策を推進し、進んでソ連の影響下に入ろうとしていた。

日本が終戦に際してこだわったのが「国体護持」であった。

驚くべきことに、彼ら「右翼全体主義者」にとって「国体護持」とは、「天皇制」のもとで、ソ連と友好関係を結ぶ社会主義政権を樹立することも許容範囲であったのだ。それは、ソ連や中国共産党の「同盟国」になることを意味した（この恐るべき倒錯についても、本書で詳述する）。

一方、後に総理大臣となった吉田茂や重光葵《まもる》ら「保守自由主義者」たちにとって「国体護持」とは、明治維新以来の国是である自由主義と立憲君主制を守ることであり、ソ連・コミンテルンの「敗戦革命」工作を阻止することであった。それは、アメリカが主導する自由主義陣営に入ることであった。

要は「国体護持」の意味が、「右翼全体主義者」と「保守自由主義者」とでは、まったく異なっていたのである。だが、その違いを明確に理解している人が少なかったことが、終戦交渉をいたずらに混乱させることになった（残念ながら、今もこの違いを明確に理解している人は少ない）。

日本にとって幸いであったことは、昭和天皇がこの二つの違いを明確に理解されていたことであった。

昭和天皇は、保守自由主義者の主張する「国体護持」に賛同され、敗戦を決断された。この決断によって日本は、ソ連が主導する共産主義陣営ではなく、アメリカが主導する自由主義陣営に属することができたのだ。もし昭和天皇が終戦に際してソ連との連携の道を模索されていたならば、日本は間違いなく、北朝鮮と同じ道を歩むことになったであろう。

昭和天皇と保守自由主義者たちの奮闘によって、かろうじて「ポツダム宣言」受諾による終戦にこぎつけたものの、それで諦めるようなソ連・コミンテルンではなかった。

敗戦後、ＧＨＱに潜り込んだソ連・コミンテルンの工作員たちは日本で敗戦革命を引き起こすべく、日本の政治体制を弱体化するだけでなく、デフレ政策と生産能力の低下を強制することで意図的に経済的困窮へと日本国民を追い込み、社会不安を煽《あお》ったのだ。

敗戦後の窮乏、食糧危機は空襲によって生産施設が破壊されたからだと思っている人が多いが、実際は、日本は意図的に食糧危機に追い込まれていた。しかも、こうした食糧危機を背景にＧＨＱに潜り込んだソ連・コミンテルンの工作員たちが、中国から帰国した野坂参三らと連携して、敗戦革命工作を推進した。この工作に呼応して「左翼全体主義者」たちも、労働組合を相次いで結成し、大規模な反政府グループを組織していく。

何しろ、戦勝国のソ連とＧＨＱが、日本共産党を支援していた時代なのだ。対する日本は、軍もまともな警察も、テロや内乱に対応する法律もなかった。マスコミはＧＨＱの検閲によって言論の自由を奪われ、有能な人材の多くは、公職を追放され、政治活動を禁じられていた。

まさに、敗戦直後の日本こそ最大の危機だった

このままだと、ゼネストから人民戦線内閣樹立、そして敗戦革命へと一気に事態は展開する可能性もあったが、こうした動きを「インテリジェンス」と「経済」の二つの分野で阻止

しようとしたのが昭和天皇であり、吉田茂首相や石橋湛山蔵相ら保守自由主義者であった。

敗戦後の日本は「軍事」と「外交」という二つの手段を奪われたが、「経済」と「インテリジェンス」を駆使して「敗戦革命」をなんとか阻止したといえる。

戦争に負けたら自動的に平和が訪れるというものではない。「軍事」で敗北し、「外交」権限を奪われたとしても、「インテリジェンス」と「経済」の戦いは続くのだが、それを自覚している人は、当時の日本においても決して多くなかった。むしろ時流に乗って戦時中に「徹底抗戦」を叫んだ政治家、軍人、高級官僚らエリートたちは未曾有の敗戦に直面したとき、うろたえ、逃げ回っただけでなく、その多くがGHQに迎合した。

もちろん、戦前のエリートたちがダメだったと非難したいのではない。過去を糾弾することが本書の目的ではない。

近い将来、日本が戦争や内乱を仕掛けられるかもしれないと想定し、「外交」、「軍事」、「インテリジェンス」、「経済」などの分野で危機に対応できるよう法律、政治体制、予算、そして人材を整えるようにしておこうといっているのだ。

東西冷戦という共産主義の脅威との戦いは、ヨーロッパでは終結したかもしれないが、アジアでは未だに続いている。

本書を執筆している間も、中国は尖閣諸島を含む南西諸島に軍艦と戦闘機を派遣して地元住民の安全を脅かし、日本の土地と民間企業を買いまくっている。北朝鮮も国際社会の非難を無視して、日本を射程に入れたミサイルと核開発を続けている。

アメリカのトランプ共和党政権は、北朝鮮の核開発を阻止し、中国の軍事的台頭を抑止しようとしているが、アメリカも一枚岩ではない。アメリカには、中国共産党政府との友好を重視する政治家や官僚も多数存在するし、北朝鮮の核開発を阻止できるかどうかも不明だ。

戦争、占領、そして敗戦革命の危機が再び日本を襲わないと誰が保証できよう。来るべき危機に備えるためにも、先人たちはどのように奮闘したのか、その苦闘の歴史を一人でも多くの人に知ってほしいと願っている。

なお、本文中での参考文献引用にあたって、旧字旧かな遣いを新字新かな遣いに改め、一部漢字をかなに置換するなど表記変更を行なった。適宜改行も施している。本書の場合、戦前・戦中・戦後、実際にどのようなことが書かれ、論じられていたのかを知ることが最優先であるとの判断に基づき、現代の読者に読みやすくなるよう配慮したものである。ご了解賜りたい。

本書の上梓にあたって、川上達史さん（PHP研究所）と山内智恵子さんには、一方ならぬご支援をいただいた。特に山内さんには、「ヴェノナ文書」の研究をはじめとするアメリカの最新歴史研究に関する多くの著作や論文を邦訳していただいたおかげで、本書でもアメリカの最新の研究成果を紹介することができた。

最後に、中西輝政先生には、前著に引き続き、推薦の言葉をお寄せいただいた。三十年以上も前から「インテリジェンス・ヒストリー（情報史学）」という新たな学問を日本に構築しようと奮闘してこられた中西先生に、心からの敬意を表するとともに、この場をお借りして御礼を申しあげたい。

江崎道朗

平成三十年七月吉日

日本占領と「敗戦革命」の危機

目次

第二章　中国共産党による対日心理戦争

第三章　戦時下での米中結託と野坂参三

第四章　近衛上奏文と徹底抗戦の謎

第五章　停戦交渉から逃げ回ったエリートと重光葵の奮戦

第六章　占領政策という名の日本解体工作

第七章　ＧＨＱと日本共産党の蜜月

第八章　昭和天皇の反撃

第九章　仕組まれた経済的窮乏

第十章　敗戦革命を阻止した保守自由主義者たち

序章　「敗戦で平和になった」という誤解

日本の敗戦後に訪れた「最大の危機」

日本が第二次世界大戦で敗北した結果、アジアに平和が訪れたであろうか。答えは、もちろん「否」である。

少なくとも第二次世界大戦後、アジアでは、三つの独立国家が滅ぼされている。チベット、満洲国、そして東トルキスタン（ウイグル）である。いずれもソ連および中国共産党政府によって第二次世界大戦後、滅ぼされた。

そもそも、日本が戦争を止めても、戦争は終わらなかった。

日本のポツダム宣言受諾後も、ソ連は千島列島と北方領土への侵略を続けた。中国大陸では、蔣介石率いる中国国民党政権と毛沢東率いる中国共産党政権が四年あまり、国共内戦を戦った。朝鮮半島でも、北朝鮮によって「朝鮮戦争」が仕掛けられた。

東南アジア諸国でも、たとえばインドネシアは、一九四五年八月十七日に独立を宣言したが、その後、旧宗主国のオランダとイギリスの連合軍と四年近く独立戦争を戦うことを余儀なくされた。ベトナム戦争も起こったほか、フィリピン、マレーシアなどは中国共産党らが支援する武装勢力との内戦に苦しんできた。

「日本が負けて平和になった」どころか、アジアのあちこちで内乱と革命の暴力が吹き荒れていたのである。要するに第二次世界大戦で日本が敗北した結果、アジアに平和が訪れたというのは嘘なのだ。

第二次世界大戦後、アジア諸国は戦争と内戦に苦しんできたという認識が、日本人にはすっぽり欠落している。そのため、日本さえ戦争をしなければアジアの平和は維持できるかのような「勘違い」をする人も多くなってしまった。

こうした勘違いは、日本の「戦後」についてもまかり通っている。

昭和二十年（一九四五）八月十四日、日本は、アメリカ、イギリス、ソ連などによる連合国にポツダム宣言の受諾を通告した。翌八月十五日には昭和天皇の玉音放送が行なわれ、日本国民は戦争に敗北したことを知ることになる。

現在の日本人の圧倒的多数は、この「終戦」によって「日本は平和になった」、と思っているはずである。

たしかに、日本が敗戦を受け入れたことで第二次世界大戦の「戦闘」が終わったのは事実である（国際法上は、一九五二年四月二十八日、サンフランシスコ講和条約の発効をもって第二次世界大戦は終わったということになる）。

しかし実際には、「日本は敗戦によって平和になった」というのは、とんでもない間違いなのだ。

日本はむしろ、戦争に敗北してから「最大の危機」に直面することになる。その危機とは、日本で共産革命が起こり、ソ連・中国共産党の影響下に入るということである。

ソ連の戦略どおりに世界各地を襲った「敗戦革命」

敗戦後の日本で何が起きようとしていたのか。それを考えるために、まずは実際に戦後、共産革命が起こった国々の事例を見ておきたい。

ヨーロッパでは一九四四年、ソ連軍の侵入とともに、ルーマニアとブルガリアでクーデターが起き、共産党が参加する連立政府が樹立された。両国とも、まもなく共産党が実権を掌握し、人民共和国が成立している。同年、ハンガリーとアルバニアで親ソ政権樹立。翌一九四五年にはユーゴスラビア人民共和国と、共産党系のポーランド人民共和国が建国している（ロンドンにはポーランド亡命政府があり、連合国の一員としてドイツと戦っていたが、ヤルタ会談においてルーズヴェルト政権によって見捨てられた）。

そしてドイツでは一九四八年にベルリン封鎖が行なわれ、一九四九年に東ドイツ（ドイツ民主共和国）が建国された。

アジアでは一九四五年、日本の敗戦直後の八月十八日にベトナムで共産主義者の蜂起が起きている。ベトナム人民共和国が成立したのは、それからわずか半月後のことだ。中国では一九四六年に国共内戦が始まり、一九四九年に中国共産党が大陸を掌握して中華人民共和国建国に至っている。北朝鮮で金日成を委員長とする北朝鮮臨時人民委員会が結成されたのは一九四六年二月のことだ。また、一九四八年にはインドネシア、ビルマ（現ミャンマー）、フィリピン、およびマレーシアで共産党の暴動が起きている。

第二次世界大戦後の政治的混乱のなかで、ソ連の軍事力を背景に共産主義勢力が権力を握り、共産主義政権を樹立していく。そのプロセスが、中欧とアジアで同時並行的に起こったのだが、これは決して偶然ではない。

ソ連が描いたシナリオがそのまま実現したのだ。

一九一七年にロシア革命を成功させたソ連の指導者レーニンは、世界の国すべてで共産革命を起こす世界共産革命構想を抱いていた。その構想を実現するため一九一九年、共産主義者の世界的ネットワークであるコミンテルン（共産主義インターナショナル〈Communist International〉）を創設し、世界各国に共産党を創設した。

残念ながら、世界各国には、経済的発展に伴う労働環境の悪化や貧富の格差に苦しむ人々がいて、新しい経済理論である社会主義に共感を持つ政治集団が生まれており、彼らは、ソ連・コミンテルンの呼びかけに答えて、積極的に共産党を結党した。

前著『コミンテルンの謀略と日本の敗戦』（PHP新書）でも解説したように、ソ連とコミンテルンは世界共産化のため、一つの戦略を考案した。戦争を煽り、その国を「敗戦」へと追い込み、その混乱状況から内乱・革命を惹起し、それに乗じて共産主義者たちが権力を握るというもので、「敗戦革命」と呼ばれる。

第二次世界大戦後、この「敗戦革命」が中欧諸国とアジアを襲ったのである。

最初は猫なで声で「統一戦線」を呼びかける

この「敗戦革命」には、共通したシナリオが存在している。

たとえば、東欧（現在は「中欧」と呼ばれている）では、次のようなことが起きていた。

《東欧の共産化には、一般にほぼつぎのような傾向がみられた。

それはまず、各派連立内閣の成立という形でスタートした。最初共産党は、反ソ勢力だけを除いた他の諸政党と連合して政局を担当する方針をとり、必ずしも首班を要求しなかった。むしろ、完全な政権掌握にいたる地盤確保のために、愛国的・宗教的な諸団体と友好関係を維持するに努め、国民の尊敬をうけている民主的人物や変革を望んでいる人々の支持をうるために、細心の注意を払った。ソ連占領軍当局もこのような「統一戦線」政権の結成を後援し、この段階では、ソ連に関する言論の自由がきびしく制限された点を除けば、言論・集会・結社の自由は一応保障されていた。（中略）

しかし、最終目標はどこまでも共産党独裁体制の確立であったから、連立政権においても共産党は、みずから実権を掌握するうえで絶対に重要な意味をもつ内相・情報宣伝相・文相・法相・主要経済閣僚などのポストを確保するに努め、つづいて、自己の権力奪取の妨げになる諸政党を治安警察とソ連占領軍との協力でつぎつぎに撃破し、最後に、社会民主党中の共産主義同調者を吸収・合併して、事実上の共産党独裁政権を樹立するというのが、一般的なパターンであった》[1]

つまり、次のようなシナリオだ。

（1）猫なで声で「野党共闘」などと、リベラル系を含む諸勢力を結集する。
（2）連立政権に入った共産党は、治安警察を司る内務省、国民向けプロパガンダを行なう情報宣伝省、国民教育担当の文部省、さらに治安・弾圧立法をなしうる法務省などを握る。

（3）そうして状況を整えたうえで、一度は仲間になった人間を次々と治安警察を使って陥れ、弾圧し、独裁権力を奪取していく。

これは、現代の日本で盛んに共産党が国民連合政府という構想を掲げて「野党共闘」を呼びかけていることと重なって見える光景である。また、二〇〇九年以降の民主党政権において、旧社会党系の最左派の人物が、法務省や国家公安委員会、文部科学省などの大臣、副大臣、政務官などを好んで担っていたことも想起される。

弾圧のための態勢づくりから恐怖政治へ

共産党は、選挙結果を尊重するつもりがない。実は、第二次世界大戦後のソ連軍による占領当初、「統一戦線」「野党共闘」的な方針が採られた結果、ソ連占領下の東欧諸国のいくつかでは、自由な選挙も行なわれていた。その結果、共産党にとって決して好ましくない状況になる場合もあった。

たとえば、一九四五年十一月にハンガリーで行なわれた総選挙では、小地主党が五七パーセントを獲得して第一党となり、共産党は一七パーセントの得票しか得られなかった。

ポーランドでは一九四六年六月に共産党的な三つの政策（上院廃止、農地改革と企業国有化、ソ連に有利な国境線の確定）について国民投票が行なわれたが、激しい選挙干渉がなされたにもかかわらず、三つの質問すべてに肯定的に答えたのは二六・九パーセントを超えなかった（ただし、この数字は共産党体制が崩壊したあとの研究で明らかになったもので、当時の公式声明では改竄《かいざん》された数字が発表され、それぞれの質問への賛成は、第一の質問が六八・二パーセント、第二の質問は七七・三パーセント、第三への質問が九一・四パーセントだったとされた）。[2]

共産党が、このような状況を指をくわえて見ているはずがなかった。連立内閣に参加して内務省や法務省を掌握した共産党は、治安警察を使って自由を求める国民を弾圧できる態勢を整えるべく、法律などをつくっていった。

たとえば、ポーランドでは共産党が政権に入った一九四六年六月、「国家再建期における特に危険な犯罪について」と題する政令が出された。[3]この「小刑法」が「国家の安全に反する犯罪」だと定めていたのは、以下のようなことだ。

- 国家や政府メンバーなどへのテロ行為

・国家に損害を与える目的で外国政府や国外組織の利益を図る人物と協同すること
・情報・文書その他を収集すること
・ポーランドとその友好国家の同盟に反する行為
・犯罪集団に加わったり手助けしたりすること
・武器の不法所持、政府に虚偽の情報を伝えること

また、「公的秩序に反する犯罪」として、次のようなことが犯罪とされた。

・サボタージュ
・農産物などの義務供出の拒否
・国家に重大な損害をもたらす虚偽の情報を広めること
・反社会的な組織への参加など

さらに「国家の経済的利害に反する犯罪」として、製品の品質悪化や労働効率の低下などが列挙されていた。

これらは、いうなれば、誰に対しても言い掛かりをつけて、いくらでも陥れることができる罪状である。日本でも「スパイ防止法」の必要性が語られることが多いが、これらの法律は共産党系の政権が樹立すると、一気に国民弾圧法に変質する恐れがあることは知っておい

たほうがいい。

共産党系の政権の恐ろしさは、言論の自由を認めず、政治的な敵対者に対しては証拠がなくても犯罪者扱いをすることだ。

現在の中国共産党政府や北朝鮮を見れば明らかなように、共産党系が権力を握ると、政治的な敵対者は、何の証拠もないのに逮捕され、処刑される。非共産系の政治指導者も次々に陥れられ、粛清されていく。

ステファヌ・クルトワ他『共産主義黒書〈コミンテルン・アジア篇〉』（高橋武智訳、恵雅堂出版、二〇〇六年）には、列車で国中を回り、集団化に従わない農民を絞首刑に処して回ったハンガリー共産党幹部が、父の助命を求めに来た高校生を殺害した話など、共産党のテロルの実例をおびただしく列挙している。同書は、共産主義体制下の東欧で弾圧され、殺害された犠牲者数を一〇〇万人と見積もっている。

かくしてポーランドやハンガリーなどソ連占領地域では、逮捕、殺害、拷問、脅迫、弾圧、選挙干渉、反対党の分断工作などが徹底的に行なわれ、加えて選挙結果も捏造《ねつぞう》され、きわめて抑圧的な共産党独裁政権が形成されていくことになった。

私は二〇一七年の春にハンガリーを旅行した。首都ブダペストには、ソ連・共産主義政権

ハンガリーの首都ブダペストに建つ「恐怖の館」

とナチス・ドイツの戦争責任を追及し、その犠牲者を追悼する目的で二〇〇二年二月二十四日に「恐怖の館（House of Terror Museum）」という博物館が開設されていた（ハンガリーが民主化、つまり共産党支配から脱却できたのは、一九八九年のことだ）。

この施設は、もともと第二次世界大戦後、ソ連支配下の共産党政権による秘密警察（国家保衛庁）の本部があったところに建てられている。

共産主義に反対したハンガリーの政治家や宗教指導者、市民たちがこの秘密警察によって逮捕され、拷問され、処刑された。徹底した秘密主義のため、正確な犠牲者数はわかっていないが、判明した犠牲者の写真が館内に掲示され、異様な雰囲気を醸し出している。

ちなみにこの施設の地下には、当時、使用されていた拷問部屋がそのまま残されていた。多くの市民が真冬には零下になる石の部屋に閉じ込められ、拷問を受けたのだろう。石の壁には多くのシミが残っていた。

私はホテルからタクシーを拾ってこの「恐怖の館」に行ったのだが、六十過ぎの男性の運転手から英語で「何のために行くのだ」と尋ねられた。私が不用意に「観光のため」と答えると、タクシーの運転手は、「あそこは本当にひどい場所だ。あなたにとっては単なる観光施設かもしれないが、私たちにとっては命に関わるところなのだ」と語った。共産党と秘密警察による弾圧の記憶がハンガリーの人たちを、いまだに苦しめていることを、強く実感させられる経験だった。

日本はメイン・ターゲットであった

そして日本も、この「敗戦革命」のターゲットであった。しかも、ソ連にとって日本はメイン・ターゲットであった。

ロシア革命を成功させてソ連を建国したレーニンは、一九二〇年という早い段階から、日本とアメリカを互いにけしかけて戦わせるべきだとして、こう主張していた。
《二つの帝国主義のあいだの、二つの資本主義的国家群のあいだの対立と矛盾を利用し、彼らをたがいにけしかけるべきだということである。（中略）
第一の、われわれにもっとも近い対立――それは、日本とアメリカの関係である。両者のあいだには戦争が準備されている。（中略）共産主義政策の実践的課題は、この敵意を利用して、彼らをたがいにいがみ合わせることである。そこに新しい情勢が生まれる。二つの帝国主義国、日本とアメリカをとってみるなら――両者はたたかおうとのぞんでおり、世界制覇をめざして、略奪する権利をめざして、たたかうであろう。（中略）われわれ共産主義者は、他方の国に対抗して一方の国を利用しなければならない》[4]
日本に対抗するためにアメリカを利用しようとしたのがソ連なのだ。
このような基本認識に基づき、コミンテルンは、一九二七年（昭和二年）に採択された日本に関するテーゼ（二七年テーゼ）で、こう指摘している。
《中国革命およびソヴィエト連邦と闘うために日本帝国主義がアメリカおよびイギリスと結んだこれらのブロックは、しかしながら、ますます尖鋭化しつつある彼らの間の矛盾を、除去してはいない。日本とイギリスの帝国主義的利害は、すでに中国で衝突している。……さらにいっそう重大なのは、日本と合衆国間の諸矛盾である。

アメリカの移民法は、第一に日本に対してむけられていた。日本の膨張と反対方向につっぱしっている、太平洋における合衆国の膨張は、両者間の衝突をなおいっそう間近なものにしている》[5]

日米英間の矛盾を徹底的につき、イギリスとアメリカでは反日を叫び、日本では「鬼畜米英」、つまり、反米、反英を叫んでこの三国を戦わせようというわけだ。

一九三五年に行なわれた第七回コミンテルン大会では、「新しい世界帝国主義戦争が発生した場合には、共産主義者は、平和のための闘争の中で組織された戦争反対者たちを率いて、帝国主義戦争を（中略）資本主義の打倒をめざす内乱に転化するための闘争に進ませることに努力する」と決議している。

コミンテルンは、世界各国の共産党員に対して、日米英という資本主義国家同士の戦争を煽る一方で、「戦争反対」を叫んで平和を望む人たちを共産党の味方にする宣伝工作を仕掛けろと指示したのだ。

共産党が政権を奪う手段の「本命」は、決して共産主義の素晴らしさを宣伝して共産主義者を増やしていくことでもなければ、各国の議会で共産党の議席を増やして第一党になることでもなかった。

レーニンのロシア革命成功に倣い、資本主義国同士を仲たがいさせて、戦争による破壊と混乱を引き起こし、それを利用して革命を起こすことだったのである。

戦争が発生した場合に共産主義者が従うべき政治綱領は、次の三つだとされた。

（1）自国政府の敗北を助成すること。
（2）帝国主義戦争を自己崩壊の内乱戦たらしめること。
（3）民主的な方法による正義の平和は到底不可能なるがゆえに、戦争を通じてプロレタリア革命を遂行すること。[6]

アジアにおいては、まず日米英を戦わせ、アメリカを使って日本を敗戦に追い込んだうえで、中国共産党による中国革命を成功させ、さらに敗戦後の日本国内に混乱を起こしながら日本を共産化する。それがソ連、そしてコミンテルンの狙いであった。「戦争は手段、目的は革命」なのである。

アメリカと中国で準備されていた対日「敗戦革命」工作

前著『コミンテルンの謀略と日本の敗戦』では、ソ連・コミンテルンの対日工作とその影響のなかで日本側がどのようにして先の大戦に突入したのかを詳しく描いたが、その続編にあたる本書では、このソ連・コミンテルンの工作が日米戦争の終結「後」も続いていたことを明らかにしようとしている。

正確にいえば、ソ連・コミンテルンの工作員たちは第二次世界大戦「中」から、世界中で「敗戦革命」を引き起こすための準備を始めており、日本もその「敗戦革命」の主要な対象国だったということである。

誰の手によって、いかなる布石が、どのように打たれ、いかに日本を危機に陥れたか。その危機をいかにして日本は回避したのか――そのことを本書で詳述する前に、まずここで、大きな構図を明らかにしておきたい。その見取り図を頭に入れておいたほうが、理解がしやすいはずである。

真珠湾攻撃が行なわれたのは一九四一年十二月八日のことだが、早くも一九四二年（昭和十七年）の時点で、アメリカ政府は「日本に勝利したあと、いかに日本を占領するか」についてのプラン策定を始めていた。そこで大きな役割を果たしたのが、後述するが、アメリカ政府に浸透したソ連の工作員たちだった。

日本の保守派の論客たちは、アメリカの占領政策が、いかに日本を抑圧・弱体化してきたかを強調してきた。最近では、占領下の日本人に「侵略戦争」を行なった「罪」の意識を植えつける対日洗脳工作ＷＧＩＰ（ウォー・ギルト・インフォメーション・プログラム）の存在も、よく知られるようになった。

たしかに、事実としてそれは間違いではない。

だが、その占領計画を練り、実行に移した人たちの多くが、アメリカ政府や占領軍にもぐりこんだソ連の工作員・協力者であったことは、ややもすれば見落とされがちである。

私はこれまで、さまざまな場で、「アメリカも決して一枚岩ではない」と強調してきた。アメリカ人だからといって、アメリカ政府の総意を代表しているわけではない。日本でも、自民党と他の野党とでは政策が大きく異なる。それはアメリカも同じなのだ。

戦前から戦時中、民主党のルーズヴェルト政権は日本を弱体化させようとしていたが、その一方で、野党の共和党系の政治家たちは「日本の弱体化はソ連の台頭につながる」として、ルーズヴェルト民主党政権の対日政策には否定的であった。原爆投下についても、アメリカの海軍幹部や共和党系が反対していた。それらをよくよく理解しておく必要がある。

しかも、戦前から戦中期のアメリカの、特にルーズヴェルト民主党政権は、共産主義を信奉するソ連の工作員にかなり浸透されていたのだから、あえて極論するならば、日本は「アメリカによって」圧迫され、弱体化されたというより、「ソ連に操られたルーズヴェルト民主党政権によって」弱体化されてきたと見ることができるのだ。

こうしたイメージを持っておいたほうがある意味で、日米戦争と戦後の歴史の過程が正確に見えてくることもある。

さらに、このようなアメリカ政府内部での工作の一方で、中国でも日本の「敗戦革命」をめざした工作が着々と進んでいた。日本共産党の幹部でコミンテルンでも大きな役割を果たしていた野坂参三が、一九四〇年（昭和十五年）に中国大陸に渡り、中国共産党の本拠地・延安で恐るべき工作を進めていたのである。

その工作とは、シナ事変、そして大東亜戦争で捕虜になった日本軍兵士たちを洗脳し、日本革命の戦士に仕立て上げようというものであった。この工作は実を結び、日本兵捕虜のなかには、中国共産党に多大な貢献をなしたばかりか、戦後、日本に帰国し、中国共産党の対日工作に協力した人も少なくなかった。

当然、アメリカと中国とで進められていた「対日革命工作」の根はつながっていた。つまり、日本を「敗戦革命」に追い込もうとする計画が、アメリカのルーズヴェルト民主党政権と延安の中国共産党において、同時並行的に立案されていたのである。もちろん、その震源地はコミンテルン＝ソ連であった。

そして日本の敗戦によって、それまで着々と仕込まれてきた工作が、実際に実行に移されることになるのである。

占領下での「敗戦革命派」対「保守自由主義者」の暗闘

具体的に、どのような危機が迫っていたのか。

戦後日本を襲った「敗戦革命」工作は、大まかに第一波と第二波に分けることができるだろう。

第一波は、占領軍による苛酷な対日占領政策によって日本の弱体化と社会不安を醸成して政治的な混乱状態を創り出すとともに、革命勢力を拡大することで共産党政権の樹立をめざす、占領軍内のコミンテルン工作員たちによる工作である。一九四五年からおおむね一九四七年までの、占領期の前半が第一波の時期にあたる。

第二波は、朝鮮戦争の時期に盛んに行なわれた、ソ連と中国共産党による革命工作である。ソ連と中国は、日本国内の共産勢力とシベリア抑留者や中国の撫順戦犯管理所などから帰国した日本人捕虜たちを使いながら、日本国内での武装蜂起を目論《もくろ》んでいた。さらに、朝鮮戦争自体が日本の「共産化」を見据えていたものであったことにも注意しておく必要がある。

本書では第一波の工作を詳しく語っていくが、この時期の日本は本当に「敗戦革命」の瀬戸際にあったといってよい。

これまで紹介してきたように、占領軍の中枢部には工作員たちがかなり浸透しており、日本を追いつめ、困窮に陥れる占領政策が次々と打たれていた。そのようななかで、野坂参三ら共産党指導者を首班とする政権が樹立される可能性さえあった。日本のオールド共産主義者たちは、「あのとき、もう少し頑張っていれば、日本に革命を起こせたかもしれない」と回顧するが、それは決して誇張でも何でもなかったのである。

日本が、辛くもこの「敗戦革命」の危機を乗り越えられたのは、敗戦直後から占領中にかけて、昭和天皇をはじめとする保守自由主義者たちがぎりぎりの苦闘を続けたからであった。

そもそも、昭和二十年八月十五日の時点で昭和天皇がご聖断を下されていなければ、ソ連の侵攻は北海道におよび、アメリカ主導の占領統治から、米ソ両国による分断統治へと変更されていたかもしれない。そうなれば、朝鮮半島やドイツのように、日本も分断国家になっていた可能性が高い。

昭和二十年八月末、マッカーサー率いる米軍が日本に到着した当時、マッカーサーらは日本全土を直接統治するつもりであった。しかも通貨を米軍の軍票に変更し、日本経済全体を直接支配するつもりだった。だが、重光葵らと大蔵省が果敢に抵抗し、間接統治と日本円の使用継続を認めさせた。

未曾有の敗戦の虚脱感のなかで、毅然として行動した保守自由主義者たちは、決して多数だったわけではない。だが、重光葵、吉田茂ら保守自由主義の政治家たち、そして心ある日本の官僚たちは、智恵を振り絞って日本を救おうとした。

そして何よりこの占領直後の時期において、われわれ日本人が決して忘れてはいけないのは、昭和天皇のご活躍である。

昭和天皇はこの時期、まさに保守自由主義的な考えを高く掲げて、自ら先頭に立って国民を導かれた。常に理想を高く掲げて国民にお示しになり、全国各地を行幸されて国民に親しく接し、慰め、激励され、占領軍のマッカーサーをも感服させ、日本の政治家たちにも助言を与えつづけられた。

もし昭和天皇がいらっしゃらなかったら、戦後日本は、いったいどうなっていたか。考えるだにゾッとするほどである。

日本が敗戦革命という危機を乗り越えることができたのは、ルーズヴェルト大統領の急逝とトルーマン大統領の登場、さらに東西冷戦の勃発によるアメリカ政府の対日政策の変更――これは「逆コース」と呼ばれる――などといった外的要因が大きく作用したのは確かなことである。

だが、それればかりでなく、政治、外交、インテリジェンスの戦いでアメリカ、ソ連、中国共産党らの対日工作を退け、日本の独立を必死に守ろうとしていた人たちがいたおかげで、日本は敗戦革命の危機を乗り越えることができたのである。

そうした秘史を、いまこそ思い起こすべきであろう。そうすることで初めて、「戦争に負けたおかげで平和が訪れた」かのような単純な認識から抜け出すことができる。「戦争は、戦闘の終了で終結するわけではない。戦闘に負けたあとも政治、外交、インテリジェンスの分野で戦いつづけなければ、平和と独立を守ることができない」という国際政治の常識を、私たちは取り戻すべきなのである。

その常識が戦後の日本に欠落してしまっているからこそ、「戦争を仕掛けられれば白旗を掲げて降伏すればいい」といった安易な発言がまかり通っているのではないか。


日本占領前期とは、占領軍の内部、アメリカ本国、そして日本国内の各所で、日本を共産化したい敗戦革命派と、それを防ごうとする日米両国の保守自由主義者たちとが激しい内部闘争を行なっていた時代であった。

しかも一九四七年二月一日の「二・一ゼネスト」という第一波の危機を切り抜けたあと、日本はさらに朝鮮戦争で最大の危機を迎えることになるのだが、その話は次の機会に譲り、本書では、アメリカの最新歴史研究などを踏まえながら、占領開始から約二年間の第一波工作による危機を詳細に検討していきたい。

次章では、まずはアメリカにおいて対日「敗戦革命」工作がどのように準備されていたのか、その経緯から語っていくことにしよう。

【注】

1 矢田俊隆『ハンガリー・チェコスロヴァキア現代史』山川出版社、一九七八年、二一五〜二一六頁

2 アンジェイ・ガルリツキ著、渡辺克義、田口雅弘、吉岡潤監訳『ポーランドの高校歴史教科書【現代史】』明石書店、二〇〇五年、二七三頁

3 同、二六八頁

4 一九二〇年十二月六日、「ロシア共産党モスクワ組織の活動分子の会合での演説」、ソ同盟共産党中央委員会付属マルクス＝エンゲルス＝レーニン研究所編、マルクス＝レーニン研究所訳『レーニン全集』第三十一巻所収、大月書店、一九五九年、四四四〜四五〇頁

5 J・デグラス編著、荒畑寒村、対馬忠行、救仁郷繁、石井桂訳『コミンテルン・ドキュメントⅡ』現代思潮社、一九九六年、三六四〜三六五頁

6 一九二八年第六回コミンテルン大会決議。出典は三田村武夫『大東亜戦争とスターリンの謀略』自由社、一九八七年、三九頁

第一章　ルーズヴェルト民主党政権下での対日「敗戦革命」計画

ルーズヴェルト政権内部の「工作員」たち

かつて、「アメリカ共産党」とか「コミンテルン」などというと、頭のおかしい謀略論として一笑に付されていた。

大きな転機となったのは一九九五年、ヴェノナ文書がアメリカ政府の手によって公開されたことだ。ヴェノナ文書とは、一九四〇年から一九四八年までのあいだに米陸軍情報部が秘密裡に傍受し、ＦＢＩ（連邦捜査局）とイギリス情報部が協力して解読した、アメリカ国内のソ連工作員とモスクワとの暗号通信の解読記録である。

このヴェノナ文書の公開によって、「コミンテルン」や「アメリカ共産党」の対米工作がルーズヴェルト民主党政権と第二次世界大戦に与えた影響を研究することが「学問」として成り立つようになった。

「インテリジェンス・ヒストリー」という。

この学問の存在を教えて下さった京都大学名誉教授の中西輝政氏によれば、一九九〇年代以降、ヴェノナ文書などの機密文書が情報公開されることを受けて欧米の主要大学で次々と情報史やインテリジェンス学の学部・学科あるいは専攻コースが設けられ、ソ連・コミンテルンの対外工作についての研究も本格的に進んでいる。

この動きは英語圏にとどまらず、オランダ、スペイン、フランス、ドイツ、イタリアなどにも広がっている。いまやインテリジェンス・ヒストリーを大学の学部・学科として研究していない先進国は、日本ぐらいなのだ。[1]

このインテリジェンス・ヒストリーの進展とヴェノナ文書の公表によって、日米戦争を戦ったアメリカのルーズヴェルト民主党政権のなかに少なくとも三〇〇人を超える工作員・協力者がソ連・コミンテルンによる対米工作活動に従事しており、そのなかには多くの政府高官も含まれていたことが明らかになっている。

しかも、こうした「研究成果」は、日米戦争とその後の占領政策に関わる歴史の全面的見直しを迫るものでもあった。

というのも、ヴェノナ文書でソ連・コミンテルンの工作員だと判明した政府高官の多くが日米戦争と、その後の対日占領政策に大きく関わっていたからだ。

ヴェノナ文書とＦＢＩの調査によれば、「シルバーマスター・グループ」という連邦政府内の工作員組織一つをとっても、判明しているだけで二七人のメンバーがおり、少なくとも六つの省庁にまたがっていた。要職にあった者も多く、有名どころだけでも次のような人々が含まれている（括弧内はコードネーム）。

ハリー・デクスター・ホワイト財務次官補（「ロイヤー」、「ジュリスト」など）
アルジャー・ヒス国務長官上席補佐官（「アレス」）
ラフリン・カリー大統領補佐官（「ペイジ」）

三人とも、日米開戦や戦後の国際秩序を決定したヤルタ会談などに関与した人物であり、日米関係史を語るうえでなくてはならないキーマンばかりだ。しかも、このシルバーマスター・グループは、中国共産党の毛沢東とも密接に連携していた。[2]
日本との関係でいえば、東京裁判や現行憲法の制定を含む対日占領政策の策定に、ソ連・コミンテルンの工作員たちが深く関与していたことがわかってきている。「アメリカが対日占領政策を実施し、日本を弱体化した」といった単純な見方は修正される必要が出てきたのだ。

なお、ソ連による対外工作機関は主として三つの系統があった。[3]
第一が、コミンテルンだ。一九一九年にレーニンによって設立され、世界各国の共産党の

「国際本部」として、国際共産主義運動を指導した。一九四三年に解散したが、そのネットワークはその後も続いた。

第二が、ソ連の諜報・保安機関である「国家保安委員会」だ。スターリン時代は、GPUとかNKVDと呼ばれたこともあり、第二次世界大戦後はKGBと呼ばれるようになった。

第三が、ソ連軍（赤軍）の諜報機関で「参謀本部情報総局」だ。組織名称は時代によって変わっているが、一般的にはGRUと呼ばれる。正確には、ソ連海軍の諜報機関として海軍GRUもあり、独自の動きをしていた。

この三つの対外工作機関は時代によって名称も、お互いの関係も複雑に変わってきていて、工作員や協力者もその所属を折々に変えることもあったが、ソ連の指導者であったレーニン、そしてスターリンの工作員であったという意味では、本質的な違いはない。

そこで本書では便宜的にソ連・共産主義勢力による対外工作機関の工作員を「コミンテルンの工作員」と総称することにする。ご容赦いただきたい。

コミンテルンの工作員はいかにアメリカ国内に浸透したか

コミンテルンがいかにしてアメリカに浸透したのか。ヴェノナ文書とその研究書を踏まえ、拙著『アメリカ側から見た東京裁判史観の虚妄』(祥伝社新書)で詳しく説明しているが、本書でも簡単に説明しておこう。

その浸透工作は主として四つの時期に分けることができる。

第一期は、アメリカ共産党の結党から大恐慌までだ。

前述したようにロシア革命後の一九一九年、レーニン率いるソ連は世界共産化を狙うためにコミンテルンを結成し、世界各国に共産党をつくっていった。アメリカ共産党もその一つで、第一回コミンテルン大会から半年後の一九一九年九月に結成されている。

一九二〇年代のアメリカ共産党員は、ヨーロッパですでに過激思想に染まっていた東欧系やユダヤ系、アイルランド系、中国系、日系といったマイノリティが中心だった。アメリカ社会の本流には浸透できず、大きな影響力を持つことはできなかった。

ところが一九三〇年代に入ると、勢力拡大が一気に進む。これが第二期だ。

勢力拡大が進んだ理由は三つある。

第一に、一九二九年に始まった大恐慌のショックである。資本主義に対する不信が特に知識人やエリートのあいだで広まり、共産主義を支持する雰囲気が強まったのだ。恐慌や資本主義の限界を高らかに謳っていた共産主義や社会主義への注目が一気に高まり、「資本主義的私的所有の弔鐘が鳴る。収奪者が収奪される」というカール・マルクスの予言が実現するときがやってきたかのごとくに受け取られたのである。

第二に、コミンテルンが「人民戦線」方針を採用し、それまでの戦術を大きく転換したことである。

一九三五年の第七回コミンテルン大会で、コミンテルンは各国の共産党に対して、ナチス・ドイツの台頭を念頭に「反ファシズム」や「反戦平和」といった一般受けするスローガンを掲げ、共産主義者以外の勢力とも積極的に手を組むように指示した。

それまでコミンテルンは、自由主義者やキリスト教徒や社会民主主義者などを激しく排撃していた。そのため、アメリカ共産党も支持を広げることができなかった。

日本の政治運動でもそうだが、政策の違いに着目して排除するやり方をしているかぎり、政治勢力は大きくなっていかない。そしてアメリカ共産党が「共産主義に賛同しないかぎり、味方ではない」と排除していたときは、小さな政治勢力にとどまっていたわけだ。

だが、コミンテルンの戦術転換以降、平和運動や貧民救済活動を偽装した団体をつくったり、あるいはそういう活動をしている団体に入り込んだりすることが積極的に行なわれるようになった。

かくして芸能、スポーツ、キリスト教団体など、様々なところへ工作員たちが浸透するようになり、そのような団体を通じて大衆を動員できるようになった。こうした工作を「内部浸透工作」と呼ぶ。

第三に、ルーズヴェルトが大統領に就任した直後の一九三三年十一月、ソ連を国家承認したことだ。アメリカとソ連が外交関係を正式に樹立したことにより、ソ連はアメリカ国内で、合法活動だけでなく非合法の工作活動を行なう拠点づくりと工作員の送り込みを、堂々と行なえるようになった。

もちろん、アメリカもその危険性がわかっていなかったわけではない。野党であった共和党のハミルトン・フィッシュ下院議員らの猛反対を受けて、ルーズヴェルトはソ連との国交樹立に際し、アメリカ国内でコミンテルン活動を行なわないことをソ連に承認させている。しかし、そんな協定が守られるはずがなかった。

第三期が、一九三〇年代後半から第二次世界大戦開戦までだ。

大恐慌による経済不況が長引くなかで、ルーズヴェルト民主党政権は「ニューディール政策」と称して連邦政府主導で、大規模な公共事業や失業対策を実施するようになっていく。

戦前のアメリカの政治体制は基本的に州政府の寄り合い所帯であり、連邦政府はそれほど大きくなかった。何しろ米軍を統括する国防総省もなかったのだ。

ところが、ルーズヴェルト民主党政権は失業者対策と称して社会保障や大規模公共事業に取り組むようになり、必然的に連邦政府の官僚組織が肥大していった。

官僚の定員が一気に増えたために、「大きな政府」に高い親和性を持っている共産主義者がたやすく政府機関に入り込むことができた。しかも新規の政府機関だから古参職員がいない。入ったばかりの若手の職員たちが、すぐに実権を握ることができた。先に述べたシルバーマスター・グループもこの頃にはもう盛んに活動している。

連邦政府に入り込めるということは、政府の予算を使ってエリートを味方につけ、影響力を行使し、操ることができるということである。

そして一九三九年の第二次世界大戦以降が、第四期だ。

この時期になると、連邦政府に入り込んだ工作員たちがルーズヴェルト政権内部でアメリカの政策に大きな影響力を発揮できるようになっていく。

というのも、第二次世界大戦勃発後、正確にいえば一九四一年六月の独ソ開戦後、アメリカとソ連が事実上の同盟国になったため、連邦政府に対するソ連の工作員たちの浸透がさらに進んだのだ。

それまでは、「軍の機密を扱う仕事は共産主義者に委託しない」などの規定があった。だが、「もはやソ連は同盟国になったのだから、共産主義者を警戒する必要はない」とされ、それらの規定をルーズヴェルト政権は撤廃してしまったのである。

その結果、ほぼすべての省庁に、多かれ少なかれ工作員が入り込んでいる状態に至った。特に酷かったのが国務省、財務省のほか、当時重要な省庁だった農務省などである。

省庁だけでなく、OSS（CIAの前身。戦略諜報局、戦略情報局、戦略サービス局など様々に訳されていて定訳がないが、本書では戦略情報局とする）、OWI（戦争情報局）、FEA（外国経済局）、WPB（戦時生産委員会）など、戦争遂行のために新設された機関にも多くの工作員が浸透していった。

FEAは海外支援が担当で、ソ連を含む連合国への援助を行なう機関だ。WPBは軍需産業を管轄していた。情報機関であるOSSや、戦争のためのプロパガンダを担当するOWIは、対日占領政策の策定に関与したところであり、日本にとっても極めて重要な機関だ。

こうした政権内部に入り込んだソ連の工作員たちが一九四一年当時、日米和平交渉をいかに妨害し、日米開戦へと誘導したのか、ということについては、拙著『日本は誰と戦ったのか』（ベストセラーズ）で書いたのでここでは繰り返さない。

本書で問題にしたいのは、ルーズヴェルト政権内部に入り込んだコミンテルンの工作員たちが「対日占領政策」の策定にどのように関わったのか、ということだ。

大きな影響力を誇ったシンクタンク・太平洋問題調査会（IPR）

ルーズヴェルト政権が戦後の対日占領政策を検討し始めたのは、開戦後のかなり早い時期のことである。真珠湾攻撃三カ月後の一九四二年二月には、国務省内に特別調査部を設置して戦後計画策定のための研究を開始している。

国務省だけでなく、米陸軍・米海軍でもそれぞれに戦後の対日占領計画研究が行なわれたが、一九四四年十二月にはこれらを統合するかたちで、国務・陸軍・海軍三省調整委員会(State-War-Navy Coordinating Committee：略称ＳＷＮＣＣ《スウィンク》)が発足する。

関係機関から上がってきた意見は集成・調整され、ＳＷＮＣＣが承認した文書（ＳＷＮＣＣ文書と呼ばれる）が政府の政策となる体制がつくられた。[4]

ただし、留意しておかねばならないことがある。対日占領政策は、陸海軍と国務省だけではなく、民間シンクタンクを含む様々なところで検討されていたということだ。

これまでの研究を踏まえると、様々な政府機関が対日占領政策策定に関わっていたが、それら政府機関の議論のベースをつくっていた重要なグループが二つあった。

一つが、民間のシンクタンクである「太平洋問題調査会（略称IPR）」。

もう一つが、アメリカ政府機関の「戦略情報局（略称OSS）」である。

対日占領政策におけるこれらの機関の重要性は、ハワード・ショーンバーガー氏の『占領1945～1952』（時事通信社、一九九四年）や長尾龍一氏の『オーウェン・ラティモア伝』（信山社出版、二〇〇〇年）、加藤哲郎氏の『象徴天皇制の起源』（平凡社新書、二〇〇五年）などから読み取ることができる。

たとえば、SWNCCにおける占領政策策定においては米陸軍の発言力が強かったのだが、その陸軍の対日占領政策はIPRの議論に大きく依拠していた。

何しろIPRは、戦間期から第二次世界大戦中にかけて、東アジア研究に関する最大のシンクタンクであった。創設されたのは一九二五年。プロテスタント系のキリスト教団体YMCAの提唱によって、アジア太平洋地域に関する政治・経済などの研究や研究者の交流を行なうための民間学術団体として結成されている。

IPRはロックフェラー財団の援助を得て、アメリカ、日本、中国、カナダ、オーストラリアなどに支部を持っていた。評議員には実業界や学界のエリートを集め、ほぼ二年に一度の割で国際大会を開催していた。主な旅行手段が船であり、国際的な学術大会が稀有《けう》だった時代に、世界中から実業家や学者や政府関係者を集めてみっちり二週間の討論プログラムを実施するＩＰＲには、非常に権威がある、華やかなイメージがあった。東アジア研究のほとんど唯一の学術機関として、政府機関や学界やメディアへの影響力も絶大なものがあった。

長尾龍一著『オーウェン・ラティモア伝』は次のように述べている。

《ＩＰＲは、アメリカにおける東アジア研究の一機関（an organization）というより東アジア研究機関そのもの（the organization）とみなされた。その機関誌 *Pacific Affairs* および *Far Eastern Survey* は、最も権威ある学術雑誌として学者も官僚も引用した。またＩＰＲは数多くの極東研究の専門書を刊行した》[5]

しかし、このように「権威ある学術機関」のような存在であったＩＰＲが、事実上、コミンテルンの工作員たちに「乗っ取られて」いたのである。

特にルーズヴェルト政権期には、政府を思想的に操るための、ソ連の情報工作の偽装組織として機能していた。

戦前の日本では政府を思想的に操るために昭和研究会が使われたことを前著『コミンテルンの謀略と日本の敗戦』で解説したが、基本的に同じことが、ＩＰＲを使ってアメリカでも行なわれていたわけである。

コミンテルンはいかにIPRを乗っ取ったか

第二次大戦後に実施された、アメリカ連邦議会上院国内治安小委員会の調査によれば、IPRとコミンテルンとの接触は非常に早い時期に始まっている。

一九二七年、初代事務総長J・マール・デイヴィスの任期中にすでにコミンテルンと接触していたことが、アメリカ連邦議会上院国内治安小委員会で行なわれたIPRに関する公聴会で明らかにされている。[6]

ただ、この時点でIPRとコミンテルンのあいだに、どれだけ実質的な連携ができていたのかははっきりしない。一般には、IPRが左傾化していったのは、YMCA主事としてインドや中国で活動していたエドワード・C・カーターが、一九三三年にIPRの事務総長に就任してからのことだといわれている。

カーターは、有名な資産家の息子でアメリカ共産党員のフレデリック・ヴァンダービルト・フィールドを秘書として雇い、のちにカナダの外交官になったハーバート・ノーマン、IPRの機関誌『パシフィック・アフェアーズ』の編集長を務めたトーマス・ビッソン、一九四一年に蔣介石政権の財務大臣秘書官となる冀朝鼎、ゾルゲの上海グループの一員だった陳翰笙らを研究員として集めた。

ヴェノナ文書によれば、フィールドと冀朝鼎はソ連の工作員であった。陳翰笙は中国共産党のスパイだった。また、フィールドは、アメリカ共産党系フロント組織（共産党が自身の関与を隠して公然と活動するために使う偽装組織）の「アメリカ中国人民友の会」が発行する機関誌『チャイナ・トゥデイ』の編集委員会の一員でもあった。そしてノーマンとビッソンは、占領下の日本で「民主化」の名の下、敗戦革命工作を行なうことになるキーパーソンである。

ＩＰＲとソ連・コミンテルン・アメリカ共産党とのただならぬつながりは、ＦＢＩの調査ファイルとアメリカ連邦議会上院国内治安小委員会の『ＩＰＲ報告書』（未邦訳）が明らかにしている。

たとえば、元共産党員のルイス・ブデンズはＦＢＩに対して、こう述べている。

「ＩＰＲはもともとは共産党の組織ではなかったが、共産党が浸透した。ＩＰＲのことはアメリカ共産党政治局会議で論じられていた。ＩＰＲの専従スタッフには、共産党員ではないけれども共産党員と近しい関係の人々が大勢いた。彼らは、中国共産党が単なる農業改革者だという神話を信じていたからだ。共産党はＩＰＲに対して大きな影響力を持っており、ＩＰＲの方針をコントロールすることもあった」[7]

また、ギリシャのアテネの元ソ連代理公使であり、赤軍の元准将でもあるアレクサンドル・バルミンは、ＦＢＩ捜査官に対して、バルミン自身が関わっていたソ連軍情報部がＩＰＲを「太平洋地域における軍情報部の偽装組織」とみなしていたと証言している。

さらに、ソ連赤軍参謀本部の元大佐でソ連外交部国連部長の元副官のイーゴリ・ボゴレポフは、ＩＰＲについて、アメリカの情報を軍情報部が獲得するのと同時に、ソ連外交に有利なプロパガンダを「アメリカ人の頭に植え付ける」ための「双方向の情報経路」であると述べている。[8]

「親中反日プロパガンダの牙城」としての活動

このようにコミンテルンの工作員に浸透されていたＩＰＲは、アメリカの世論や政策を「反日親中」へと誘導するプロパガンダの牙城となった。

ＩＰＲによる日本の中国「侵略」批判は一九二〇年代末から始まっている。

一九二九年の第三回ＩＰＲ京都大会以降、ＩＰＲは急激に論調が政治化した。この大会のとき、中国代表団は、いわゆる「田中上奏文」という偽造文書の英訳パンフレットを配布しようとした。これは、一九二七年に田中義一首相が昭和天皇へ極秘に上奏（天皇陛下に意見を申しあげること）した文章だとされるもので、「日本は世界征服のために満蒙に進出し、次に中国を征服する」という内容が書かれていた。

日本側の抗議で、IPR本部はこのときは一応、中国代表団に撤回を説得しているのだが、IPRの機関誌『パシフィック・アフェアーズ』が親中反日の傾向を強めていく。[9]特に一九三四年、中国や中央アジアでのフィールドワーク研究で知られるオーウェン・ラティモアがその編集長に就任すると、日本の中国政策を「侵略」と非難する一方で、中国共産党やソ連に好意的な記事を掲載するようになっていく。

オーウェン・ラティモアがソ連工作員だったかどうかを示す直接的な証拠は、現在のところ出てきていない。だが、ソ連の強制収容所があたかも健康的・文化的で素晴らしい場所であるかのような記事を書いたり、スターリンによる大粛清を「民主主義」的だと擁護したりするなど、ソ連に対して極めて忠実な人物であった。[10]

IPRにはのちに著名な作家となったバーバラ・タックマンのような文化人が関わっていたし、名だたる研究者や実業家が評議員や理事を務めていた。IPRを設立したのがYM

ＣＡという有力なプロテスタント団体だった関係で、宗教界の重鎮も関わっていた。日本ＩＰＲには、渋沢栄一や井上準之助が参加していた。

これらの評議員や理事たちは、共産主義者でもソ連・コミンテルンの工作員でもなかった。しかし、ＩＰＲを運営する事務局は、ラティモアや共産主義者のフィールド、対ソ医療援助全国委員会（the National Aid for Medical Aid to the Soviet Union）やアメリカ・ロシア研究所（the American Russian Institute）といった複数の親ソ団体の幹部を務めていたカーター事務総長らが牛耳っていた。

ここに、フロント組織のフロント組織たるゆえんがある。つまり、看板として社会的に信頼されている人物を押し立てつつ、事務局は共産主義者が握って、自分たちの都合の良いように組織を悪用していくのである。

一九三九年以降、ＩＰＲは、日本の中国「侵略」を非難する「調査《インクワイアリー》」シリーズというブックレットを次々と刊行した。

編集したのは中国共産党の情報機関に属する工作員の冀朝鼎である。これらのブックレットは欧米諸国の外交政策に多大な影響を発揮し、アメリカの対日占領政策の骨格となった。

日米開戦後には、ＩＰＲは太平洋方面に派遣される陸海軍の将校向けの教育プログラムに関わり、『汝の敵、日本を知れ』などの啓蒙用パンフレットを軍や政府に大量に供給した。

アメリカ陸軍が「対日戦争に参加するアメリカの軍人たちの日本理解のため」活用した、フランク・キャプラの映画『汝の敵を知れ』の制作にも協力している。

この映画は、日本が世界征服を目論んでいたとする偽造文書の「田中上奏文」や「国家神道による洗脳」や「南京大虐殺」などを毒々しく紹介するプロパガンダ映画だった。日本人は国家神道という危険なカルト宗教に洗脳されており、そのせいで世界中を侵略し、南京大虐殺のような蛮行を働いている、という内容だ。

このプロパガンダが戦後、日本占領中にGHQが出した神道指令や、東京裁判における「南京大虐殺」追及へとつながっていくことになる。

赤い編集者トーマス・ビッソン

このように戦前・戦中、ルーズヴェルト民主党政権の対日政策に大きな影響を与えたIPRを主導したソ連・コミンテルンの工作員の代表がトーマス・ビッソンである。

ビッソンは一九〇〇年ニューヨーク生まれ。ラトガース大学を経てコロンビア大学の神学修士号を一九二四年に取得すると、長老派教会の宣教師として中国に渡った。安徽省の中学や燕京大学で教鞭をとり、一九二八年に帰国、コロンビア大学で中国研究科に学び、一九二九年には外交政策協会（ＦＰＡ）の極東研究員になっている。

帰国の翌年に起こった大恐慌の影響で急速に社会主義思想に接近し、一九三一年の満洲事変以後は積極的に中国を支援するようになった。

一九三三年にアメリカ共産党のフロント組織「中国人民友の会」に参加し、一九三四年十月からは、その機関誌である『チャイナ・トゥデイ』の編集員となる。一九三七年三月にはアメリカ共産党の下部組織として創設されたアメリカ中国人民友の会の機関誌『チャイナ・トゥデイ』を引き継ぐかたちでつくられた雑誌『アメラジア』の創刊に参加する。

この頃、ビッソンは中国の延安を訪れている。

《ロックフェラー財団の奨学金を得て、日本・朝鮮・中国を旅行したが、その折、ラティモアの誘いを受けて、エドガー・スノーやフィリップ・ジャッフェ夫妻とともに、中国共産党の本拠地、延安に隠密旅行し、若き日の毛沢東と会見する貴重な機会を得た。それはちょうど、日中戦争勃発の前夜にあたり、中国共産党の徹底した抗日姿勢に強い印象をうけ、戦争勃発後には、『中国における日本』を刊行し、日本の侵略を厳しく批判した》[11]

ビッソンは『アメラジア』の編集委員兼執筆者を一九四一年まで務め、一九四二年にルーズヴェルト政権が戦争遂行のために新設した機関の一つ、経済戦委員会（Board of Economic Warfare, BEW）に入った。

一九四三年から終戦までＩＰＲに研究員として籍を置き、その間の二年間、ＩＰＲの機関誌『パシフィック・アフェアーズ』の副編集長でもあった。戦後、ＧＨＱ民政局の一員として来日し、首席経済分析官として勤務している。

ビッソンは、ソ連軍情報部の工作員だったことが明らかになっている。

ヴェノナ文書によると、ソ連軍情報部のニューヨーク支局長パヴェル・ミハイロフが一九四三年六月にモスクワに向けて、部下のジョゼフ・バーンスタインが『アメラジア』編集部でビッソンを工作員として獲得したと報告している。ビッソンはその当時、ちょうどＩＰＲの事務局に参加して、ＩＰＲ機関誌『パシフィック・アフェアーズ』の副編集長になったところだった。

従って、ミハイロフの報告によればソ連軍情報部とビッソンとの関係は一九四三年六月からということになるのだが、『アメラジア』自体がソ連・コミンテルンの宣伝工作のためにつくられた雑誌であり、ビッソンは一九三七年以来、編集委員としてその中心人物の一人だったのである。

「天皇排除論」へ舵を切るコミンテルンのスパイたち

そして、この『アメラジア』とビッソンこそが、ルーズヴェルト政権の「天皇」政策に大きな影響を与えていた。

国務省極東課が天皇問題について検討を始めたのは、一九四二年十一月九日のことである。シナ事変開戦後まもなく極東課長から国務省顧問になっていたスタンリー・クール・ホーンベックが、自分の古巣の極東課に対して、天皇に関するアメリカ政府としての政策検討を要請したのがきっかけだった。

その際にホーンベックは三つの論文を参考にするよう極東課に勧めている。一つはウィリアム・C・ラモットの「戦後の日本はどうなるか」(『アジア』一九四二年十月号)で、残る二つは『アメラジア』一九四二年十月二十五日号掲載の論文だった。

この号の『アメラジア』は、「今次の戦争で天皇が果たす役割が非常に重要である」として、天皇に関する論文を三編同時に載せている。

実は日米戦争当時、アメリカ政府の内外では、対日政策について天皇をめぐって二つの見解が対立していた。

一つは、「天皇やその側近は本当は自由主義者で戦争に反対しており、軍国主義者を排除することができれば、天皇は戦後の日本の平和的な自由主義勢力の指導者として貢献しうる」という、ジョゼフ・グルーら「ストロング・ジャパン派」の見解だ。

もう一つは、「天皇は日本を世界征服に駆り立てた不可欠の要素であり、排除すべきだ」という「ウィーク・ジャパン派」の見解である。

当然ながら『アメラジア』は、後者の見解を熱心に支持していた。支持していたというよりも、「天皇排除論」の主導者であったといったほうが適切かもしれない。『アメラジア』編集部がこの号で述べているコメントでも、また、掲載した論文の内容からいっても、天皇を「日本による世界侵略」の元凶とする説を推す姿勢が明らかであった。そしてビッソンは、編集部の中心人物の一人として、この企画に関わっていたわけである。

『アメラジア』に掲載された三編のうち、ホーンベックが極東課に推薦したのは、ノースウエスタン大学政治学部長（当時）ケネス・コールグローブの「日本国天皇をどうするか」と、ケイト・L・ミッチェルの「日本国天皇の政治的機能」の二つであった。ちなみに、残りの一編は、「日本の軍隊に対する天皇の関係についての日本軍国主義者の見解の権威ある論述」を日本語から翻訳したものだった。[12]

コールグローブはこの論文のなかで、天皇に対する国民の尊崇が国家的結束を支えているので「米国の戦略は、敵国日本にそのような成功を収めさせているこの結束を破壊することに向けられるべきである」と述べる。そして、天皇の地位を高めることは「平和時においてさえ軍国主義につながる」と指摘し、天皇制を除去しないかぎり世界は恒久的平和を実現できないと示唆した。[13]

もう一方のミッチェルは、その論文で、「『天皇崇拝』は、ドイツの『非ユダヤ白人優越』観の日本軍国主義者版」であり、山本五十六のような「有能にして実際経験ゆたかな軍事指導者」も「日本国天皇陛下の支配のもとに世界を統一することが、同国に、とりわけ日本海軍に『神から託された使命』であると長年主張して」きたと述べる。そして、天皇を擁護するジョゼフ・グルー大使らを厳しく非難しつつ、日本が天皇制から解放されないかぎり「民主主義世界の自由にして知性的な公民として生きることは絶対にできない」と断言した。[14]

ミッチェルはビッソンと同様『アメラジア』の編集委員兼執筆者で、一九四五年五月に、ソ連のスパイ容疑で逮捕されている。

ホーンベックの推薦により、国務省極東課は、ソ連・コミンテルンの対米宣伝雑誌に掲載された「天皇制」廃止論を参考にしながら対日占領政策の検討を始めてしまうことになった。

当時、ホーンベックを補佐していた秘書は、のちにヴェノナ文書でソ連のスパイであることが判明したアルジャー・ヒスである。本書では詳細は省くが、ヒスは日本を追い詰めるヤルタ会談を実質的に仕切ることになる国務省官僚である。

かくしてアメリカ政府は、コミンテルンからヒス、そしてホーンベックという人脈のなかで、コミンテルンのプロパガンダを下敷きにしつつ対日占領政策の検討を進めていくことになったのである。

コミンテルン史観の吹聴者ハーバート・ノーマン

IPR関係者のなかで、ビッソンと並ぶもう一人のキーパーソンがハーバート・ノーマンである。

ノーマンはカナダ人で、一九〇九年、日本に赴任したカナダ・メソジスト教会牧師の息子として軽井沢で生まれ、十七歳まで日本で育った。その後、トロント大学、ケンブリッジ大学、ハーヴァード大学で学んだ。専門は日本史研究である。ノーマンはケンブリッジ大学在学中にイギリス共産党に入党している。[15]

それ以後の動きを見ると、ノーマンは、カナダ国内の共産党フロント組織や『アメラジア』やIPRと様々な関わりを持っている。

一九三六年にはカナダ中国人民友の会の書記に就任、その年末にニューヨークを訪問して「フィリップス夫妻のところで『チャイナ・トゥデイ』のエディターの中国人夫妻など数人を紹介された」ことを妻宛の手紙に書いている。[16]

『チャイナ・トゥデイ』は先に述べたように、コミンテルンの出先機関であるアメリカ共産党のフロント組織、アメリカ中国人民友の会の機関誌である。そして、IPRの姉妹組織の『アメラジア』もソ連・コミンテルンの宣伝工作機関だった。ノーマンは四月十八日付の手紙で『アメラジア』に記事を執筆したと書いている。[17]

ノーマンは一九三九年にカナダ外務省に入り、翌一九四〇年五月に博士号を取得すると、その直後に語学官として日米開戦前の日本に赴任した。

ノーマンの博士論文『日本における近代国家の成立』は、一九四〇年二月にIPRの「調査シリーズ」として刊行された。この論文で、ノーマンは次のように主張する。

明治維新以後の日本の支配体制は、絶対主義的な天皇制と、地主や大商人や藩閥勢力とが結びついて形成されており、支配層のイデオロギーには自由主義が入る余地がない。明治維新はイギリス革命やフランス革命のように天皇をギロチンにかけておらず、ブルジョワ革命を経験しなかったから、天皇と封建的な支配階級が結託したまま、一般の庶民が虐待され続け、ファシズム国家になった――。

この論文は対日占領政策に関わる政府や軍の幹部たちに広く読まれた。マッカーサーもこの論文を愛読していたことから、カナダ人のノーマンをGHQのスタッフとして引き抜いたという経緯がある。

ノーマンの主張の枠組みは、一九三二年にコミンテルンで採択された「三二年テーゼ」や、講座派という日本共産党員の理論家集団の議論とほぼ一致している。事実、ノーマンはその後、一九四一年七月から九月にかけて、講座派の羽仁五郎が書いた『岩波講座・日本史』の明治維新の分析をさらに深く学ぶため、羽仁五郎自身から一対一で講義を受けている。[18]

こうして講座派の理論に磨きをかけたノーマンは、一九四二年十二月四日から十四日まで、モン・トンブラン（カナダのケベック州）で開催された第八回IPR会議に出席した。ノンフィクション作家の工藤美代子氏は、「この会議の頃から、ノーマンはカナダ外務省が、日本関係について国際的な場で発言する際の、いわば『顔』とも形容できる地位につき、日本といえばノーマン、ノーマンといえば日本というイメージが、内外ともに定着しつつあった」と述べている。[19]

国際社会における「日本」研究の第一人者として脚光を浴びた若き研究者が、実はコミンテルンの工作員であったわけだ。左派は、いまもこうした人材活用が得意なので、気をつけておきたい。

日本破壊を目論むビッソンとノーマンの共闘

一九四五年一月六日から十七日まで、ＩＰＲの第八回大会、ホット・スプリングス会議がアメリカのヴァージニア州で行なわれた。

日本の敗色が濃厚になり、戦争終結が視野に入ってきていた時期である。来るべき「日本敗戦」後の対日占領に備えて議論された重要な議題の一つが、「天皇制」の問題であった。

そしてその議論の枠組みに絶大な影響を与えたのが、ビッソンの「日本にとっての平和の代価」という論文である。これはＩＰＲのホット・スプリングス会議からさかのぼること約一年前の一九四四年三月に、ビッソンがＩＰＲ機関誌『パシフィック・アフェアーズ』に発表したものであった。[20]

その内容は次のようなものである。

《日本の軍国主義者は、何ら系統だった組織こそもたなかったものの、一九四〇年まで長年にわたって日本版ナチ党であった》[21]

一九四〇年というのは大政翼賛会が組織された年である。大政翼賛会がナチスと同列の全体主義政党だったというだけでなく、日本の軍国主義者は大政翼賛会ができる前からずっと日本版ナチ党だったというのだ。

《戦後も日本の軍国主義者と天皇との関係が維持されるならば、われわれの勝利は実を欠き、われわれの犠牲はむなしいものとなろう。遅かれ早かれ、日本の旧勢力は復活し、世界に皇道を広めるための戦争に再び同国を突入させるであろう。日本国民の心の中にある天皇神話全体の信頼性を失わせ、その復活の可能性を永久に取り除くことが不可欠である》[22]

戦後も「天皇制」を残すのであれば、日本に勝っても意味がないと、ビッソンはいう。なぜなら、「天皇制」があるかぎり、必ず日本は世界征服を始めるからだ。

《もしも日本国民が天皇にそむき、天皇を退位させるならば、その行為は賞讃され、支持されなければならない。もしも彼らがそうしないならば、彼らが必ず黙従すると考えられる根拠があり次第、彼らに代わってただちにその措置をとらなければならない》[23]

もし日本国民が自発的に天皇を退位させないなら、アメリカ政府の手でやるべきだ、というのである。

しかも、「天皇制」を廃止すると同時に、神道を排除するなど、日本国民の思想的改造も必要だと、ビッソンは主張した。

《国家神道は、その教義の一つとして、天皇は世界を支配する「神授の使命」をもつとする考えを強制しており、したがって、それは、連合国の容認しえない侵略政策の発現として禁止されるべきである。ドイツの敗北後、同国国民の間にナチスのイデオロギーを広めることを許すべきではないということがすでに明らかにされている。そうであるからには、日本の支配者に対して、なぜそのようなことを認めなければならないのであろうか》[24]

ビッソンのこの論文はもともと、ホット・スプリングス会議の約一年前に、「日本の将来」をホット・スプリングス会議の主要議題の一つとして取り上げるための準備的な研究集会に参考資料として提出されたものだった。

ビッソンの論文がアメリカIPRのその集会で「大反響を呼んだ」ので、『パシフィック・アフェアーズ』の記事として転載され、ホット・スプリングス会議の「日本の将来」部会の討論を準備する過程で、アメリカIPRの有力な叩き台になったわけである。[25]

工作員のビッソンがコミンテルンの方針を受けて「天皇制」廃止論を書き、それをコミンテルンの工作員たちに乗っ取られていたＩＰＲが評価し、国際会議の議題に上げたというわけだ。これを出来レースという。

しかもこの出来レースは、ご丁寧に、国際的にも支持されたかのように演出された。ビッソンの「天皇制」廃止論を最大限に後押ししたのが、ＩＰＲの機関誌『パシフィック・アフェアーズ』一九四四年六月号に掲載された論文「日本の将来――カナダ側の見解」である。カナダもビッソンの「天皇制」廃止論に賛成ですよと宣伝したわけだ。

その宣伝工作を担当したのが、コミンテルンの工作員であるノーマンだった。この論文は匿名で発表されたものだが『ノーマン全集』第一巻増補版に収録されており、ノーマンが筆者であると推定できる。山極晃他編『資料　日本占領１　天皇制』の資料解題も次のように述べている。

《本論文は、「日本の政治に関する高度に資格のある観察者のグループによって執筆されたものであるが、その現在保持する地位のゆえに執筆者自身の希望によって匿名で」発表された。武田清子『天皇制の相克』(岩波書店、一九七八年)は、筆者をカナダの代表的日本研究者Ｅ・Ｈ・ノーマンであろうと推定しているが、その可能性は非常に高い》[26]

そこで本書では、「日本の将来」の筆者はノーマンであると推定し、それを前提に論文の内容を見ていく。

「日本の将来」は、ビッソンの「日本にとっての平和の代価」を極めて高く評価しながらも、なお足りないところがあるとして、特高と憲兵隊を徹底的に粉砕して処罰するよう論じている。ノーマンによれば、日本の特高はナチス・ドイツの秘密警察ゲシュタポと同等、あるいはそれ以上に邪悪な存在であるから、徹底的に粉砕しなければならない。調査記録も一切残してはならない。

《おそらく警察捜査の方法に関係するいくつかの専門的問題を除けば、ヒムラーのゲシュタポでさえ、その方法の残忍性、品位あるいっさいの人間的原理に対する侮蔑、自由主義的あるいは進歩的なものに対する憎しみ、歯止めのない専制権力、考え得るかぎりのあらゆる肉体的・精神的拷問の実行のいずれの面においても、前述の日本の片割れに教授しうることは何もなかったであろう。日本敗戦ののち、「特高課」の組織全体を徹底的に粉砕し、その専任職員を逮捕して、しかるべく処罰し、その文書綴りや諸記録を破棄しないかぎり、民主主義への道を進むことは不可能であろう》[27]

では、どうやって解体するのか。ノーマンは、連合軍が助言を求めるべき日本人たちがいると強調する。

《中国には少数ながら、日本の政治的亡命者がおり、彼らは、「特高課」について、彼ら自身が知識を、場合によっては経験をもっているので、すすんで助言してくれるであろう》[28]

中国にいる「日本の政治的亡命者」とは、中国共産党の本拠地延安で日本への敗戦革命工作を準備していた野坂参三ら、コミンテルンの工作員たちのことである。連合軍は日本を占領したら、特高を解体するために彼ら、つまりコミンテルンの工作員の意見を聞けというのである。

アメリカ国務省や陸軍が頼りにしているＩＰＲが対日占領に際して、「天皇制」廃止論を煽り、神道排除を唱え、コミンテルンの工作員である野坂参三の意見を聞けと訴えたのだ。

対日占領政策を理解するうえで重要なＯＳＳ（戦略情報局）

さて、ここまでアメリカ政府の対日占領政策に大きな影響力を与えた二つのグループのうちの一つ、ＩＰＲ（太平洋問題調査会）を中心に見てきたが、次に、もう一方のグループであるＯＳＳ（戦略情報局）についても見ておこう。

そもそも、ヨーロッパでは一九三九年に英仏がドイツに宣戦布告し、第二次世界大戦が始まるが（アメリカが参戦するのは真珠湾攻撃のあと、一九四一年だが）、この時点においてもアメリカ政府は、対外的な情報機関を持っていなかった。

そこで一九四一年七月十一日（つまり日米開戦の五カ月前）、ルーズヴェルト大統領命令で、大統領直轄の統一情報調査局（ＣＯＩ、Coordinator of Information）がつくられた。これがＯＳＳの前身である。ウィリアム・ドノヴァンを長官とし、一九四二年六月からＯＳＳと改称された。

ルーズヴェルト大統領は、第二次世界大戦を通じて、イギリスに代わってアメリカが世界の覇権国家になっていくことを見据えていた。それを前提に、世界各国の状況を研究し、戦争遂行だけでなく、戦後の統治の仕組みを考える対外情報機関をつくったのだ。

戦争に勝つために世界各国の地域研究を行なって、各国の地理情報、石炭や石油などの資源の情報などを収集するのはもとより、国連や世界銀行など、戦後の国際体制の構想も考えていた。

ＯＳＳはＩＰＲと並んで、対外研究の要だった。その理由は、なんといってもＯＳＳの調査研究部（Research and Analysis）の圧倒的な充実にある。

一橋大学名誉教授の加藤哲郎氏によると、調査研究部は三段階で発展した。

第一段階がCOI発足時で、全米の大学からアカデミズムの長老を集めた。ハーヴァード大学やミシガン大学の学部長クラスなど重鎮が呼び集められ、「枢機卿の大学」と呼ばれた。次に、中堅や若手の研究者が多数集められた。これが第二段階にあたる。

第三段階は連合軍の勝利が見えてきた一九四三年春以降で、ドイツや日本の戦後処理を見据えて、多数の亡命ユダヤ人・ドイツ人や日系アメリカ人が参加した。調査研究部はCOIの発足直後から地域別研究を行なっていたが、本格化させたのはこの時期のことだ。[29]

調査研究部は欧州アフリカ課、ソ連課、極東課、ラテンアメリカ課の四課に分けられ、極東課長にチャールズ・B・ファーズが就任した。[30]

ファーズは、学生時代に師事していたノースウェスタン大学のコールグローブ教授が日本の無産政党研究の専門家だったのでマルクス主義を学び、戦前は東京大学に留学していた。一九四〇年にはIPRから『日本の政府』という書籍を出版している。日本の歴史研究についてはIPRで対日占領政策研究を主導したノーマンに影響を受けている。[31]

加藤氏によると、調査研究部最盛期の一九四三〜四五年には中国・日本とも三〇人以上の担当スタッフを擁し、朝鮮専門家も五人以上いた。[32] たとえば日本経済なら各産業ごとに専門家がいる充実ぶりだった。対照的にアメリカ国務省の極東担当は六人（その後増員して九名）

だったという。[33]

これまで日本では、日本の対日占領政策の形成過程は、米軍と国務省の文書をベースに研究されてきており、背後にあるOSSの研究はあまり系統だって行なわれてこなかった。原因の一つには、史料調査の困難さがある。

OSSが最大時で一万三〇〇〇人近くに達した巨大機関だったために、文書の量があまりにも膨大で整理が追いついておらず、未だ公開されていない機密性の高い文書も相当あるといわれている。[34]

だが、国務省より圧倒的にOSSのマンパワーが充実していた事実を踏まえると、OSSでどのような人々が、どのような考え方に基づいて研究していたかということが、対日占領政策を理解するうえで非常に重要になってくるのだ。

共産主義者を招き入れ、コミンテルンに乗っ取られたOSS

OSSは、全米の俊秀を集めた頭脳集団であったのだが、多数の共産主義者が深く浸透していた。共産主義者の浸透に警戒していたにもかかわらず入り込まれた、というわけではない。共産主義者を積極的に迎え入れたのだ。

第一に、調査研究部に多数の共産主義者が参加していることは、最初から公然の事実だった。加藤哲郎氏はこう指摘している。

《ラテンアメリカ課長のモーリス・ハルペリンや、経済学のスウィージー、バランら、マルクス主義者も多かった。私の研究してきた在米日本人共産主義者ジョー小出（本名鵜飼宣道）も、日本人強制収容所からスカウトされて、その末端に加わる。ノイマン、マルクーゼらがドイツ社会民主党の流れを引くことは、OSSでは秘密でも何でもなかった》[35]

第二に、日米開戦直前の一九四一年十一月、ドノヴァン長官はOSSの秘密情報（SI）、特殊工作（SO）、モラール工作（MO）の担い手として軍務経験のある人材を求めた。その結果、当時、スペイン内戦に義勇兵として参加して戦い、帰国したばかりのアメリカ共産党員たちが大挙してOSSに雇われた。彼らはカナダに設けられた通称キャンプXという訓練所に送られ、そこから各地の現場に配属されていく。[36]

こうして、OSSは頭脳である調査研究部だけでなく、手足にあたるSOやMOといった機関にも、多くの共産党員や共産主義シンパを抱えこむことになった。これらは、暴力的手段を含む謀略工作や、ブラック・プロパガンダ（情報源を偽ったプロパガンダ）を実行する機関である。

加藤哲郎氏は、ＯＳＳにとって世界各国の左派を支援することが活動の重要な一部だったし、アメリカ共産党がＯＳＳに積極的に協力していたことを、ドノヴァン長官もルーズヴェルト大統領も承知していたと指摘している。また、「ユージン・デニス（戦後米国共産党書記長）らを介して、コミンテルンのディミトロフ書記長、ソ連秘密警察（ＮＫＶＤ）フィチン将軍にもひそかに報告されていた」という。

加藤氏はこれらのことを総合して、当時ＯＳＳは、共産主義者も含めた米国アカデミズムの「総力戦態勢」を組んでいたのだと評価している。[37]

だが問題は、ＯＳＳに参加していた共産主義者たちが果たしてアメリカの国益のために働いていたのか、ということだ。というのも、ＯＳＳで勤務していた共産主義者たちのなかには、単に共産主義を信奉しているというだけでなく、ソ連の工作員だった者が何人もいたからである。

実はアメリカ政府部内にも、コミンテルンの工作員たちがアメリカ政府機関に潜り込んでいることを警戒し、ひそかに調査する人たちが存在していた。

その調査の結果、前述の調査分析部ラテンアメリカ課長、モーリス・ハルペリンを筆頭に、フランツ・ノイマン、ドナルド・ホウィーラー、スタンレー・グレーズ、ダンカン・リー、ヘレン・テニー、ジュリアス・ジョゼフなどがＯＳＳに浸透したコミンテルンの工作員だと目されていた。

ここで名前が挙がった人物のうち、ダンカン・リーは、ドノヴァン長官の筆頭副官で、長官のところに回ってくるすべての書類を見ることができる立場だった。

そしてリーは、ひそかにＯＳＳ内に浸透したソ連工作員をリストアップした機密書類を読み、ソ連に情報を渡していることが、アメリカ国立公文書館のＯＳＳ資料によって明らかになっている。[38]なんとも間抜けな話だが、要するに、アメリカの情報機関の情報は、ソ連・コミンテルン側に筒抜けだったのだ。

しかも、ＯＳＳのドノヴァン長官のほうも一九四三年十二月二十五日、ソ連のＮＫＶＤ（内務人民保安部。ＫＧＢの前身）との協力体制を正式に要請するためモスクワに飛んでモロトフ外相と会談し、その二日後にはＮＫＶＤのフィチン将軍に、ヨーロッパのナチス占領地域に潜入したＯＳＳ工作員が誰なのか、ＮＫＶＤに情報提供することを申し出ていた。[39]

情報機関のトップが、自らの組織の工作員リストを、ソ連に明け渡そうとしていたわけだ。いくら情報機関をつくったところで、トップが間抜けだと、何の役にも立たないどころか、かえって国益を害することになることがこの一事からもよくわかる。外国のスパイを取り締まる情報機関のトップが、実は外国のスパイだったなどという話が映画で描かれるのも、実はよくある話だからなのだ。

そうした痛切な反省に立って世界各国は、インテリジェンス・ヒストリーという学問を構築し、国益を守るために情報機関はいかにあるべきなのかを必死に研究しているのである。日本も対外インテリジェンス機関を創設する前に、インテリジェンス・ヒストリーという学問をまず徹底して学ぶことから始めるべきだろう。

日本を分裂させ、相互不信を増幅せよ

加藤哲郎氏の研究によると、OSSは日米開戦の前から日本に関する情報を収集していた。一九四二年二月にはその成果を、全四〇章、三七八頁におよぶ報告書にまとめあげている。

「日本の戦略的概観」というこの報告書は日本の百科全書とも呼ぶべき網羅的なもので、人口、国内・満洲・中国占領地域・海外の委任統治領などを含めた日本の支配地域に居住するエスニック集団、言語、国民性、生活状態、労働条件、公衆衛生、教育、宗教、公共秩序と警察、新聞、政府、政党、外交、経済など、幅広くかつ詳しく分析していた。

相手国を支配しようと思えば、このように徹底的に相手国について研究するものなのだ。日本では、アメリカへの対応をめぐって「親米」か「反米」かという議論が長らく行なわれてきたが、その視点の低さに落胆を禁じえない。なぜ、アメリカを徹底的に研究し、アメリカにどう影響力を行使するのか、という議論が生まれてこなかったのか。

「敵国」日本について徹底的に研究したOSSは、一九四二年六月三日付で「日本計画」（最終草稿）というプロパガンダ戦略を作成している。加藤哲郎氏によれば、そこでは、次の四つの政策目標が掲げられた。

《1　日本の軍事作戦を妨害し、日本軍の士気を傷付ける、
2　日本の戦争努力を弱め、スローダウンさせる、
3　日本軍当局の信頼をおとしめ、分裂させる、
4　日本とその同盟国及び中立国を、分裂させる》[40]

これらを達成するため、「日本計画」は次の八つの宣伝目的を定めている。

《1　日本人に、彼らの政府や日本国内のその他合法的情報源の公式の言明への不信を増大させること、
2　日本と米国の間に、戦争行動の文明的基準 [civilized standards of war conduct] を保

持すること、

3　日本の民衆に、彼らの現在の政府は彼らの利益には役に立っていないと確信させ、普通の人々が、政府の敗北が彼ら自身の敗北であるとはみなさないようにすること、

4　日本の指導者と民衆に、永続的勝利は達成できないこと、日本は他のアジア民衆の必要な援助を得ることも保持することもできないことを、確信させること、

5　日本の諸階級・諸集団間の亀裂を促すこと、

6　内部の反逆、破壊活動、日本国内のマイノリティ集団による暴力事件・隠密事件への不安をかき立て、それによって、日本人のスパイ活動対策の負担を増大させること、

7　日本とその枢軸国とを分裂させ、日本と中立諸国との間の困難を促進すること、

8　日本の現在の経済的困難を利用し、戦争続行による日本経済の悪化を強調すること》[41]

「日本計画」は、「天皇制を廃止せよ」というノーマンやビッソンとは異なり、「天皇制」を活用して日本を解体しようというものだ。また、天皇を直接に非難することは連合軍の戦争遂行のためのプロパガンダとして適切ではないと分析していた。

「日本計画」最終草稿が具体的な宣伝目的として次のような項目を掲げているのは、その現れである。

《（d）日本の天皇を（慎重に、名前を挙げずに）、平和のシンボルとして利用すること［To use the Japanese Emperor (with caution and not by name) as a peace symbol］、
（e）今日の軍部政権の正統性の欠如と独断性、この政府が、天皇と皇室を含む［including the Emperor and his House］日本全体をきまぐれに危険にさらした事実を、指摘すること、
（g）日本に対して、我々が勝利した場合の、戦後の繁栄と幸福［post-war prosperity and happiness］を約束すること》[42]

この「日本計画」の基盤にあるのは、マルクス・レーニン主義が唱えた階級闘争に似た、二分法である。

階級闘争史観では、ブルジョワなど支配階級とプロレタリアートなど被支配階級を明確に二分化し、支配階級を「敵」と決めつけ、敵の徹底的な破壊をめざす。対日戦略でも、日本を二つに「分断」し、その対立を煽って弱体化させ、支配していくことをめざしたのだ。まさに分断統治（分割統治）である。

ただし「二分」する方法は、ビッソンやノーマンらとOSSとでは異なっていた。ビッソンやノーマンらが、「天皇を中心とした支配層」と「一般の人民」を分けているのに対して、「日本計画」は「天皇・一般の国民」対「軍部」に二分しようとしたのである。

「日本計画」では天皇を平和のシンボルとして連合国のプロパガンダに利用するために、明治天皇の立憲君主としての側面を強調し、昭和天皇が満洲事変にも日独伊三国同盟にも反対していた事例を宣伝の根拠として利用する戦略だった。[43]

「日本計画」は天皇への攻撃は避けつつも、前述の八つの宣伝目的の5や6からは、日本国内のあらゆる勢力を利用して騒擾《そうじょう》と分断を引き起こすことをめざしていたことが読み取れる。

ソ連の対日参戦を可能にするための「無条件降伏政策」

以上のように戦時中、ルーズヴェルト政権下では、国務省、陸軍、OSS、そして民間シンクタンクのIPRなどで、対日占領政策について活発な議論が繰り広げられていたのだが、その議論は、コミンテルンの工作員たちの影響を受けていた。

特にコミンテルンの工作員たちがこだわった「天皇」問題が、現実問題として尖鋭化してくるのは、対日戦争が終盤に差し掛かったときのことであった。

日本に対し、「天皇廃位」も見据えた無条件降伏を要求するのか、それとも「天皇制の護持」を認めた温和な条件を提示するのか——。この違いは、戦争をいかに終わらせるかという問題とも絡み、大問題となっていく。

日独伊の枢軸国に無条件降伏を求める政策が、一九四三年一月のカサブランカ会談でルーズヴェルト大統領によって表明されたことはよく知られている。軍隊の降伏のみならず、国家そのものの無条件降伏を求める政策は、国際法秩序を基調とする近代において前代未聞のものだった。

この無条件降伏政策が日本の降伏を遅らせることになった。

日本の降伏を遅らせることは、ソ連にとって大きな意味を持つことであった。なぜなら、ソ連の対日参戦が可能になるからである。

一九四五年六月末、極東でのソ連軍の軍事的準備についての会議で、ソ連共産党政治局は北海道占領を議題に上げて検討している。ジューコフ将軍やモロトフ外相の反対にもかかわらず、スターリンはやる気だった。[44]

ソ連軍は一九四五年二月のヤルタ密約に基づいて終戦間際の八月九日に日ソ中立条約を破り、満洲に侵攻。八月十一日には南樺太への攻撃を開始した。さらに日本がポツダム宣言受諾を表明したあとの八月十七日に千島列島最北東端の占守島《しゅむしゅとう》に侵攻した。

ソ連軍の計画は勢いに乗じて北海道に軍を進めるものであり、あわよくば東北までとるつもりだったともいわれている。北海道への侵攻はトルーマン政権が拒否したが、国際政治では、軍事力で既成事実をつくってしまえば、つくった者勝ちである。もし、ソ連の思惑どおりに進めば、日本は分断国家となり、敗戦革命は成功し、日本は共産主義国家になっていたかもしれない。

コミンテルンの工作員たちは、「天皇制」廃止を含む無条件降伏政策を主張することで、日本の降伏を遅らせ、ソ連の対日参戦から日本の敗戦革命の実現を狙っていたわけだ。

苛酷な占領政策で日本社会を徹底的に改造せよ

無条件降伏政策には、もう一つ、恐るべき狙いがあった。それは、日本社会の根本的な改造である。

神戸大学名誉教授の五百旗頭真氏は、『米国の日本占領政策』〈上〉（中央公論社、一九八五年）で無条件降伏の目的を分析している。その概略は、次のようになる。

（1）勝者のフリーハンドの確保――勝者が望む敵国処理と戦後体制を実現するため、敗者の発言権を奪い去る。降伏した軍隊の処遇だけでなく、国家の処遇全体について勝者が一方的に決定する。

（2）敵国の長期的無力化。終戦時の武装解除・無力化だけでなく、半永久的無力化。戦後の国際社会に敵国が軍事的パワーとして復活することを阻止する。

（3）敵国の社会的基盤の破壊と再編成。[45]

このうち（3）は、ソーシャル・エンジニアリングという設計主義に基づく考え方で、社会とは人間が思う通りにいくらでも改変できるものだということを前提にしている。その道具となるのは教育、というよりむしろ洗脳というほうが近い。

人体にたとえていうならば、社会全体、あるいはそこに暮らす国民全体に〝ロボトミー手術〟を施すかのようなニュアンスさえ持っているのが、このソーシャル・エンジニアリングの概念である。

ロボトミー手術とは、かんしゃくやヒステリーなどといった精神疾患を抑えるために、脳から前頭葉を切除する手術のことをいう。たしかに、原因部分を脳ごと取り去ることで精神疾患の症状は治るが、患者の性格自体が大きく変わってしまう。心を失い、まったくの別人のようになってしまうこともある。

ソーシャル・エンジニアリングも、つまるところ、脳を切除するような恐るべき手術を強引に行なうことによって、根本的な「人間改造」「社会改造」を成し遂げようという発想である。

革命を志向する人々は、とかくこのロボトミー的なソーシャル・エンジニアリングに憧れがちである。人智をもってすれば、何事でも成し遂げられるという「人間の傲慢」がその発想のベースになっている。

第二次世界大戦後に行なわれた、ソーシャル・エンジニアリング的な「敵国の社会的基盤の破壊と再編成」政策の代表例が、財務長官ヘンリー・モーゲンソーが立案したモーゲンソー計画であった。

「ドイツにおける航空機産業を含む軍需産業をすべて禁止し、ドイツの全工業を厳重に制限して、農牧国家化する」という極めて厳しい対独戦後計画は、一九四四年九月にチャーチルとルーズヴェルトが会談した第二回ケベック会談でルーズヴェルトの承認を受けた（形式的には帰国後に撤回）。

実は、このモーゲンソー計画の背後にはソ連の工作があった。主導したのは、モーゲンソー長官の側近の財務次官補でソ連軍情報部の工作員のハリー・デクスター・ホワイトだったのである。

財務省ではケベック会談に間に合わせるため、急ピッチでモーゲンソー計画策定の作業が進められた。そのスタッフのうち、ハリー・デクスター・ホワイト、ソロモン・アドラー、ジョサイア・デュボワ、ソニア・ゴールド、ハロルド・グラッサー、ウィリアム・H・テイラー、V・フランク・コー、アーヴィング・キャプランがソ連工作員であったことがヴェノナ文書によってわかっている。エヴァンズとロマースタインはこの状況を指して、「モーゲンソー長官は物理的にもソ連工作員に囲まれていた」といっている。[46]

そして、ホット・スプリングス会議で決議された苛酷な対日処理案は、モーゲンソー計画の引き写しといってよい内容だった。

もちろんこのような占領政策は国際法違反にあたる。ハーグ陸戦条約によれば、「占領者が与えられる権力は、基本的に一時的にして軍事的必要に沿うものに制約され、『絶対の支障ナキ限リ』法律を改めることはできない（第四十三条）。政治社会全般にわたる改革を可能にする権限は、国際法上の軍事占領からは得られないのである」と五百旗頭氏は指摘している。[47]

だが、「敗戦革命派」は、日本は国家神道という危険なカルトを盲信する洗脳カルト国家だから、という理屈で、日本を禁治産国家として国際法の適用を除外するとし、苛酷な無条件降伏政策を正当化したのだ。

アメリカと日本の戦略的発想のあまりの落差

本章で見てきたように、アメリカでは日米戦争開始とともに、政府だけでなく、民間シンクタンクなどにおいても、敗北に追い込んだ日本をどのように改造し、弱体化していくのかという観点から、徹底した議論と政策立案を始めていた。そもそも外交とは、相手を自国の国益に都合が良いように分断し、操ることである。アメリカの戦略は、その見地からすれば、ごく当たり前のものとさえいえる。

一方、そのようなアメリカと比べるとき、当時の日本の姿は、あまりにも対照的であった。前著『コミンテルンの謀略と日本の敗戦』で詳述したように、日米開戦に踏み切った東條英機内閣は、終戦工作を検討すること自体を否定し、徹底抗戦を叫ぶのみであった。そもそもアメリカとの戦争に勝った場合に、アメリカをどのように支配していくのか、という発想そのものが欠落していた。

国力が違いすぎるから無理はないのかもしれないが、東條内閣が考えていたことは、戦闘で勝利を重ねることで対米講和を有利に運ぼうというレベルであったわけで、その発想のあまりの落差に、深い失望を覚える。

もっとも、それは戦後の日本の政治についてもいえることである。アメリカ政府は日本をどうやって支配するのか、徹底的に研究し、様々な政策を日本に要求してきたのに対して、日本側はせいぜい「対米自立」を叫ぶだけで、アメリカをどう分断し、日本に有利なように事を運ぶのかという具体的な対米政策論はほとんど生まれてこなかった。

私が「アメリカは一枚岩ではない」と強調するのは、アメリカを共和党系と民主党系、保守系とリベラル系とに分けて理解することで、いわば分断工作を仕掛け、日本に少しでも有利な対米交渉を実現したいと考えているからでもある。

その視点は、けっして空想的なものではない。げんに、第二次世界大戦の終戦前後においても、アメリカ国内で無条件降伏政策に反対し、コミンテルン主導の対日占領政策論議に対しても真っ向から反対する勢力が、たしかに存在していたのだ。

アメリカ国内で、無条件降伏政策に反対していた人物の一人が、カサブランカ会談当時、陸軍省戦争計画部に所属していたアルバート・C・ウェデマイヤー将軍であった。ウェデマイヤー将軍は次のように語っている。

《もしもルーズベルト大統領が戦争の主目的として、敵の無条件降伏を主張していなかったならば、アメリカは共産ロシアに無条件的な援助を与えるにはおよばなかった》[48]

《ルーズベルト大統領は、第二次大戦の終結に当たり、なにか計画を持っていたかといえば、彼は三大国による懲罰的戦後処理を強行しようとしただけで、現実的で人道的な平和条約の諸条件を提案するかわり、無条件降伏を主張することによって、アメリカみずからヨーロッパとアジアにおいて、スターリンの勢力を増大させたのである》[49]

ドイツの工業力を根こそぎにする苛酷な対独戦後政策（モーゲンソー計画）を実施すれば、ヨーロッパはソ連に対する防波堤を失う。ドイツを潰せば、ヨーロッパをソ連が席巻することは地政学的に自明の理である。

こうした地政学的な問題だけではない。ウェデマイヤーは、無条件降伏政策が戦争を長引かせることも懸念していた。戦争が無駄に長引けばアメリカ軍の側にも死なかなくてよかったはずの戦死者が増える。実際に戦場で戦う軍人が軍事的合理性に基づいて反対するのは当然だ。また、ウェデマイヤーは、無条件降伏要求は敵の大量殺戮を主要目的とするに等しく、そのような戦争は「道徳にそむいた非文明的行為」だと、厳しく指摘している。[50]

ルーズヴェルト大統領が唱えた無条件降伏政策の軍事的・地政学的悪影響を懸念してい

た軍人はウェデマイヤーのみにとどまらなかった。

　カサブランカ会談の七カ月後、ルーズヴェルト大統領の側近で第二次世界大戦中は大統領の外交顧問を務めていたハリー・ホプキンスが、ワシントンのトップクラスの軍人からの覚え書を、第一回ケベック会談に持参した。その覚え書は、「無条件降伏政策はドイツを破壊し、終戦後、ロシアがヨーロッパを支配するという結果をもたらすことになる」というものだった。[51]

　もっとも、そのホプキンスは、そのことを理解したうえで、ソ連の台頭を許して何が悪いのか、という考えだったのだが……。

　無条件降伏か、それとも皇室の存続を許す有条件降伏か。苛酷な対日政策か、それとも穏健な対日政策か——。

　あえて単純化していえば、無条件降伏要求と苛酷な対日政策は、敗戦革命を目論むコミンテルンの工作員のほか、ルーズヴェルト大統領に代表される「ウィーク・ジャパン派」が支持していた。

　一方、無条件降伏を求めない穏健な対日政策は、陸軍のウェデマイヤー将軍をはじめとする米軍幹部だけでなく、国務省幹部のジョゼフ・グルーや、国務省内で対日占領政策策定を主導したヒュー・ボートンらが支持していた。

両者の激しいせめぎ合いは日本の降伏後までもつれ込み、対日占領政策の遂行に大きな影響を与えていくことになる。

しかし、その話に進む前に、次章では、シナ事変まで時系列をさかのぼり、中国の延安に飛ぶことにしよう。


【注】

1 中西輝政『情報亡国の危機』東洋経済新報社、二〇一〇年、一九一～一九三頁
2 シルバーマスター・グループと毛沢東との関係については、ジョン・アール・ヘインズ、ハーヴェイ・クレア著、中西輝政監訳『ヴェノナ』(PHP研究所、二〇一〇年)二〇八～二〇九頁参照のこと。
3 ジョン・アール・ヘインズ、ハーヴェイ・クレア『ヴェノナ』一三～一六頁の「用語解説」参照のこと。
4 アメリカ政府内、特にこのSWNCCを舞台に対日政策が形成されていく過程については、五百旗頭真『米国の日本占領政策』(上下巻、中央公論社、一九八五年)が緻密な分析を行なっている。
5 長尾龍一『オーウェン・ラティモア伝』信山社出版、二〇〇〇年、八頁
6 United States Government Printing Office, *Institute of Pacific Relations Report of the Committee on*

7 *the Judiciary, 82nd Congress Second Session pursuant to S. Res. 366 (81st Congress)*, 1952.（以下、『IPR報告書』と略称）p.17.

8 FBI file: *Institute of Pacific Relations*, Section4, p.5(PDF p.7) https://web.archive.org/web/20080228024053/http://www.education-research.org/PDFs/IPR04、二〇一八年五月三日取得『IPR報告書』p.121.

9 長尾龍一『オーウェン・ラティモア伝』八〜九頁

10 M. Stanton Evans, *Blacklisted by History*, Crown Forum, 2009, Chapter 29.

11 油井大三郎『増補新装版　未完の占領改革』東京大学出版会、二〇一六年、三三頁

12 山極晃、中村政則編、岡田良之助訳『資料　日本占領1　天皇制』大月書店、一九九〇年、一七七頁

13 同、一七九〜一八〇頁

14 同、一八三〜一八六頁

15 工藤美代子『スパイと言われた外交官』ちくま文庫、二〇〇七年、一一〇〜一一一頁

16 同、一一六頁

17 同、一一六頁

18 同、一三〇〜一三一頁

19 同、一五三頁

20 油井大三郎『増補新装版 未完の占領改革』一六五〜一六六頁

21 山極晃他編『資料　日本占領1　天皇制』二四三頁

22 同、二四五頁

23 同、二四五頁

24 山極晃他編『資料　日本占領1　天皇制』二四五〜二四六頁
25 油井大三郎『増補新装版 未完の占領改革』一六五〜一六六頁
26 山極晃他編『資料　日本占領1　天皇制』資料解題一〇頁
27 同、二六〇頁
28 同、二六〇頁
29 加藤哲郎『象徴天皇制の起源』平凡社新書、二〇〇五年、六四〜七〇頁
30 同、七四〜七六頁
31 同、七九頁
32 同、八二頁
33 加藤哲郎「21世紀に日韓現代史を考える若干の問題」、第七回日韓歴史シンポジウム報告、二〇〇四年八月二一日。http://netizen.html.xdomain.jp/nikkanoss.html、二〇一八年三月三日取得
34 加藤哲郎『象徴天皇制の起源』八四〜八七頁
35 同、七一頁
36 Herbert Romerstein & Eric Breindel, *The Venona Secrets*, Regnery History, 2014, p.284
37 加藤哲郎『象徴天皇制の起源』七一〜七三頁
38 M. Stanton Evans & Herbert Romerstein, *Stalin's Secret Agents*, Threshold Editions, 2012, p.102.
39 Romerstein & Breindel, *The Venona Secrets*, p.291.
40 加藤哲郎『象徴天皇制の起源』三五頁
41 同、三五〜三六頁
42 同、三六〜三七頁
43 同、三九〜四五頁

44　Richard A. Russell, *Project Hula*, University Press of the Pacific, 2003, p.32.
45　五百旗頭真『米国の日本占領政策』（上）、一一一～一一三頁
46　Evans & Romerstein, *Stalin's Secret Agents*, p.182.
47　五百旗頭真『米国の日本占領政策』（上）一一三～一一四頁
48　アルバート・C・ウェデマイヤー著、妹尾作太男訳『第二次大戦に勝者なし』（上）、講談社学術文庫、一九九七年、一九一頁
49　同、一九三頁
50　同、一九〇頁、一九七～一九八頁
51　George H. Nash, *Freedom Betrayed*, Hoover Institution Press, 2011, p.342.

第二章　中国共産党による対日心理戦争

相手国を支配し、操る「影響力工作」

近年、マスコミの発達と世論が政治に与える影響に着目して、広報外交（パブリック・ディプロマシー）の重要性が語られるようになってきている。

残念ながら、日本では、この広報外交はもっぱら、「外国に対して日本に好意的な世論が生まれるよう働きかける」という程度の意味あいで理解されている。

だが、少なくともアメリカや中国では、まったく意味が異なる。米中両国は「相手国の世論を自国に有利なように誘導することで、相手国の政治を牛耳る」という意味あいで、この広報外交を使っている。相手を支配し、操ろうとする意思と宣伝工作。これが国際政治を左右する大きな要素であると考えているのである。

この広報外交の原型は、ソ連・コミンテルンが考案した「影響力工作」に求めることができる。

外交、特に非軍事的で政治的な対外活動は、様々な形態が存在する。

自国を利する行動を他国に取らせる手法には、外交・通商交渉や公式声明の発表などの公然の手法と、偽文書などを使ったブラック・プロパガンダや偽装組織による示威運動などの非公然の手法とがある。非公然の手法を「欺瞞《ぎまん》」とも呼ぶ。

こうした非公然の手法のうち、影響力のある人物を利用して他国の国民や政策決定者の知覚を誘導することにより、他国を操作する工作は、「影響力工作」と呼ばれる。[1]

ソ連は、戦前からこの非公然の「影響力工作」を重視していた。たとえば、一九七五年から一九七九年まで東京のＫＧＢ駐在部に勤務して対日工作にあたり、その後、アメリカに亡命したソ連・ＫＧＢ諜報員スタニスラフ・レフチェンコが一九八九年に次のように述べていることを、皇學館大学講師の佐々木太郎氏が紹介している。

《ソ連情報機関は、標的とする諸国家に対する二つの主要な任務を負っている。ひとつは、古典的なスパイ活動である。つまり、技術や機密を盗むことである。もうひとつは現在、積極工作と呼ばれるものである。これは、標的にソ連の利益となるような行動をとらせることを目的とした〝影響工作〟のことである。初期の頃において影響工作は、情報機関ではなく、コミンテルンやソヴィエト共産党といったその他のソヴィエト機関によって主導されていた。それでも、遠い昔にコミンテルンによって発展されたその手法は、今日のＫＧＢの活動に役立っている》[2]

戦後の一九五五年から一九九〇年代まで、日本の政治は主として五五年体制と呼ばれる仕組みの下で動いていた。与党の自民党に対して、野党の日本社会党が対立する二大政党体制のことである。

この二大政党の一つ、日本社会党がソ連KGBの「コントロールの下」にあったとして、前述したソ連・KGB諜報員レフチェンコは一九八二年七月十四日、アメリカ連邦議会下院情報特別委員会聴聞会において次のように証言しているのだ。

《KGBは一九七〇年代において、日本社会党の政治方針を効果的にコントロールできていました。同党の幹部のうち一〇人以上を影響力行使者《エージェント・オブ・インフルエンス》としてリクルートしていたのです》[3]

このようにソ連KGBの非公然の政治工作の目的は、「機密などを盗む」というだけでなく、「ソ連に有利な情報を日本の政治家やジャーナリストなどに与えることで、日本の政治をソ連に有利な方向に誘導すべく影響力を発揮すること」であった。

そして実は、このように日本の政治を支配し、操ろうとしたソ連による影響力工作、対日工作の原型を生み出したのが、中国共産党であった。

戦前の日本で結成された「中国共産党日本特別支部」

一九三七年七月に盧溝橋事件が発生し、八月の第二次上海事変を経てシナ事変が本格的になっていくなかで、蔣介石率いる中国国民党政府は対日全面戦争を始めた。

この中国国民党と連携して対日抗戦を叫んだ中国共産党だが、彼らは、中国国民党とは異なり、武力によって日本に勝とうとは思っていなかった。ソ連・コミンテルンの指示を受けていた中国共産党は、影響力工作、つまり宣伝や情報工作によって日本をコントロールしようとしたのである。

具体的には、シナ事変で獲得した日本兵捕虜を使って、日本軍、さらには日本政府に影響力工作を仕掛けることを目論んだ。その際に重要な役割を果たしたのが、日本で学んだ中国人留学生たちだった。

戦前の日本には日清戦争以降、多くの中国人留学生が来ていた。日清戦争と日露戦争に勝った日本で最新の学問を学び、中国の近代化に役立てるためである。日本は漢字文化圏であるうえに、西洋の知識をどんどん翻訳していたから、西洋の科学技術や学問を吸収するためにも都合がよかった。

ところがシナ事変で急激に日中関係が悪化していったので、日本にいた留学生たちは盧溝橋事件の直後から大挙して帰国していく。そして彼らのなかには、多数の中国共産党員がいた。

日本で学ぶ中国人留学生のあいだでは、一九二五年頃から共産主義や社会主義が流行し始めていた。ちょうど、そのころ日本で盛んになっていた最新の社会科学が共産主義や社会主義だったということもあるが、もう一つの理由は、一九二四年に中国で第一次国共合作が成立し、国民党と中国共産党が手を組んだことにあった。中国人留学生のあいだで辛亥革命の指導者として尊敬されていた孫文が共産党と手を組んだことで、中国人留学生たちは中国共産党を同志だと見なすようになってしまったのだ。

第一次国共合作は一九二七年に解消されたものの、翌年の一九二八年十月には日本で「中国共産党日本特別支部」が結成され、その下に東亜予備校支部、明治大学支部、成城学校支部など、大学単位の支部が次々とできていった。それらの支部に集まった党員のほとんどが中国人留学生であった。つまり、中国共産党による対日工作は戦前から始まっていたのだ。[4]

中国人留学生の多くは国費で、つまり、国民党政府の留学生として来日していた。だが、表向きは国民党側であっても、日本にいるあいだに中国共産党の隠れ党員になった者が少なくなかった。

日本留学経験者を活用した「敵軍工作部」

シナ事変の本格化を受けて、中国共産党はいち早く、日本への留学生を活用した対日影響力工作の体制づくりを始める。

一九三七年十月六日、中国共産党麾下《きか》の八路軍総政治部は、敵軍工作部（略称敵工部。プロパガンダなど心理戦を担当する）の充実と日本留学経験者の活用を、次のように指示したと、趙新利氏が「日中戦争期における中国共産党内の『知日派』と敵軍工作」という論文で紹介している。

《各師団の敵軍工作部の工作は腕利きの幹部が主宰し、適切な工作員を配属すべきである。各部はそれぞれ日本語のわかる幹部や兵士を各連隊にそれぞれ2人、旅団に1人、師団に2、3人を配属すべきである。

これらの工作員のほとんどは、日本留学から帰国した愛国青年でなければならない。政治上と工作能力の面で積極的に育成し、敵軍工作の優秀幹部にさせ、創造力と自主性を発揮させるべきである》[5]

ちなみに八路軍とは、主に華北で活動した中国共産党軍の部隊で、第二次国共合作により、名目上、国民党軍の指揮下に編入して「八路軍」という名称を冠したものである。ほかに華中・華南で活動した「新四軍」があった。

のちに敵軍工作部の幹部となり、日本人捕虜の訓練にあたることになる趙安博は、第二次上海事変のあと留学先の日本から中国に戻り、「抗日戦に身を投じよう」と八路軍に志願しに行った。すると、共産党宣伝部長の陸定一《りくていいち》が、「この非常時に日本語がわかる若者が来てくれた」と大変喜んで、すぐに師団入隊の手配をしてくれたという。[6]

こうして多くの日本留学経験者が中国共産党において重要なポストに抜擢《ばってき》され、対日工作を担っていったのだった。

その中心となったのは、総政治部敵軍工作部部長の王学文と副部長の李初梨であった。王学文は同文書院、第一高等学校予科、金沢第四高等学校、京都帝国大学経済学部および大学院に学び、李初梨は東京高等工業学校と京都帝国大学に学んで、どちらも十数年間の日本滞在経験があった。

敵工部には京都帝大以外にも東京帝国大学、師範学校、早稲田・成城・日大などの私立大学や、陸軍士官学校で学んだ者もいた。[7]彼らの多くはまだ二十代、三十代の若者だったが、中国共産党は年齢など関係なく、日本語能力と日本に関する知識を評価して、どんどん師団の幹部に据えていった。

このことは大きな意味を持った。日本軍では、たとえばインドネシア工作をするときに、インドネシア語ができる二十歳そこそこの学生を師団の幹部に据えることなど、ありえないことだった。日本の学生にも、中国やアメリカやイギリスに留学した専門家が大勢いたはずだが、日本軍には残念ながら、そういう人たちを軍の中枢に登用して使おうという発想が欠けていた。

日本の場合、軍隊での出世は、陸軍大学校の卒業時の成績で序列が決まってしまう硬直ぶりであった。有能な若者の抜擢など、望むべくもなかった。学徒出陣で召集された帝大生たちは一兵卒として使われたし、日米開戦後はアメリカ留学経験のある学生を、英語が話せるというだけで「敵性国民」として監視していた例もある。

外国に住んだことがあり、外国語に堪能である優秀な人材を活用できるようになることが日本のインテリジェンス能力の向上には不可欠だったはずだが、そうした人材を活用する発想が、戦前の日本政府には欠落していた。ひょっとしたら、いまも欠落しているかもしれない。

念のため付け加えておくと、中国共産党も「敵性」を潜在的に持つ人々の監視はもちろんやっていた。

敵国の事情に詳しく語学のできる人間を使おうとすると、そのなかにスパイが紛れ込む危険性があるのは事実だし、中国共産党の組織自体が苛烈な監視社会でもあるから、留学生同士の相互監視を含めた防諜を行なっている。

たとえば、前述の趙安博は、昼間は日本人捕虜への工作にあたりながら、夜は悪名高い秘密警察のトップ、康生から「日本の特務（スパイ）ではないか」と厳しい尋問を受け、投身自殺を図ったこともあったという。[8]

だが、中国共産党はそのような苛烈な防諜を行なう一方で、彼らの能力を重視し、どう使うかを徹底して考えていた。

そのうえで、中国共産党は「敵情研究」、つまり、日本についての系統的な研究を精力的に行なっている。

八路軍総政治部敵軍工作部からは半月刊で『敵国彙報』が発行され、八路軍野戦政治部敵軍工作部からは『敵偽研究』という月刊誌が発行されていた。また、中国共産党中央委員会のメンバーや重要幹部が社説を書き、全国に党方針を伝える『解放日報』（一九四一年五月創刊）は二週間に一度、全紙面を使って「敵情」特集を出していた。

『解放日報』敵情特集の編集にあたっていたのは、辛亥革命の英雄とされている黄興《こうこう》の息子黄乃《こうだい》で、宮崎滔天の息子宮崎龍介の家に下宿していた留学生であった。中国共産党の政治工作を研究する専門誌『八路軍軍政雑誌』にも、定期的に敵情研究の記事が掲載されていた。[9]

中国共産党は日本の政治、経済、教育、文化、風土などについて、これらのメディアで研究成果を発表し、党や軍の幹部たちに情報を共有させていたのである。「敵を知り己を知らば百戦危うからず」という孫子の兵法を本気で活用していたわけだ。

敗戦革命の担い手として日本人捕虜を活用せよ

一九三七年九月二十五日から三十日にかけて、板垣征四郎率いる第五師団が山西省北部の平型関で戦った際、林彪の八路軍第一一五師団に待ち伏せ攻撃され、多数の日本兵が捕虜となった。まだ体系的なものではなかったが、このころから中国共産党による日本兵捕虜の「教育」が始まっていく。

日本人捕虜利用の目的は大別して三つあった。

第一は、シナ事変から始まった抗日戦で、後方攪乱《かくらん》や日本占領地域への浸透、日本軍の戦意を失わせるプロパガンダ工作など、対日心理戦の戦力とすることだ。

中国共産党は、抗日戦後に蔣介石を倒して中国の支配権を握る長期戦略に基づき、できるだけ日本軍との正規戦を避けて自軍の温存を図ろうとしていた。そのため、真正面からの軍事作戦よりも、後方攪乱やプロパガンダ工作などの心理戦を重視していた。[10]

第二は、「思想改造」した日本人を日本の敗戦後、敗戦革命の尖兵《せんぺい》として日本に送り込み、革命工作を仕掛ける目的である。

敗戦革命を日本で仕掛けるためには、その担い手の養成が必要だ。そこで中国共産党は、日本人捕虜を革命戦士に育て上げるための訓練所を、真珠湾攻撃よりも前からつくっていたのである。敵国兵士を対日工作の駒として再教育し、活用しようというのだから、その発想は実に見事なものだ。敵を批判し、打倒することしか考えない一般の日本人とは発想がまったく異なっている。

第三は、抗日戦争後に予想される中国国民党との戦争、つまり国共内戦の戦力としてである。一九四六年から四九年の国共内戦で、日本人捕虜は、毛沢東率いる中国共産党が蔣介石に勝つための決め手となっている。

特に終戦後に捕虜になった林弥一郎陸軍少佐の林航空隊約三〇〇名が人民解放軍の空軍創設に協力したことは大きかった。ノンフィクション作家の高尾栄司氏はその著『「天皇の軍隊」を改造せよ』のなかで次のように述べている。

《一九四五年八月、日本軍が終戦を迎える頃でさえ、毛沢東の軍隊である八路軍には、まともな武器はほとんどなかった。そんな状況下で、米国から軍事支援されている国民党と対峙する運命となった八路軍は、敗戦の事態を受け入れられず混乱する日本軍に対し言葉巧みに武装解除を行い、その日本製武器を使って国民党と戦う作戦をとった。そして、その工作に当たったのが、毛沢東の下で〝人間改造〟された日本兵捕虜だった。彼らは、日本軍の武器の八路軍への引き渡し工作を終えると次には武器使用法を伝授し、さらには八〇〇〇人もの日本兵を八路軍に送り込み、共に戦う工作まで行ったのである。（中略）

これら日本人たちがその技能と長期にわたる無償の労働を提供しなかったならば、米国から援助を受ける国民党と内戦状態にあった中国共産党は存続できなかったかもしれず、毛沢東政権の樹立もありえなかったとさえ言えよう。そして、中国に抑留されていた日本人捕虜たちの「価値」を、誰よりも評価していたのが、毛沢東自身だったのである》[11]

日本兵捕虜、特に航空部隊が国共内戦に果たした役割がどれほど大きかったか、本書ではこれ以上立ち入らないが、詳しいことはぜひ『「天皇の軍隊」を改造せよ』を参照していただきたい。

中国共産党が敵である日本人を徹底的に利用しようとした背景には、自軍には武器がなく、弾薬もなく、まともに読み書きができる兵士も少なくて、味方があまりにも貧弱だったという現実があった。

シナ事変の本格化で第二次国共合作が成立するまでは、国民党軍に何度も包囲攻撃され、それまで本拠地としていた江西省南部の瑞金を放棄して一万二五〇〇キロも徒歩で敗走し、陝西省の山奥の延安に逃げ込まなければならなかった。

戦争において日本人の多くが真っ先に考えるのは、勝つために自分たちがどう頑張るか、ということだろう。だが、中国共産党の毛沢東や周恩来は、敵だから排除せよとか、敵だから殺せというのではなく、敵をどう使うか、敵をどう使えば勝てるのかを考えていた。その根底には孫子以来の「用敵」の考え方、つまり敵を使うという発想があるのだ。

日本人が親しんでいる将棋には、取った駒を使うルールがあるので、敵を使うという発想が日本にもないわけではない。だが、毛沢東や周恩来はとりわけ「用敵」の発想に優れていた。中国共産党には「敵を使う」という発想があること、彼らがそれに非常に長けていることを理解しておくことが重要だ。

そして第二次大戦の末期になると、この延安での対日工作が、アメリカの対日占領政策に、きわめて大きな影響を与えることになる。

中国共産党が推進した「対日心理戦争」

では、なぜ、中国共産党は日本軍兵士を中国共産党の工作員へと「洗脳」することができたのか。

実はアメリカも、中国共産党による日本軍兵士「洗脳」工作に強い関心を抱き、アメリカ政府の戦時プロパガンダ機関ＯＷＩの重慶支局責任者、マクラッケン・フィッシャーを一九四四年八月、中国共産党の本拠地、延安に送り込んでいる。

彼の調査報告書によると、中国共産党は対日心理戦争を次の四つの段階で展開させていた。[12]

第一段階——日本兵を手厚く友人として扱う方針を八路軍の兵士や農民に教育する。

第二段階——捕虜の反戦組織をつくり、日本の「侵略」戦争に反対するよう思想改造を行なう。

第三段階——日本兵捕虜自身の手で、日本軍の陣地やトーチカの日本兵に対するプロパガンダ活動や後方攪乱工作を行なわせる。

第四段階――日本に帰国後の革命工作に備えて工作員を養成する。

日本兵捕虜を「思想改造」して利用しようとしたのは、中国共産党だけではなかった。ソ連もそうだった。

だが、ソ連と比べた場合、中国共産党の方法の最大の特徴は第一段階にあった。徹底して手厚く扱うことで、日本兵の心を開かせようとしたのである。

ソ連も戦後、六〇万以上の日本兵をシベリアに抑留し、洗脳しようとした。だが、ソ連のように、乏しい食糧しか与えずに重労働でバタバタ死なせるような苛酷な扱い方よりも、中国共産党のソフトな扱い方のほうが、とりわけ日本人に対しては、はるかに効果的であった。恩義を重んじる日本人は、手厚く扱われると相手に心を許し、やがて「恩返し」で積極的に協力するようになったのである。

シナ事変の初期の頃は、日本兵を手厚く扱う方針を八路軍兵士や農民に理解させるのは簡単ではなかった。米軍による延安の調査報告『延安リポート』は、敵軍工作部の李初梨らが提供した次のような情報を紹介している。

《一九三八年、八路軍は朱徳将軍の署名付き指令を発し、日本人捕虜を殺害せず、親切かつ丁重に扱うよう命令を出した。この命令は、八路軍が民衆の解放のために戦っているという主張に則ったものであった。（中略）さらに八路軍の誠意の印として日本人捕虜は希望すれば、原隊に戻ることが許される。（中略）

この方針は、そう簡単には中国兵や農民の間に浸透しなかった。（中略）ほとんどの中国人にとって、日本人は冷酷な侵略者であり、彼らの日本人に対する敵意は強かった。中国の若者たちは、しばしば、ただ復讐のためだけに八路軍に参加した。そして日本人捕虜はほとんどの場合、殺害された》[13]

しかし、八路軍の捕虜になった日本人の体験談を見ると、日本人捕虜を丁重に扱う方針が、兵士だけでなく、共産党支配地域の農民にも徹底されていたことがうかがえる。

たとえば、吉積清という軍属は一九三八年五月、満鉄の鉄路パトロール中に待ち伏せ攻撃されて八路軍の捕虜になったが、負傷した吉積を日本語の片言が話せる兵隊が手当し、兵士らは徒歩でも吉積は馬に乗せて移動した。

八路軍は、捕虜になった際の格闘で引き裂かれた満鉄の制服を繕って吉積に返し、壊れて動かなくなった時計も返した。旅団司令部に着くと、捕虜になったことで動揺し、「殺せ！」

と叫ぶ吉積の前に、当時その旅団の敵工科長だった趙安博が通訳として現れ、「殺せ、殺せというな。八路軍は捕虜を殺したりしないのだ。いまに日本は必ず負けるんだから、生きていなくちゃあ」と語りかけた。

吉積は延安に送られることになり、趙は「国際友人」である吉積の歓迎大会を開催した。吉積は、集められた五〇〇人の八路軍兵士の前で演説させられ、兵士たちの喝采を受けた。延安に向かう途中で国民党軍支配下にある綏徳《すいとく》という町を通ったときは、群衆につばをかけられ、罵詈雑言を浴びせられた吉積を、八路軍の護送兵が必死に護った。八路軍の村に入ると村民の態度は敵対的でなく、白い饅頭《まんとう》や、ゆで卵をふるまわれたという。[14]

卵がいつでも安く買えて、どこのコンビニでも中華まんじゅうが気軽に買える、いまの日本の状況だとピンと来ないかもしれないが、「白い饅頭」というのは精白した白い小麦粉でつくってあることを意味する。白い小麦粉でつくった饅頭は、八路軍兵士たちが普段食べている雑穀より、数段上等な食物だった。卵も貴重なものだった。

一九三八年七月に満鉄子会社の土建会社社員として砂利採取中に捕虜になり、洗脳を受けて八路軍の兵士になった前田光繁も同じような経験をした。

捕虜になって後方に護送されるとき、護送兵たちが自分たちは歩きながら「私はなるべく牛車や馬車に乗せるようにし」、また、自分たちは携行口糧の粟を炊いて食べながら「私には小麦粉でつくった饅頭やうどんを食べさせ」たと回想している。《「なぜだ」とたずねると、「優待、優待」とけろりとしている。「捕虜を優待する」という意味である》[15]

八路軍の指導部が、自分たちより良い食事を日本軍捕虜に与えることを、兵士はもとより、共産党支配地域の農民にも理解させ、実行させていたことがわかる。実に凄まじい徹底ぶりである。

このような扱いは日本人への温情や寛大さから発したわけではない。日本人を釈放する場合には日本軍への宣伝効果が最大になるように、また、後方に送る場合は捕虜を「思想改造」して使えるようにするための冷徹な心理戦の手段としてである。

また、先に『延安リポート』から引用したように、「八路軍の誠意の印として日本人捕虜は希望すれば、原隊に戻ることが許され」ていた。これも食物を始めとする日本人への「手厚い扱い」と同様に、心理戦の手段の一つであった。

戦時に敵方の捕虜を「希望すれば原隊に帰す」ということは、敵の兵力を回復させることになるので、普通ありえない。八路軍が捕虜を帰したのは、敵の兵力回復によって自軍が被る不利益よりも、帰すことによる宣伝効果を重視したからだった。

捕虜の扱い方を規定した恐るべき極秘マニュアル

八路軍は敵情研究に基づいて日本人捕虜の扱い方を具体的に規定する「敵軍工作ハンドブック」を作成していた。

このハンドブックは連隊より上の部隊に所属する敵工部部員が所持を認められていた機密書類で、前線と後方それぞれでの捕虜の扱い方、捕虜の教育方法、釈放方法、管理法を解説している。「上官の許可なく貸してはならない」「身に危険が及んだとき以外、これを処分してはならない。また処分した場合は上官に報告すること。もし紛失したら、上官に報告書を提出しなければならない」という注意書きのついた極秘マニュアルだった。

「敵軍工作ハンドブック」を見ると、吉積や前田がマニュアル通りに扱われていたことがよくわかる。前線での捕虜の扱い方を規定した第二章から少し抜粋してみよう。

《三　捕まった直後、日本兵は非常に緊張しているので、まず日本語の話せる者が彼らに話しかけた後、我軍は捕虜を殺さないし、彼らを友人として扱うと説明し、さらに慰めの言葉を少しかけてやるのが良い》[16]

「殺せ！」と叫ぶ吉積に対して趙安博が「殺せ、殺せというな。八路軍は捕虜を殺したりしないのだ。いまに日本は必ず負けるんだから、生きていなくちゃあ」といったのはこれである。

次のような規定もある。

《六　戦場の日本兵の死体を傷つけてはならない。捕虜の話によれば、最も憎むべき恐ろしいことは、日本兵の死体への侮辱行為である。将兵ともにその死体から持ち物を剝ぎ取ってはならない。逆に彼らを大事に葬り、墓標を立てるべきである。宣伝の材料をその上に置くべきだ。それを見た日本軍は深い感動を覚える。我が軍も住民もこの工作に注意を払うべきである。一時的な感情から日本兵の墓を冒瀆したり、死体から衣類を剝ぎ取ったりしてはならない》[17]

盧溝橋事件のあと、交渉によって停戦合意がいったんまとまったにもかかわらずシナ事変が本格化していった背景に、中国側による日本人の死体への冒瀆《ぼうとく》があった。

一九三七年七月二十九日に発生した通州事件では、通州（現在の北京市通州区）で日本人居留民が女性、子供、老人の別なく二〇〇人以上惨殺された。この事件が日本で報道されると、殺害後に遺体を猟奇的に冒瀆されたことが、とりわけ日本の世論を激高させた。

海軍の大山勇夫中尉と斎藤與蔵《よぞう》一等水兵が上海で殺害された大山事件でも、死後に遺体が傷つけられていたことが日本の世論の怒りに拍車をかけている。それまで北支だけだった日中の武力衝突が南支にも広がり、大規模化していったのは、この大山事件がきっかけである。

《七（略）武器、軍事文書、日記、手紙は没収すべきである。しかし衣服、時計、ペン、貨幣などは彼らに返還しなければならない。将兵がすでに没収した物も持ち主に返さねばならない。もしそれらがなくなったり、損傷したりしていれば、状況が許す限り賠償し、その理由を説明すべきである》[18]

八路軍兵士たちはこの規定に従って、吉積の制服を繕い、時計と一緒に返したのだ。食事や生活上のことについても、もちろんハンドブックで規定されている。

《第三章　後方での捕虜の扱い方

二　生活の手当が物事を左右する

1　物資の手当は普段よりも一層よくする必要がある。なぜなら前線から到着したばかりの捕虜は、いくら説明しても、不安でいっぱいである。だからできるだけ扱いは良くすべきである。（中略）各部隊はその戦闘地域に即して規則を定めるのが良い。処遇は贅沢すぎても、貧弱すぎてもいけない。いずれにせよ、捕虜が移送される時、部隊間の差異が大きすぎると、不満が高まる恐れが出る。
2　日本人は独自の習慣を持つ。捕虜の扱いでもこの点に注意すべきである。例えば皿、盆、食べ物は清潔にすること。食べ物は別々の皿に分けること。彼らが同じ皿のものをみんなでつついて食べることはほとんどない。その他、風呂や散髪の要求にはできるだけ応えなさい。こうすれば金をほとんど使わずに、不安やトラブルを減少させるだろう》[19]

風呂や散髪や食事の習慣に至るまで、「敵情研究」のきめ細かな充実ぶりを物語る記述である。

「軍国主義者」対「抑圧された人民」という二分法

吉積や前田ら日本人捕虜たちは、八路軍と生活しながら、このようなやり方で処遇されているうちに、次第に八路軍に協力して日本軍陣地やトーチカに籠《こ》もる日本兵に対するプロパガンダ作戦に加わるようになっていった。

もちろん、短期間で簡単にそうなったわけではない。たとえば一九三八年七月に捕虜になった軍医の佐藤猛夫は二回逃亡を図っているし、吉積も捕虜になってから数カ月のあいだは逃亡するつもりでいた。[20]

中国共産党が日本人捕虜を説得するのに大きな効果を発揮したのは、「二分法」という枠組みである。

日本はいま、中国を侵略しているが、日本人全部が悪いのではない。悪いのは戦争を起こした一部の軍国主義者であって、彼らによって戦場に駆り立てられた日本人兵士や、軍国主義者の支配の下、日本で貧しい生活をしている労働者たちは被害者である。日中両国の人民が協力して軍国主義者を打倒し、日本の兵士や労働者や農民を解放するべきだ——そういう考え方である。

一九三九年八月に捕虜になった秋山良照は、中国語の教師や通訳として世話してくれた譚林夫という青年から、「友達になろう。敵は、こんな不幸な戦争を始めた日本軍閥なんだから」といわれたという。[21]

日本人捕虜の「思想改造」教育プログラムのなかで、「二分法」は最初期の段階から重視されていた。「敵軍工作ハンドブック」は、最初の約一週間の短期教育で捕虜に理解させるべき内容を次のように述べている。

《1　なぜ中国と日本の間で戦争が勃発したのか？　誰に責任があるのか？（日本人の支配階級の者が侵略戦争を起こしたため、中国人は自己防衛のために戦っていると説明する。）
2　だれかれに関係なく、全ての日本人は極限まで働かされているのに、なぜ金持ちがいつも利益を得、なぜ貧しい者は一定期間を前線に送られるのか？　なぜ上官が面白半分にビンタをするのか？（日本人兵士、労働者、小作農、インテリ、零細企業の社員の階級意識を啓発する。）
3　八路軍はどんな軍隊か？　なぜ彼らは捕虜を殺さないのか？　また、なぜ捕虜を友好に満ちた態度で扱うのか？（敵の逆宣伝のベールを取り払い、特権階級システムを取り除き、八路軍が労働者と小作農からなる軍隊であることを強調せよ。）
4　どのようにして戦争を停止するのか？　どうすれば平和な世界を作ることができるか？（中国領土からの日本人軍隊の退却が中国に自由と独立をもたらし、日本人兵士は自分の故郷に帰って初めて平和な生活を送れる。彼らに厭戦気分と反戦意識を煽動する）》[22]

これは、欧米の植民地主義で使われた「ディバイド・アンド・ルール」（「分断して統治せよ」）の手法と本質的に同じなのだが、共産主義の「ブルジョワジーとプロレタリアート」による階級闘争史観の基本的な枠組みでもある。

そして、実は後述のように、日本人を軍国主義者とその被害者に分ける「二分法」が中国共産党からアメリカのルーズヴェルト政権に伝わり、その後、いわゆる東京裁判史観の基本的な視点となっていくのである。

日本は歴史的に国民国家としての結束が強かったために、どうしても「国」対「国」という構図で考えがちなので、相手がこの種の分断を基本的な枠組みとしていることに気づきにくい。中国やアメリカとの戦争に際しても、「日本対中国」、「日本対アメリカ」という国単位でどのように勝てばいいかを考える傾向がある。

一方、階級闘争史観は、ブルジョワジー対プロレタリアという「二分法」で分析する。だから、日本に対しても、日本人という一塊として考えるのではなく、「軍国主義者」と「抑圧された人民」とに分断し、片方を味方につけることを考えるわけである。まさに、「分断して統治せよ」である。

毛沢東も当然、こうした枠組みに基づいて抗日戦争の戦略を考えていた。

一九三八年十一月に開催された中国共産党拡大中央委員会第六回総会の報告書で、毛沢東は「日本の侵略戦争を失敗させようとするには、中日二大民族の軍民大衆および朝鮮、台湾などの被抑圧民族が幅広く一貫した共通の努力を払い、共同の反侵略統一戦線を樹立しなければならない」と述べている。

また、この総会は「侵略戦争に反対する中国、日本、朝鮮、台湾への人民の統一戦線を樹立すること。日本ファシスト軍閥に対して共同の闘争を遂行すること」を決議している。[23]

「日本人への共感」が思想改造工作の手段に

「二分法」は敵の勢力を分断する強力で基本的な枠組みなのだが、それが効果を発揮できたのは、日本人捕虜の対応にあたった敵工部の幹部たちが、日本留学中に出会った日本の「名もなき庶民」に心の底からの親しみを覚えていたからであった。

つまり、日本に留学した中国共産党員たちは、日本人捕虜に対する憎悪からではなく、日本の庶民に対する共感から行動していたことが、日本人相手の「二分法」が成功するうえで、きわめて大きな役割を果たしたのである。

趙新利氏の前掲論文「日中戦争期における中国共産党内の『知日派』と敵軍工作」は、彼らが日本で経験した感動や日本人との温かい交流の実例をいくつも挙げている。

たとえば敵軍工作部の中心人物、王学文は日本の京都帝大で師事した河上肇を「学生には親切で」「謙虚」であると深く尊敬し、河上夫人についてもこう回想している。

《わたしは先生のお宅まで《(ママ)》奥さまにお会いした。日本人はとても礼節に厚かった。普通現金をそのままむき出して相手にわたさない。先生の奥さまは、封筒に入れてわたしてくれた。あけて見たら20円が入っていた。こうして河上先生と中国の友人のおかげで日本を離れたのである》[24]

　趙安博も日本で師事した先生が親切で、中国人学生を差別したりせず、日本人の学友たちとともに寝起きし、食事をし、スポーツを楽しんだ日々のことを述べている。周恩来も京都の嵐山を散策したときや、日比谷公園で男女の学生が草花を植える活動をするのを見たときの感動を書き残している。[25]

　また、一九三八年から一九四二年まで東京高等師範学校と東京文理大学（中退）で学んだ籥向前は、留学中に下宿させてもらった小川家の夫婦をとても懐かしんでいる。籥は敵軍工作に直接関与していないが、日本で出会った人々を心から懐かしみ感謝することと、抗日戦を戦うこととがまったく矛盾しない心情と考え方をわかりやすく語っているので紹介しよう。

《この小川家に二年近くも厄介になったが、ほんとうに家族のようにもてなしてくれ、みなで「兄さん」と呼んでくれた。（略）賄いは朝だけの契約だったが、休みの日とか、雨で外へ昼飯や晩飯を食べに出るのが面倒なときには、呼んでごちそうしてくれた。また同志や友人たちが来たときにも、おかみさんはきまって、お茶とお菓子をふるまってくれた。

その他、この夫婦には、ずいぶん迷惑をかけた。特高が頻繁にやってきては、わたしの言動をたずねていく。初めのころはそのことを教えてくれなかったが、しばらくして話してくれた。小川夫婦も近所の人たちも、わたしがまじめに学業にはげんでいる学生だといっていてくれたらしい》[26]

小川夫婦への感謝と感動は決して嘘ではないのだ。

戦後、一九六四年に来日して小川夫婦と再会したときのことを書いている次のくだりからも、決して嘘偽りでない同情が読み取れる。

《わたしが感動したのは、その昔、わたしがあげた写真や本、手紙などを、おかみさんがいまだに手元にとどめておいてくれたことだ。それを小川さんは持参して来て見せてくれたが、東京が大空襲をうけたとき、おかみさんは田舎に疎開して、東京のあの家は焼けてしまったとのこと。疎開のときのあわただしさ、困難さは想像にかたくない。ひとりの女性が子連れで、どれだけの物をかついでいけただろう。それなのに彼女は、かつて下宿していた学生のささいな品物を、こんなにも大切にしていてくれたのだ》[27]

戦前から現在に至る日中の歴史についての籥の認識は非常に興味深い。

《かつて、軍国主義者は、本来多くの親日派を育てるために、なみなみならぬ精力を費やして、大勢の留学生を吸収したというのに、どうしてあべこべに、あんなに多くの抗日派を生みだしてしまい、こと、こころざしと異なってしまったのか。

わたし自身の体験にもとづいていえば、日本では、軍国主義者はごく少数であり、絶対多数の善良な日本人民は、みんな中国との友好を望んでいたからである。彼らは軍国主義政策を改め、民主的解放を得たいと願っていたのだ。歴史のくだした結論は、軍国主義者が侵略政策によって自分自身の墓穴を掘り、人民こそが勝利者となったということである。軍国主義者は失敗して投降し、中国人民と日本人民は、共に彼らの魔手からの解放をかちとったのだ。

歴史という高い見地から客観的にふりかえれば、日本軍国主義に対する抗日派は、日本人民に対する親日派であった》[28]

日本人に感謝の心を抱く中国人留学生たちは、心から「軍国主義者」と「労働者、農民」という「二分法」を信じ、自分たちの戦いが、お世話になった下宿のおじさんやおばさんを含めた日本の「名もなき庶民」を「解放することになる」のだと本気で信じていたのである。

日本にいるあいだ、先生方に温かく面倒を見てもらった。学友たちと仲良く、楽しく過ごした。下宿のおじさんおばさんには本当にお世話になった。だが、学友たちや、下宿のおじさんや、息子さんたちは、悪辣《あくらつ》な軍国主義者の起こした戦争で兵隊にとられて苦しんでいる。君だってそうだろう。僕は、お世話になった人たちを助けたいんだ。君も協力してくれ。

日本人捕虜は日々、周りの中国共産党軍兵士たちより良い食事を与えられ、生産活動も免除されながら、こんな話を折に触れて聞かされていたことは想像に難くない。嘘ではない真情があったからこそ、「思想改造」の効果が上がっていったのだ。

「二分法」の悲劇――「人民」弾圧体制

だが、中国共産党体制の悲劇もまた、この「二分法」から生み出されていく。

革命戦士たちが、そうして本気で「解放」したはずのモンゴルやウィグルやチベットでも、あるいは北京でも上海でも、やがて結局は共産党が恐怖政治を敷き、旧来よりも、はるかに増して人民を苛烈に弾圧する体制になっていったのである。

ある意味で、共産党体制が恐怖政治に堕落していくのは、もはや共産党の性《さが》ともいうべきであろう。それは、二十世紀の歴史を通して、総計で一億人近くともいわれる膨大な人々が共産党体制のなかで弾圧され、粛清され、非業の死を遂げていったことからもよくわかる。

多数の自国民を平然と粛清する共産党の恐怖政治も、実は、この階級闘争史観に基づく「二分法」からこそもたらされるのである。

二分法では、個々の人が人格者かどうかは関係がない。たとえ、どんなに良い人間で、思いやりのある人格者であっても、労働者を解放するためには「階級の敵」は殺すしかない、という合理化が可能になる。

二分法の下では、革命の敵、人民の敵として認定された集団は、個々人がどんなに善人であっても歴史的な役割としては悪と断定される。だから、粛清があまりに残酷だといって反対したり、粛清される人に同情したりすることですら、革命を妨げる「悪」とされる。

この二分法ゆえに、共産党体制においては、いつまで経っても粛清や弾圧が終わらない。敵と味方に分けて考えるのが習い性になると、いつまでも敵と味方に二分しつづけなければならなくなるからである。一見、味方のように見えても、もしかすると「味方のふりをして浸透するスパイ」かもしれないから、油断ができない。その猜疑心《さいぎしん》ゆえに、自分たちを守るために、自分たちの仲間のなかからも「敵」を見つけ出し、あくまでそれを倒しつづけなければならないことになる。

だが、共産革命をめざす人々は、そのような共産党の悪しき面など「敵の悪質なプロパガンダ」にすぎないと信じて、真っ正面から見ようとせず、純粋かつ理想主義的な気持ちで工作に取り組んでいくのである。

まったき善意で行なわれる彼らの「解放」工作の恐ろしさを、私たちはよく知っておかねばならない。

昨今、中国が盛んに行なっている沖縄への工作にしても、その基底にあるのは、「日本」への憎悪ではなく、あくまでも「日本の軍国主義者」への憎悪なのであろう。「沖縄を解放してあげよう」「沖縄の人民がかわいそうだ」というのは、おそらく本気なのだ。

正義のために人を殺せるとき、人間は恐ろしいほど残酷になれる。また、かつての仲間にさえ、平気で手を下せるようになるのである。まさに共産主義的「二分法」の劫罰《ごうばつ》というほかない。

【注】

1 佐々木太郎『革命のインテリジェンス』勁草書房、二〇一六年、一〜二頁
2 同、二七頁
3 同、九頁
4 「中国共産党日本特別支部検挙事件」警保局保安課外事係、一九二九年、荻野富士夫編『特高警察関係資料集成　第一五巻』所収、不二出版、一九九二年、三九三〜三九八頁
5 趙新利「日中戦争期における中国共産党内の『知日派』と敵軍工作」、『早稲田政治公法研究』第九十五号所収、一頁
6 水谷尚子『「反日」以前』文藝春秋、二〇〇六年、七一〜七二頁
7 趙新利「日中戦争期における中国共産党内の『知日派』と敵軍工作」一〜四頁
8 同、一二頁、水谷尚子『「反日」以前』八〇頁
9 趙新利「日中戦争期における中国共産党内の『知日派』と敵軍工作」八〜九頁
10 山本武利「米戦時情報局が見た中国共産党の日本人洗脳工作」、『正論』平成十九年一月号所収、一〇八頁
11 高尾栄司『「天皇の軍隊」を改造せよ』原書房、二〇一二年、一二一〜一四頁
12 山本武利「米戦時情報局が見た中国共産党の日本人洗脳工作」一〇七頁
13 山本武利編訳『延安リポート』岩波書店、二〇〇六年、五〇六頁
14 大森実『戦後秘史3　祖国革命工作』講談社文庫、一九八一年、一一八〜一三八頁
15 香川孝志、前田光繁『八路軍の日本兵たち』サイマル出版会、一九八四年、一四八頁
16 山本武利編訳『延安リポート』四八〇頁
17 同、四八〇頁

18 同、四八一頁
19 同、四八二頁
20 大森実『戦後秘史3　祖国革命工作』一一八～一六一頁
21 趙新利「日中戦争期における中国共産党内の『知日派』と敵軍工作」七頁
22 山本武利編訳『延安リポート』四八六頁
23 同、五〇頁
24 趙新利「日中戦争期における中国共産党内の『知日派』と敵軍工作」一一頁
25 同、五、一一頁
26 人民中国雑誌社編『わが青春の日本』東方書店、一九八二年、一九四頁
27 同、一九五頁
28 同、一九六頁

第三章　戦時下での米中結託と野坂参三

む。

野坂参三はコミンテルンによって延安に派遣された

中国共産党による「心理戦争」は、シナ事変勃発からおよそ二年あまりで、次の段階に進む。

一九三九年十一月、山西省で八路軍の指導の下、日本人捕虜たちによって「日本兵士覚醒連盟」が組織されたのだ。

覚醒連盟は『弁証法的唯物論』や河上肇の『貧乏物語』などを学習しながら、最前線の日本軍兵士に向けて、ビラやメガホンや電話などを使った「反戦」プロパガンダ活動を行なった。連盟は当時、劉伯承の第一二九師団政治団員だった鄧小平の指揮下に入っていたという。[1]

そこに一九四〇年三月、ソ連のモスクワからやってきたのが、創立以来の日本共産党員であり、コミンテルン日本代表を務めた野坂参三である。野坂は延安での対日捕虜工作の中心人物となり、以後、第三段階と第四段階、すなわち日本人捕虜によるプロパガンダ戦と、日本の敗戦革命に備えた工作員の養成が本格的に進んでいくことになる。

延安での野坂の活動を語る前に、野坂の経歴をざっとまとめておこう。

野坂は一八九二年、山口県に生まれ、一九九三年に百一歳で死歿。百歳まで日本共産党名誉議長の地位にあったが、最晩年にソ連のスパイだったと告発され、除名されている。モスクワにいた一九三〇年代に、同じくモスクワに滞在していた日本共産党員の山本懸蔵を密告し、粛清させたとして批判されたことを受けてのものであった。また一説には五重スパイだったともいわれるが、真相は明らかでない。

野坂は幸徳秋水の大逆事件に衝撃を受けて社会主義に関心を持つようになり、一九一九年にイギリスに留学すると、翌年、イギリス共産党創立と同時に党員になった。帰国後は一九二二年の日本共産党創立と同時に入党し、一九二八年、共産党員の一斉逮捕に伴って逮捕された。そして目の病気のため二年後に仮釈放された。

このあとの野坂の動きは、ジャーナリストであった大森実氏の『戦後秘史3　祖国革命工作』によれば次のとおりである。

仮釈放された野坂は一九三一年、日本共産党中央委員会にコミンテルン行きを命じられ、特高の監視の目を欺いて妻の竜夫人とともにソ連に密航した。コミンテルンでは日本共産党代表として勤務している。[2]

野坂はその後、一九三四年から三八年まで、あいだに一年間のブランクを挟んでアメリカで活動していた。満洲事変後、それまで上海―ウラジオストクを経由してコミンテルンから日本の共産党員に指令を伝えていたネットワークが断たれたので、アメリカ西海岸で日系共産主義者のネットワークを組織し、コミンテルンから日本への情報伝達経路を作り直すためである。

野坂のアメリカ西海岸での活動は、アメリカ共産党の指導者アール・ブラウダーの強力なバックアップを得て行なわれた。ブラウダーは上海で汎太平洋労働組合書記局（プロフィンテルン極東支部）を創設した人間なので、中国系・朝鮮系・日系共産党員との人脈を豊富に持っていた。野坂の指示で、日系人のアメリカ共産党員ジョー・小出らが地下印刷で日本向けの文書を印刷し、日本に送りだしていた。バンクーバーからサンペドロ（ロサンゼルスの外港）におよぶ一大ネットワークであった。[3]

一九三八年にモスクワに戻った野坂は、一九四〇年三月二十六日に中国共産党の本拠地であった延安に入った。野坂の語るところによれば、中国を経由して日本に潜入するつもりでいた、しかし周恩来に日本兵捕虜の面倒を見るよう頼まれたので延安にとどまることになったという。[4]

だが、東京大学名誉教授の和田春樹氏は、こう指摘している。

《日本への潜入は即逮捕ということになり、疑問の多い選択であった。だから、中国行きは中国での活動を第一に考えてのものであったはずであり、当然に野坂の発案であったにせよ、コミンテルンとしての派遣決定によるものと考えるのが自然である》[5]

そして和田氏は、一九四五年八月十日付のディミトロフ（野坂の延安行き当時のコミンテルン書記長）とポノマリョフ（同、コミンテルン執行委員会メンバー）意見書を次のように引用している。

《「一九四〇年に日本軍解体工作において中国共産党を助けるために、また延安（中国）に日本人反戦センターをつくり、日本内の共産党員との連絡をつけるために、コミンテルン執行委員会の指導部によって延安に岡野進（本名野坂鉄）が派遣された」》[6]（括弧内は原文のまま）

要するに、ソ連・コミンテルンの指示で中国共産党とともに「敗戦革命」の工作員養成を担当したということだ。

ちなみに文中の「岡野進」は野坂の変名である。延安ではほぼずっと岡野進で通していたようだ。

より多くの日本兵捕虜を敗戦革命のために訓練せよ

野坂の延安入りから間もなく、大きな動きが二つあった。

第一は、日本人捕虜を使った反戦組織の拡大である。

一九三九年十一月に覚醒連盟を創設した八路軍指導部は、一九四〇年五月、反戦同盟延安支部を結成している。反戦同盟というのは国民党政府のある重慶で鹿地亘という活動家が日本人捕虜を組織して結成したもので、一年あまりで国民党軍事委員会に解散を命じられ、活動が頓挫していた。八路軍は、延安の反戦団体を名目上その支部として創設している。

八月には華北で八路軍による百団大戦が行なわれた。八路軍が百個団（連隊）以上の戦力を投入して日本軍と戦った最大規模の作戦で、大きな戦果を挙げたとされるが、八路軍側の死傷者も多く、中国共産党が喧伝するとおりの大勝利だったかどうかは疑問が残る。とはいえ、このときに多数の日本兵が捕虜になったのは事実だった。

大勢の捕虜を得たことで、これ以後、覚醒同盟や反戦同盟など日本人反戦組織が中国各地にさらに拡大していった。[7]

これらの組織は覚醒同盟と反戦同盟の統合を経て、一九四四年二月に「日本人民解放連盟」に改組される。一九四四年四月の時点で、華北だけでも二二三名の日本人がメンバーになっていた。[8]

第二は、日本人革命兵士を養成するための日本労農学校の設立である。労農学校は一九四〇年十月、野坂を校長として延安で開設された。設立時の学生数は一一名だったが、一カ月後には約三〇人に増え、卒業者数は延べ約三〇〇人いたという。同年十月二十六日には労農学校生三五名が東方諸民族反ファシスト大会で、八路軍加入を宣誓している。[9]

日本人反戦組織や労農学校は、抗日戦での心理戦のために使われたのはもちろんだが、最終的には日本の敗戦革命を目的としていた。在華日本人反戦同盟華北連合会綱領の第三条にそのことがはっきり謳われている。

《軍部は日本人民を圧迫し犠牲にして他国を略奪する野蛮な侵略者であり、現在の政府は軍部独裁の戦争政府である。したがって我々は、これら人民の敵を倒し、平和と自由と幸福をもたらす人民の政府を樹立しなければならないことを日本兵に確信させるために闘う》[10]（傍線強調は引用者）

また、一九四四年末に書かれた「八路軍の敵軍工作」という文書には、「今後、より多くの幹部を日本革命のために訓練すべく、捕虜をできるだけ数多く収容することが原則的に決定されている」と書かれていた[11]（傍線は引用者）。

「厚遇」と「二分法」のセットが洗脳の強力なツール

労農学校の日本人捕虜たちは徹底的に厚遇された。

代表的なものが食事である。一九四二年末から開墾などの生産活動を大々的に行なって延安の物資状況がかなりよくなったあとの時期のものではあるが、ある日の献立はこうなっていた。

《朝　大根・羊肉のいためもの、牛肉・豆腐・白菜・粉条子《フエンテイヤオズ》（はるさめ）の煮付、トマト汁。

昼　うどん。

夜　精進揚げ、白菜煮付、豚肉だんご汁》[12]

ここでは一日分だけ挙げたが、朝晩に肉類を含めて二、三品、昼はうどんやすいとんというパターンだったようだ。

第二に、生産活動の免除である。八路軍の各組織は、病院や保育園などを除いて、必要経費の半分ないし三分の二を自給自足でまかなう規則だったが、労農学校は病院や保育園並にすべての生産活動を免除され、必要経費はすべて中国共産党に保証されていた。農産物や家畜や暖房用の木炭など、必要なものは、すべて八路軍兵士の生産隊の労働でまかなわれていた。

中国共産党は、日本人捕虜たちに、「君たちの生活は十分に保証するから、生産運動には参加しなくてよろしい。そのかわり学習に全力をそそぐように」と指示していた。労農学校では自習時間を含めて一日八時間以上を勉学に充てるスケジュールが組まれていたが、自由時間に生産活動を手伝ったり、宣伝パンフレットをつくったり、『解放日報』の記事を書いたりすると報酬がもらえた。[13] 大森実氏によると、学生は毎月三円の給料を受け取っており、八路軍中隊長並の額だったという。[14]

八路軍はシナ事変発生当初、日本人捕虜や日本軍陣地に籠もる兵士たちに対して二分法によるプロパガンダを行なったが、それだけでは効果が上がらなかった。やがて、友好的に厚遇すれば捕虜が敏感に反応することがわかり、捕虜を手厚く処遇する方針を八路軍兵士や農民に徹底するようになった。[15]

「厚遇」と「二分法」とのセットが、思想改造の強力なツールとなったのである。

日本軍では学徒出陣で学徒兵が入隊すると、大学生だからといって大きな顔をするなと睨《にら》まれ、古参兵の鉄拳制裁でひどい目にあうことが、ままあった。もちろん全部がそうだったわけではないにしても、軍隊内で古参兵からのいじめや暴力があったことは事実だ。

一方、労農学校では教務主任だった趙安博が一度、学生をビンタしてしまったところ、理由はどうあれ暴力をふるうとは何事かと学生たちに糾弾されて辞表を出し、罷免されている。[16] このときのことを、趙は次のように回想している。

《後で野坂が、労農学校の学生を集めて、日本の軍隊のなかで一番差し迫った要求は何かを調査すると、それは「ビンタをとるな」ということでした。日本の軍隊では、下級の兵隊がちょっと間違いを犯すと、すぐにビンタがとんだ。間違わなくても、上官の機嫌が悪いとビンタをはられる。文明的な理屈がとおるような軍隊ではなかった。そんな日本の軍隊と同じようなことを、中国共産党の指導者はやってはいけないし、実際にやってはこなかったのです。八路軍と辺区（中国共産党の統治地区）では、三つの原則がありました。

一つは「将軍も兵隊も平等」です。だから上官が部下を殴るのは禁じられています。二つ目は「軍隊と人民大衆は平等」です。解放区ではお互いに節約に努力し刻苦奮闘しなければならない。三つ目が「捕虜を優遇する」です。ぼくはこのような原則に違反したわけで、辞

表を出した後、一週間ぐらいがっかりしていました》[17]（括弧内は引用者の補足）

罷免された趙安博に代わって労農学校の教務主任に任命されたのは、日本人捕虜の吉積だった。この事件を経て、労農学校生の日本人たちがますます八路軍と中国共産党への信頼を深めていったのは当然だろう。

しかし繰り返すが、このような日本人捕虜たちへの処遇は思想改造の一部であり、ある段階からは「加害者意識を自覚」させるため、集団のなかでの自己批判や吊し上げなど、過酷な「学習」が行なわれていくようになる。日本軍の「残虐行為」をできるだけ生々しく証言し、謝罪することが日中友好につながると思い込ませるのだ。

高尾栄司氏は『「天皇の軍隊」を改造せよ』で、こう分析している。

《延安では、捕虜になった日本人たちは、優待の期間がすぎると認罪すべき立場に置かれる。その瞬間から彼らは〝人間改造〟という謝罪の構造に組み入れられた》[18]

延安でこの時期に練り上げられた洗脳の手法は戦後、ソ連抑留後に中国共産党に引き渡された日本人捕虜たちに対して、撫順戦犯管理所で用いられた。撫順から帰国した日本人たちが中国帰還者連絡会（略称「中帰連」）を結成して、いわゆる「南京大虐殺」「三光作戦」「七三一部隊」などの日本軍の残虐行為の証言や謝罪活動を行ない、のちの日本政府による謝罪外交につながっていくことになる。

ともあれ、一九四一年十二月の真珠湾攻撃以降、日本軍は太平洋戦線に力を注いでいくので、中国大陸での戦いは比較的凪《な》いだ状態が続いた。

その間に、中国共産党は、日本人捕虜の獲得に励み、日本人反戦組織を拡大し、戦後に備えて革命兵士の養成に余念がなかったのである。

目の前の戦闘にいかに勝利するのかを考えた中国国民党や日本政府と異なり、中国共産党は日本の敗戦後のことを想定して日本人兵士の「洗脳」工作に尽力していたわけだ。

国民党政府を貶めつづけた「三人のジョン」

中国共産党による工作は、現地の米軍にも及んでいた。

当時、国務省のジョン・ペイトン・デイヴィーズという筋金入りの親中国共産党派が、米陸軍のジョゼフ・スティルウェル司令部で政治顧問を務めていた。スティルウェルは中国とビルマとインドを統括するＣＢＩ（China, Burma, & India）戦線の司令官で、大の中国共産党贔屓《びいき》だった。

元アメリカ共産党員のフリーダ・アトリーによると、スティルウェルはアメリカ大使館付駐在武官として漢口に駐在していたあいだ（一九三五～一九三九年）に、共産主義の宣伝に取り込まれ、中国共産党を称賛するようになったという。

スティルウェルは、軍人としては誠実で勇敢であり、優れた指揮官だったが、政治的にはナイーブで共産主義について知識がなく、人の苦しみや不正義に盲目的に反応するセンチメンタルなところがあった。そのために、共産主義者を中国の期待の星だと信じ込むようになったのだとアトリーは指摘している。[19]

一九四三年夏、このスティルウェルの政治顧問であったデイヴィーズが、スティルウェル司令部での自分の部下として、国務省のジョン・サーヴィス、レイモンド・ラデン、ジョン・エマーソンの三人を呼び寄せた。デイヴィーズとサーヴィスは、ワシントンの本省にいるジョン・カーター・ヴィンセントと併せて、「三人のジョン」と呼ばれる親中国共産党トリオだった。

そしてデイヴィーズと三人の部下たちは、スティルウェルの戦略とワシントンの対中政策を、親中国共産党の方向に引っ張っていった。方法は単純で、ひたすら蔣介石を非難し、中国共産党を称賛する内容の報告を、本国に送りつづけたのである。

《これら四人の国務省官吏は、中国を広く旅行することができ、国内の状況に関し、彼らの観察と分析の結果を、スチルウェル司令官に報告する任務をおわされていた。四人の報告書は、どれもこれもきまって国民政府を強く非難し、中国共産党に対しては、いずれも好意的意見を述べていた。彼らの批評はしばしば軍事的な事柄にまでおよんだ》[20]

アトリーは、デイヴィーズと三人の部下たちが、国民党政府のある重慶から発信される軍や民間の通信文をほぼ完全に掌握しており、中国からワシントンに送られるあらゆる報告書に手を加えていたこと、海軍だけが独自の通信システムを持っていたので大使館付海軍武官の報告は彼らの報告内容と違っていたこと、その結果、リーヒー提督の大統領への進言が国務省とは正反対だったことを指摘している。[21]

デイヴィーズたちの報告は非常に偏ったものだった。「中国共産党は真面目に土地改革を行なって農民たちを潤しているが、蔣介石政権は腐敗している。中国共産党は健気に日本と戦っているが、蔣介石政権は日本と戦う気がない。蔣介石政権は日本と戦うどころか、日本と真面目に戦っている中国共産党を迫害している」といった内容ばかりだった。

しかも当時の中国戦線の現場でも、アメリカ本国でも、彼らの報告が正しいかどうかを検証できるような態勢になかった。

なにしろ、現地司令官のスティルウェルが中国共産党支持、国務省でも中国共産党支持派が勢力をふるい、アジア政策を検討・立案するIPRが中国共産党支持、OSSはソ連・コミンテルンのスパイの巣窟という惨状であったのだから。

中国共産党との連携を模索するディキシー・ミッション

一九四四年二月、それまで外部の者に閉ざされていた中国共産党の本拠地・延安への記者団訪問が行なわれ、続いて同年七月から、アメリカ軍事使節団による延安訪問、いわゆる「ディキシー・ミッション」が行なわれた（一九四七年三月まで）。

記者団訪問に参加したのは、AP通信のガンサー・スタインのほか、ボルティモア・サン紙のモリス・ヴォトー、ヘラルド・トリビューン紙のハリソン・フォアマン、ニューヨーク・タイムズ紙のイズラエル・エプスタイン、タス通信（ソ連の通信社）のN・プロツェンコ、およびコーマック・シャナハン神父だった。

スタインは上海でリヒャルト・ゾルゲのスパイ団のメンバーだったソ連工作員であり、エプスタインは、IPRスタッフで共産主義者のエルシー・フェアファックス＝チャムリーの夫だ。彼らの報道は中国共産党こそが日本と英雄的に戦っていると褒め称える内容で、いまなお中国政府のプロパガンダの材料として使われている。[22]

ディキシー・ミッションは、「蔣介石政権は無能で腐敗していて日本と戦う気がないから、米軍は中国共産党を手を組むべきだ」というデイヴィーズの構想に端を発したものだ。「ディキシー・ミッション」という名称自体、デイヴィーズが駐中OSS士官のリチャード・ヘプナーと一緒につくった暗号で、中国共産党支配地区を「ディキシー」と呼んだことに由来している。[23]

もちろん、このディキシー・ミッションに中国国民党政府の蔣介石は猛反対したが、蔣介石政権に対するスティルウェル司令部や国務省の大逆風のなかでは、抵抗する術もなかった。

アメリカ国務省のサーヴィスは七月二十二日に出発した第一次先遣隊に加わり、十月にはエマーソンと日系人のコージ・有吉が合流している。コージ・有吉はアメリカ共産党員で、日米開戦後、マンザナー収容所に強制収容されていたが、収容所内で陸軍に志願し、OWI要員となっていた（ただし、後述のように実際はOSS要員であり、OWIというのは偽装だったらしい）。

サーヴィスの延安報告書は、蔣介石の国民党についてはこう述べている。

《大衆の支持を欠き、それを得るに必要な改革を行なうことを恐れる国民党は、そのみじめな、活気を失った徴兵軍では日本との戦闘に耐ええないことを知っている。……なんら有効な経済政策をもたない国民党は、国家が急速に経済的崩壊に陥っていくのをそのままにしている。……国民党は、それゆえに、戦争に大規模にまき込まれることによって、さらに一層資源を消耗することを恐れ、かつ避けようとする》[24]（……は原文のまま）

しかも、この時期のサーヴィスは、中国国民党側が抗日勢力である中国共産党を弾圧し、内戦を促進しようとしていると警告していた。

一方、中国共産党に関しては、「中共の政治的綱領は単なる民主主義である。これは、その形態と精神において、ロシア的というより、はるかにアメリカ的である」と述べている。[25]

アメリカ空軍宛の書類では次のように書いた。

《中国共産党は一時期ソ連を志向したかもしれないが、それはもう過去のこととなったように思われる。中国共産党は、考え方やプロパガンダのやり方を中国の現実に即したものにしようと努めており、民主的諸政策を打ち出し、アメリカの承認と好意的な支持を期待している。つまり、彼らは、ソ連よりもアメリカが経済援助を与えることができる唯一の国であると信じているのである》[26]

サーヴィスらは、「中国共産主義者はソ連政府の手先ではなくて、本質的には農地制度の改革者からなる独立した勢力である」と信じ、そのように宣伝していた。[27]

だが、実際には中国共産党は当時、コミンテルンの一支部にすぎず、世界革命の軍事拠点というよりもソ連のための情報機関という性格が強かった。スターリンが一九三九年にヒトラーと独ソ不可侵条約を締結した際も、それから間もなくドイツとソ連が相次いでポーランドを侵略したときも、毛沢東は独ソ不可侵条約を熱烈に称賛し、ソ連のポーランド侵攻は「反動的なポーランドの支配階級から一千百万人のウクライナ人と白ロシア人を解放するための」「社会主義者の平和勢力である」と論評している。[28]

青山学院大学教授の福井義高氏によれば、そもそも毛沢東が中国共産党のなかで主導権を握ることができたのはモスクワとの通信を独占していたからであり、特に一九四三年のコミンテルン解散後はスターリンとのあいだで直接のホットラインを持っていたことが中国共産党内での毛沢東の権威の源泉になっていた。毛沢東は中国共産党がスターリンとは独立の路線を歩んできたことを声を大にして主張してきたが、それは事実に反するプロパガンダにすぎず、実際には一九三四～三五年頃から一九四九年まで、毛沢東は事実上、スターリンの「傀儡《かいらい》」だった。[29]

サーヴィスたちは見事に騙されていたのである。

「日本兵の洗脳は可能だ」

ディキシー・ミッションで延安を訪れた軍事調査団は、折しも延安で活動していた野坂参三から、対日心理戦について様々な助言を受けている。この出会いがアメリカの対日占領政策に与えた影響が三つある。

第一は、「日本兵の洗脳は可能だ」という発見だった。

ディキシー・ミッションの一行は、延安で日本人捕虜たちが演じる演劇を鑑賞し、大きな衝撃を受けたのである。AP通信のガンサー・スタイン記者はこう書いている。

《劇は、解放連盟員の一人が、個人的に経験した事柄に取材しており、彼自身、いま舞台に出演している。これは、一九四二年四月一八日、ドゥーリットル将軍が日本を最初に爆撃した、その歴史的な日に、東京のある貧民街のどこかでみられた一つの光景を描写している。

空襲のさなかで、東京の警官の示した、いかにもその頃の警官らしい残忍性と臆病を、さらに超愛国主義者の防衛団長のばくろした偽善を、こっぴどくやっつけており、一般民衆の混乱と、そのどうにもしようがないといった絶望の姿を描いている。そして、民衆がその苦悩をのぞくことのできる唯一の方法を、さし示している。――軍国主義への反対。

アメリカ国旗の印がついた爆弾が、――解放の象徴のように――舞台の上におちてきて、警官が逃げ場を探し当てた場所の、ちょうどま上にぶち当る。

〝これはどうも奇妙だ〟と、アメリカ軍将校の一人が私に劇の批評をした。〝ここにいるジャプ連が、自分たちの国を爆撃されたがっているのは、どうもほんとうらしい。われわれが日本人とは、みんな、こんなものだと考えているところと、この連中は別なんだろうか〟。

〝日本が爆撃されてほしいですか〟、と私は日本人の一人にきいてみた。

〝そうですとも〟と、彼はほほえんだ。〝あなた方アメリカ人の援助がなければ、軍国主義者をうち負かすことができないのです。彼らは日本の民衆の敵です〟》30

それまで、アメリカ人の目から見た日本兵は、狂信的なまでに天皇に忠実で、戦場では死を恐れずに頑強に戦う存在であった。しかし、その日本兵が、中国共産党による「思想改造」によって、「アメリカさん、どうか日本を攻撃して私たちを『民主化』してください」と訴えるまでになっているのを目の当たりにしたのだ。

延安での「教育」によって、「自分たちは日本の軍国主義者と戦うためにアメリカ人や中国人と連帯する。日本の軍国主義こそ日本の民衆の敵だ」と主張する日本兵が次々と生み出されている事実を知ったことは、軍事使節団一行にとって画期的なことだった。

アメリカ人たちがこれまで太平洋の戦場で直面してきたとおり、もし日本兵たちがあくまでも狂信的に戦うことをやめないとしたら、アメリカ軍も膨大な犠牲を覚悟せざるをえない。

だが、延安の日本人民解放連盟を見て、「日本兵といえども洗脳できる」とわかった。この発見は大きかった。エマーソンが回想録で語っている次の言葉は象徴的だ。

《岡野とそのグループの成功は、私がビルマで引き出し始めていた次のような結論をさらに強めた。それは、ひとたび日本国民が敗戦意識を抱くようになれば、捕虜が経験したのと同じような心理的変化がそこに生ずるだろうということである》[31]

軍事使節団は、延安で行なわれている野坂参三や八路軍敵軍工作部の対日心理戦の手法を徹底的に調査した。労農学校のカリキュラムや学生生活の実態を調べ、学生たちの意識調査をし、日本人に対する効果的なプロパガンダの方法について野坂参三にインタビューし、膨大な報告書にまとめあげている。[32]

その成果に基づいて、野坂らの「二分法」の構図が占領政策で大いに使われることになる。東京裁判も、ウォー・ギルト・インフォメーション・プログラムの一環としてつくられたラジオ番組『真相はこうだ』も、「一部の軍国主義者と、いじめられて苦しんだ一般民衆」

という構図になっている。そして占領軍は軍国主義者を倒して日本の一般庶民を解放したという位置づけだ。

アメリカ本国で活動していたビッソンやノーマンらも階級史観の二分法を使っているが、野坂らは、日本人に「思想改造」を施す具体的かつ体系的な方法を示し、その効果を実証して見せたのだ。

占領中、WGIP（ウォー・ギルト・インフォメーション・プログラム）や東京裁判を実行したのはアメリカ人だが、元になるアイデアは延安から来たわけである。

天皇を使って「天皇制」を廃止せよ

第二は、「日本人民が望むならば、天皇の存在を認める」べきだという野坂参三の二段階革命論の影響だ。第一段階では国民感情に配慮して、政治的実権は奪ったうえで、当面、天皇を存続させる。

《わが解放連盟の綱領中には、天皇または皇室打倒の綱領をかかげていない。なぜならば、解放連盟は、「戦争反対」、「軍部打倒」、「民主的日本の建設」のスローガンの下に広範な大衆を動員する団体だからである。この中には戦争と軍部に反対するけれど、天皇の崇拝はやめない者も、当然、獲得しなければならぬ。我々が、天皇打倒のスローガンをかかげない場合には、当然われわれの陣営に来り投ずる大衆も、このスローガンをかかげることによって、我々から離れ、我々は大衆から孤立する危険がある。以上が、解放連盟の綱領中に、天皇の問題を掲げなかった理由である》[33]

しかし、そのあと「人民の思想改造」を進めていくことで、第二段階で「天皇制」を廃止し、「完全な民主化」、つまり共産化を完成させる。

《封建的遺制を打破し、さらに民主制を確立するためには、（略）人民の思想改造が必要である。これは極めて重要な問題である。

過去七〇年の間、わが国の学校と各種の教育宣伝機関は、偶像崇拝、皇室崇拝、寡頭政治、絶対服従、軍国主義、他国征服思想、武士道、等々を人民の脳中に植えつけることに全力をあげ、相当の成果を収めている。これらの非民主的思想を一掃しなければ真実の民主主義の実現は困難である。このためには現在の教育制度と教育内容とが変革され、民主主義と平和の思想が教育され、教科書の全部が書き直されなければならぬ。そして、教育宣伝機関からファシスト分子が掃蕩され、新しい教師が訓練されなければならぬ。（略）

封建的遺制が打破され、民主的政治と教育が実行されるならば、人民が民主的思想をも

ち、民主的政治に習熟するのは、決して非常に困難なことではない》[34]

野坂の天皇論に接して、アメリカ本国の敗戦革命論者たちも「天皇制」を当面温存する選択肢を考え始めた。

象徴的なのが、『アメラジア』一九四四年六月九日号に掲載された論文だ。時期的にいっても内容からいっても、二月のガンサー・スタインら記者団による延安訪問報道に基づいて書かれていることがわかる。記事は無署名だが、東京大学名誉教授の長尾龍一氏は、のちの著作との類似性から、著者はアンドリュー・ロスだろうと推測している。ロスは海軍情報部の士官で、ＫＧＢの工作員であった。

《グルーらは軍国主義者を除けば天皇制は「穏健派」の平和主義のための制度となるというが、これは全くの誤りで、天皇制こそが日本支配層の抑圧と侵略のイデオロギー的源泉である。

しかし直接天皇を攻撃することは、却って狂信者たちの十字軍的情熱をかき立てて危険なことも事実で、現に延安の岡野（引用者注：野坂の変名）や重慶の鹿地亘などの亡命者も、天皇への直接攻撃を避けている。賢明な政策は、間接的に天皇を批判して日本国民を教育し、天皇制信仰を掘り崩した上で、廃止に追いこむことである》[35]

一九四二年に国務省が対日占領政策研究を始めたとき、『アメラジア』は「天皇制」廃止論の急先鋒だった。ところが、野坂の議論を受けて、当面は天皇を温存し、天皇を利用しながら革命を進め、機が熟してから「天皇制」を廃止するという二段階革命に近い考え方も記事にするようになったということだ。

ただし、ビッソンやノーマンらＩＰＲと『アメラジア』に関係していた敗戦革命派が「天皇」温存でまとまったというわけではない。

第一章で述べたように、一九四五年に入ってからも、「天皇制」の廃止を含む苛酷な対日和平案を、ＩＰＲホット・スプリングス会議で大々的に主張している。このときは、「天皇制」廃止の線で押していくことが日本の降伏を遅らせることにつながり、ソ連にとって利益だったからである。そのときそのとき、都合のいい主張を繰り広げているだけの話で、共産主義者の議論に一貫性を求めることがそもそも無理なのだともいえる。

敗戦革命を推進する「野坂参三内閣」構想

さて、ディキシー・ミッションが対日占領政策に与えた第三の影響は、野坂を首班とした連立政権構想がアメリカ政府のなかから出てきたことである。

野坂首班政権構想に向けた最初の表立った動きは、記者団の延安訪問直後に刊行された『アメラジア』の記事だった。

《『アメレジア』は既に三月一七日号で同年一月の「日本人民解放連盟」の結成を報じ、七月号には岡野を「日本のティトー」として利用するという提言が掲載された。八月号では、おそらくロスの筆になる「戦後日本の指導者候補……尾崎と岡野」と題する論文で、小磯新内閣の米内海相・重光外相などを「穏健派」として歓迎するグルー一派を批判し、彼らは侵略が成功している限りは協力し、うまくいかなくなって東条批判にまわったもので、「日本の軍事ファシズムは『穏健派』によって倒れることは決してない。彼らを倒すものは連合国の弾丸と爆弾である」という。

そして結論としては「ヨーロッパにおける反ファシズム連合戦線の経験に徴すれば、平和的・民主的日本建設を託するに足るのは、尾崎〔行雄〕、岡野などの、ファシズムに対する妥協なき闘争歴を有する人々をおいてない」としている》[36]

『アメラジア』は、一九四四年七月にも野坂に関する記事を出している。

《一九四四年七月、アメリカの月刊誌『アメラジア』は、共産主義者の指導者野坂参三とその信奉者たちが、「日本を軍国主義者から解放し、日本国民から戦争の重荷を取り除」こうと企てていることを明らかにした。『アメラジア』によれば、野坂の宣言は日本人に対する共産主義者の訴えではなく、むしろ、代議制の政府を樹立できるよう「軍国主義のファシスト指導者」に対する日本の「人民の力」を動員するためになされたものである。『アメラジア』は、連合軍が日本を占領し、その政府を変えるにあたって、これらの日本共産党員たちへの支援と激励が重要だと考えていた。新しい日本の建設において、共産主義者は「役に立つ同盟者」となり得るものだとみなされたのである》[37]

国務省のエマーソンも、延安の野坂に着目した。

《岡野は明晰な思想家でかつ指導者たる器である。正規の高等教育を受け、世界を広く旅行し、諸国のさまざまな社会体制に通暁している、彼としばらく接触したアメリカ人観察者によれば、彼は現在の軍閥・財閥寡頭支配体制に一貫して反対してきた。しかしこの不動の決意はユーモアのセンスと思慮深く建設的な教育者の心性によって緩和されている》[38]

人としても指導者としても、エマーソンは野坂を高く評価していた。エマーソンにとって、延安のすべてが素晴らしかったのだ。彼は後年、回想録『嵐のなかの外交官』で、延安で自分は「神通力に負け」た、「私にとっては、それはまるで信仰伝道の集会のようだった」と回顧している。

《彼は日本人民解放連盟の父である。その自由中国部会に関する限り、この連盟はむしろ一種の大ゼミナールとよんだ方が当っている。ただし出席者たちはこうしてうけた訓練を実用すべく、いつ特別の任務のために呼び出されるかわからない。彼らは岡野教授のもとで日本を蝕む制度的病理、その治療法を学び、また多くの者は同時に宣伝、間諜、その他日本の支配を弱体化させるための特殊な技術の訓練を受けている》[39]

「宣伝、間諜、その他日本の支配を弱体化させるための特殊な技術の訓練」とは、要するに、日本革命工作の特殊工作員の養成のことだ。

《解放連盟の綱領の大綱は、岡野の最近の、全世界の日本人に呼びかけた声明によって知ることができる。それはすべての日本人に対し、来たるべき民主日本の建設という目標を示したもので、その民主日本において、共産党は人民の一部としてこれに参加するが、他の諸集団の代表もその人民の支持の強さに応じて参加する。

岡野自身は紛れもない共産主義者で、この彼の提唱する自由日本の中で彼が共産党のために戦い続けることは疑いない。しかし重要なのは、注意深い米人観察者たちが確信するところでは、彼がこの多党制的枠組を、本気で樹立しようとしていることである》[40]

かくして、アメリカに帰国したエマーソンは、在米日本人を組織することで野坂政権構想を実現しようとしたが、思うように協力者が得られず頓挫する。

《夏が過ぎていくにつれて、この自由主義的日本人の組織という企画に、私は関心を失った。祖国で尊敬されそうな指導者がいない。それに熱心なのは共産主義者か自由主義左派の人々ばかりであったが、ヤルタ会談から戻ったばかりのチップ・ボーレン（国務省スタッフ）は金曜日の昼食の席で私に「それは共産主義者の『前線』組織になりかねないよ。一旦始めるともう我々の統制できない勢力のとりこになる可能性があるよ」と注意した。七月になるとこの企画はＯＳＳ主導の「闇」の作戦となり、私が当初理想主義的に描いていた純粋で民間的な性格を喪失してしまった。終戦は私のアイディアに終止符を打った》[41]（括弧内は引用者の補足）

だが、日本の敗戦後に野坂参三政権構想は形を変えてよみがえり、日本を危機に追い込むことになる。

ひそかに連携していた中国共産党、野坂とＯＳＳ

ディキシー・ミッションに参加したＯＳＳが、情報基地としての延安に注目し、終戦まで、中国共産党とのあいだで様々な連携工作を計画していたことも重要だ。

日本では邦訳されていないが、余茂春（Maochun Yu）著 *OSS in China* に基づいてここでは三つの計画を紹介しておこう。[42]

第一に「ＯＳＳの支援による八路軍と新四軍の無線通信システム拡張計画」だ。

ＯＳＳがスティルウェルに提出したこの計画の最初の報告書を書いたのは、実際にはマイケル・リンゼーというイギリス人だった。

リンゼーは一九四〇年に在中英国大使館のハーモンという人物にプレス・アタッシェとしてスカウトされた。ＯＳＳのエッソン・ゲイルは、ハーモンが中国における秘密の情報活動の責任者だったと報告している。

リンゼーは翌年、突然重慶を離れて北京に戻り、中国人女性と結婚、その後、延安に行って中国共産党の「無線専門家」として働き始め、ディキシー・ミッションが一九四四年七月に延安に到着したあと、ハーモンが管轄する重慶の秘密機関に活発に連絡をとっている。リンゼーは、延安滞在中のＯＳＳスタッフに対して、中国共産党の通信システムについて大量のブリーフィングを行なった。

中国共産党がＯＳＳに無線機の提供を求め、その結果まとまったのがＹＥＮＳＩＧ４計画である。一九四五年四月二五日までに、一万四〇〇〇ポンドの軽量無線機セットと部品が中国共産党宛に空輸され、さらに五万八〇〇〇ポンドが発送待ちの状態だったという。これらの無線機セットや部品は、中国共産党の十四の支配地域全部で使われる予定だった。

第二に「汪兆銘政権への贈賄と武器購入」だ。

中国共産党からOSSへのもう一つの要求は金だった。

中国共産党は、日本と同盟関係にあった汪兆銘政権に賄賂を渡して日本製の武器を買い込んでおり、その資金をOSSに求めた。汪兆銘政権は親日政権だといわれていたが、実際は、お金のために日本と汪兆銘を裏切る政権幹部が存在していたということだ。一九四五年一月に汪兆銘軍に支払う額としてOSSに請求した賄賂のレートは、小銃二〇ドル、拳銃三〇ドル、擲弾筒五〇ドル、軽機関銃八〇ドル、大砲一〇〇〇ドル、無線機セット二〇〇ドルだった。

中国共産党はOSSからさらに金を得るためにアップル計画という名の対日工作案を売り込んだ。実際にOSSに対してこの計画を提案したのは野坂参三である。

野坂はまず、アメリカのプロパガンダの弱点を指摘して、難しい言葉遣いや天皇への厳しい批判を避けるよう助言し、アメリカ側に喜ばれた。

さらに四〇万ドルで満洲、朝鮮、日本に工作員を送り込むと申し出ると、OSS側は乗り気になり、アップル計画を進めるために多くの日系人を延安の野坂の下に送り込んだ。そのうち何人かは熱心なアメリカ共産党員だった。アメリカ政府の情報・プロパガンダを担当したOWI（戦争情報局）のスタッフを装って送り込まれたスタッフも多く、前述のコージ・有吉もその一人だった。[43]

ルーズヴェルト政権と中国共産党の「協力関係」

第三に「米軍と中国共産党軍の連携による大規模上陸作戦」だ。

一九四四年十月にスティルウェルが解任され、代わってアルバート・ウェデマイヤーが中国戦線の司令官となった。ウェデマイヤーが重慶に着任して間もない十一月四日、ジョン・デイヴィーズとディキシー・ミッションの隊長バレットが葉剣英と周恩来に呼ばれ、延安で会合を行なっている。

周恩来らはノルマンディ型の上陸作戦を提案し、上陸地点として連雲港を挙げた。連雲港は山東省と江蘇省のあいだにあり、南北をつなぐ鉄道がある交通の要衝であるため、連合軍の極東戦線にとって死活的に重要な場所だった。

周恩来らの提案は、状況とタイミングを考えると、きわめて抜け目ないものだった。なぜなら、日本軍はちょうどそのころ南部で猛攻中であり、一時は重慶や昆明も危なかったほどで、中国戦線の米軍はその対応に手一杯だったからだ。

もし、アメリカが周恩来らの提案に乗れば、中国国民党軍を支援するはずの米軍の兵力と物資が上陸作戦に割かれることになり、その間に国民党政府が日本に倒されることは確実だった。また、山東省・江蘇省で中国共産党と米軍が共同作戦を行なえば、当然そこは日本軍の攻撃対象となるので、アメリカの物資と武器が中国共産党の手に流れ込むことになる。

さらに、米中の上陸作戦に対抗するために日本の関東軍の精鋭部隊が動員された場合、ソ連の前で満洲ががら空きになる。余茂春は、中国共産党の主たる目的は、来たるべき蔣介石との決戦に備えて武器を得ることにあったと述べている。

前述の親中トリオ「三人のジョン」の一人、デイヴィーズは、この提案を、米軍ではなくOSSと中国共産党との共同作戦として推進することを考え、重慶駐在のOSS士官、リチャード・ヘプナーに立案を指示した。

一方、OSSのドノヴァン長官は、コミンテルンの工作員であったダンカン・リーをOSSの秘密部門・日本セクションのトップに任命した。解読されたヴェノナ文書によると、リーは、野坂のグループと連携して朝鮮共産党員を使う計画を勧めていた。[44]

ドノヴァンは、延安を基地として満洲に工作員を潜入させる作戦の立案を在ニューデリーの調査部に命じた。調査部は、日本の「内部域」（満洲、朝鮮、台湾、日本本土）に工作員を潜入させることを目的として、中国北部を対象とするOSSの情報工作基地を延安に設置する計画を作成した。

一九四四年十二月十四日、ドノヴァンはこの計画を中国共産党と協議するために、OSS中国セクションの副官、ウィリス・バードを延安に派遣した。翌十五日、バードはバレット隊長とともに、毛沢東、周恩来、朱徳、葉剣英と三日間にわたる秘密会議を行ない、以下のような項目について合意に達した。

- 非正規軍二万五〇〇〇人分の装備をアメリカ軍が（中国共産党に対して）提供すること（衣服と食糧を除く）
- アメリカ側が武器や無線の訓練校を延安につくること
- 八路軍と協力して無線ネットワークを構築すること、一〇万丁のウールワース・ガン（第二次大戦中に対独抵抗組織に提供する目的でアメリカで製造された安価な単発銃）を民兵に提供すること

中国共産党は、二万五〇〇〇人分の装備と一〇万丁のウールワース・ガンの提供計画を特

に喜んだという。

ところが、周恩来らの提案は、中国大使パトリック・ハーリーの知るところとなった。ハーリーも対日戦で国民党とともに中国共産党も使おうと構想し、その交渉にあたっているところだった。

デイヴィーズとOSSが国民党の頭越しに中国共産党との協力を計画していたことが結果的にハーリーの交渉を妨害することになり、ハーリーは激怒した。ハーリーの抗議によって二万五〇〇〇人の非正規軍に装備を提供するデイヴィーズ案は潰れたが、中国共産党側は諦めず、一九四五年一月二十三日、朱徳がドノヴァン長官に直接働きかけた。汪兆銘軍に対する破壊工作を行なう費用として、二〇〇〇万ドルの現金を要求したのだ。

しかしこののち、スティルウェルの後任のウェデマイヤー司令官が、中国共産党に米軍の武器や物資を供給することに警戒心を持っていたことと、一九四五年五月にOSSのメンバー五人が中国共産党支配地域で地元の党員に身柄を押さえられて長期拘束される事件が起きたことで、OSSと中国共産党との協力関係は進まなくなった。

だが、日本の敗戦に至るまでに、本章で見てきたような協力関係が、ルーズヴェルト政権と中国共産党のあいだに結ばれたことは、その後の対日占領政策に対して甚大な影響を与えることとなるのである。

【注】

1 大森実『戦後秘史3　祖国革命工作』一五二～一五三頁
2 同、七八～九二頁
3 同、一〇七～一一七頁
4 同、二〇七～二〇八頁
5 和田春樹『歴史としての野坂参三』平凡社、一九九六年、八八頁
6 同、八九頁
7 法政大学大原社会問題研究所編『日本労働年鑑 特集版 太平洋戦争下の労働運動』第四編第三章、http://oohara.mt.tama.hosei.ac.jp/rn/senji2/rnsenji2-155.html、二〇一八年三月三日取得
8 香川孝志、前田光繁『八路軍の日本兵たち』六八頁
9 山本武利編訳『延安リポート』年表三頁、大原クロニカ『社会・労働運動大年表』解説編http://oohara.mt.tama.hosei.ac.jp/khronika/1941-44/1941_10.html、二〇一八年五月十四日取得
10 山本武利編訳『延安リポート』三九二～三九三頁
11 同、六四九頁
12 香川孝志、前田光繁『八路軍の日本兵たち』八二頁
13 山本武利編訳『延安リポート』四七一～四七二頁

14　大森実『戦後秘史3　祖国革命工作』二二九頁
15　山本武利編訳『延安リポート』三九～四〇頁
16　水谷尚子『「反日」以前』八三～八五頁
17　同、八四頁
18　高尾栄司『「天皇の軍隊」を改造せよ』一六八頁
19　フリーダ・アトリー著、西川博史、石堂哲也訳『アトリーのチャイナ・ストーリー』日本経済評論社、一九九三年、一四五～一四七頁
20　アルバート・C・ウェデマイヤー『第二次大戦に勝者なし』(下)、一五八頁
21　フリーダ・アトリー『アトリーのチャイナ・ストーリー』一五三～一五四頁
22　「外国人記者、中国共産党の真の抗戦を伝える」、http://japanese.china.org.cn/jp/txt/2015-06/03/content_35727704.htm、二〇一八年五月十七日取得
23　Maochun Yu [余茂春], *OSS in China*, Naval Institute Press, 1996, p.110.
24　山田辰雄「ジョン・S・サーヴィスの延安報告」、慶應義塾大学研究グループ編『アメリカの対外政策』所収、鹿島研究所出版会、一九七一年、四〇四頁
25　同、四一一頁
26　J一〇九（a）七Q三〇七――サーヴィス発アメリカ空軍宛――APO（陸軍郵便局）八七九。
27　フリーダ・アトリー『アトリーのチャイナ・ストーリー』一六一頁の引用による
28　アルバート・C・ウェデマイヤー『第二次大戦に勝者なし』(下)、一七二頁
29　Maochun Yu [余茂春], *OSS in China*, pp.40-41.
福井義高『日本人が知らない最先端の「世界史」』祥伝社、二〇一六年、二三五～二三六頁、二四四～二四六頁

30 ガンサー・スタイン著、野原四郎訳『延安――一九四四年』みすず書房、一九七六年、二八九頁
31 ジョン・エマーソン著、宮地健次郎訳『嵐のなかの外交官』朝日新聞社、一九七九年、一六〇頁
32 山本武利編訳『延安リポート』が網羅的に紹介している。
33 山本武利編訳『延安リポート』八四五頁
34 同、八四六～八四七頁
35 長尾龍一『オーウェン・ラティモア伝』八一頁
36 同、八一～八二頁
37 Henry Oinas-Kukkonen, *Tolerance, Suspicion, and Hostility*, Praeger, 2003, p.4. 引用者の私訳
38 長尾龍一『オーウェン・ラティモア伝』九〇頁
39 同、九〇頁
40 同、九〇頁
41 同、九六～九七頁
42 Maochun Yu [余茂春], *OSS in China*, pp.166-230.
43 Oinas-Kukkonen, *Tolerance, Suspicion, and Hostility*, p.3. Yu, *OSS in China*, p.169.
44 Romerstein & Breindel, *The Venona Secrets*, pp.293-294.

第四章　近衛上奏文と徹底抗戦の謎

「無条件降伏」を主張する「ウィーク・ジャパン派」の優勢

戦争中にアメリカと延安で着々と準備されてきた「敗戦革命」工作は、かくして日本の敗戦を機に、怒濤の勢いで日本を襲うのだが、「敗戦革命」に対抗する動きが日本側、そしてアメリカ側にも存在し、「敗戦革命派」対「保守自由主義派」という構図で激突していくことになる。

実は、この構図は戦時中から始まっていた。本章では、日本とアメリカにおいて「敗戦革命」への反撃体制がいかに形づくられていったかを追っていきたい。

一九四五年（昭和二十年）の一月から三月ごろにかけて、日本は全く展望の見えないどん底に陥っていた。

その理由の第一は、戦争相手であるアメリカの状況である。

当時のルーズヴェルト民主党政権では、ストロング・ジャパン派とウィーク・ジャパン派が、無条件降伏政策や戦後の対日占領政策をめぐって激しく対立していた。

ストロング・ジャパン派は、ソ連の台頭や中国の排外主義を抑止するためにも強い日本が必要だと考えていた。しかも、天皇の下での民主主義は可能であり、国体護持、つまり皇室存続も認めるべきだと考えていた。そのため、日米戦争においても日本を徹底的に破壊する無条件降伏政策から、「皇室存続」を認める条件付き降伏政策へと修正し、できるだけ早く和平交渉に応じるべきだと考えていた。

一方、ウィーク・ジャパン派は、日本を徹底的に弱体化することがアジアの平和につながると考えていた。そして、天皇こそ軍国主義のシンボルであり、皇室を否定することなしに日本の民主化は不可能だと考えていた。そのため日米戦争においても、皇室廃止を可能とする無条件降伏政策を堅持し、日本をできるだけ破壊することが望ましいと考えていた。このグループこそ「敗戦革命派」の中核となった。

一九四四年五月にストロング・ジャパン派のジョゼフ・グルーが極東部長になり、さらに年末には次官に昇格する。しかし、アメリカ全体では、ウィーク・ジャパン派が圧倒的に優勢だった。

一九四五年一月にはアメリカ国務省や陸軍に大きな影響を与えるIPRホット・スプリングス会議が行なわれ、アジア経済の専門家であるトーマス・ビッソンら、実はコミンテルンの工作員たちの対日強硬論が対日戦後政策論議を主導していた。

二月には、米英ソ三カ国首脳によるヤルタ会談が開かれ、戦後の国際秩序の方向性が決定されたが、グルーらストロング・ジャパン派は参加メンバーから外され、代わってソ連軍情報部の工作員アルジャー・ヒスが大統領側近として、また、事実上の国務長官代理として会談を仕切っていた。そしてこのヤルタ会談で、ソ連の対日参戦の密約が成立してしまう。

ルーズヴェルト大統領、ホワイトハウス、IPRなどのウィーク・ジャパン派に対抗していたのは、国務省のグルー次官らごく一部に過ぎなかった。それでなくとも多勢に無勢であったうえに、ウィーク・ジャパン派によるグルー攻撃は激しかった。

たとえば、一九四四年十月、孫文の息子の孫科が外交問題協議会の機関誌『フォーリン・アフェアーズ』に「ミカドよ去れ」という論考を発表し、グルーの政策を厳しく批判した。天皇は日本の侵略政策の本質であるから、日本人の天皇への崇敬を容認するグルーの政策は「甘やかし政策であるばかりでなく、最も有害なイデオロギーに対する宥和政策である」「天皇制の存置は、ナチスとヒトラーを存置するに等しく、またそれは中国に反作用して中国の反動派を助長する」というのである。[1]

グルーは日本との「穏健な和平」（ソフト・ピース）をめざして、無条件降伏を主張するウィーク・ジャパン派と戦いつづけてはいた。だが、一九四五年一月と二月の段階では、ルーズヴェルト大統領を筆頭にウィーク・ジャパン派がアメリカ政府の主導権を握っていた。

貴重な情報を握りつぶしてソ連仲介和平案に賭けた愚

日本の「どん底」の第二は、日本自身が陥った袋小路である。

アメリカが「天皇処刑」「無条件降伏」を要求するということは、日本側から見ると、アメリカと直接、講和交渉ができないことを意味した。その結果、日本の要路の人々はソ連を仲介とする和平案に傾いていく。

一九四五年二月九日に陸軍参謀総長の梅津美治郎が行なった奏上の内容が典型的だろう。

《大本営の意見では、米国の方針が、日本の国体を破壊し、日本を焦土にしなければ飽きたらぬのであるから絶対に米国との講和は考えられない、ソビィエトは日本に好意を有しているから、ソビィエトの後援の下に徹底抗戦して対米戦を続けなければならない》[2]

この認識がいかにおかしいものか。

まず、アメリカは一枚岩ではない。ルーズヴェルト民主党政権はウィーク・ジャパン派が大勢を占めているものの、国務省や軍首脳、そして野党の共和党の一部が、皇室存続を容認するストロング・ジャパン派であったことを理解できていなかった。敵国アメリカの内情分析ができていないのだ。

しかも、「ソビィエトは日本に好意を有している」という根拠のない思い込みには愕然とせざるを得ない。参謀総長といえば、陸軍のトップだ。そのトップが、この程度のお粗末な情勢認識しか持っていなかったうえに、それを平気で昭和天皇に申し上げたところを見ると、そもそも自分が話した内容がいかにお粗末なのかも自覚していなかったわけだ。

こうした粗雑な情勢認識のためか、日本の政権上層部は二月中旬の段階で、ヤルタ会談でのソ連の対日参戦密約を知りえたにもかかわらず、その情報を軽視し、ソ連を通じて連合国との和平交渉を行なう、いわゆるソ連仲介和平案に固執したのである。

ヤルタ密約は、ヤルタ会談に参加したステティニアスの後任、バーンズ国務長官ですら、戦後になるまで知らなかった極秘中の極秘情報である。日本政府や軍はどのようにこの情報を得たのだろうか。

その詳細を描いた『消えたヤルタ密約緊急電』（新潮選書）の著者、岡部伸氏が平成二十六年八月五日付『産経新聞』において、次のように解説している。

《英国立公文書館所蔵のブレッチリーパーク（英政府暗号学校）が解読した秘密文書（分類番号KV2／155）によると、ドイツのストックホルム駐在の情報士官、カール・ハインツ・クレーマーは、ヤルタ会談開催中の1945年2月8日と会談後の21日、親衛隊情報部あてに「ヤルタ会談でソ連が対日参戦する政策に転換した」と電報を打った。

ドイツでは、この情報が政府内で共有され、国家の指導者の判断材料となる最重要情報に指定されたとみられる。ドイツ外務省は2月14、24日、クレーマー情報をそのまま世界各地の全在外公館に伝え、さらに同月19、21日、3月10日に詳報を一斉通報した。

この情報は、もともとストックホルム駐在、小野寺信《まこと》陸軍武官がロンドンの亡命ポーランド政府から入手してクレーマーに提供したものとみられ、米国立公文書館所蔵秘密文書によると、クレーマーは、ドイツ降伏後の尋問で「小野寺と活発に情報交換し、45年2月から3月に連合軍の極めて重要情報の提供を受けた」と答えている。

一方、日本では、参謀本部が同年2月中旬、小野寺武官からの緊急電報を受信しながら、ソ連仲介和平工作を進めていたため、握りつぶされたことが明らかになっている》[3]

ロンドンに本拠地を置いていた亡命ポーランド政府を通じて小野寺武官は、なんとヤルタ会談開催中に密約の情報をつかんでいたのである。すさまじいインテリジェンス能力である。

ところが、この重要な情報を、日本の参謀本部は握りつぶしてしまったのだ。ソ連仲介和平案に都合が悪いという、本末転倒な理由からである。

《その後もベルリンの大島浩大使が同年3月にドイツのリッベントロップ外相から知らされ、3月22日付で外務省に打電。同年5月以降ベルンやリスボンの在欧武官からもソ連参戦情報が寄せられたが、ソ連頼みの終戦工作にこだわり、終戦間際にソ連の駆け込み参戦を許してしまった》[4]

つまり外務省も参謀本部も、ソ連の参戦を知っていたにもかかわらず、その情報を政府全体で共有し、国策決定に活かすことができなかった。いかに優秀なインテリジェンス機関をつくっても、それを使いこなす見識をもった人物がトップにいないかぎり、猫に小判というわけだ。

共産党との連立政権を容認していた木戸内大臣

昭和天皇側近である木戸幸一内大臣ですら、ソ連に頼ろうとする有様だった。近現代政治史の研究者である新谷卓氏が、次のように分析している。

《近年、松浦正孝氏が紹介した「宗像久敬《むなかたひさのり》日記」に記された木戸の発言は、木戸までも積極的にソ連接近を進めようとしていたことを示すものとして興味深いものである。宗像は日本銀行出身で当時占領地の蒙疆《もうきょう》銀行総裁に就任したが陸軍と対立して帰国したばかりで、当

時木戸と頻繁に接触していた。一九四五（昭和二〇）年三月三日、宗像は木戸を訪ねた時のことを日記に記している。（中略）

木戸がこのときもっとも憂慮していたのは、ドイツ降伏後のソ連がどのような態度に出るのかということであった。木戸は四月にも、ソ連が日ソ中立条約更新拒否を通告して来るのではないか、そして同時に、ソ連が日本に仲介を申入れ、それを受け入れなければ武力攻撃をかけてくるのではないかということを危惧していた。木戸は、ソ連に頼って和平を行えば、ソ連は共産主義者の入閣を求めて来るのであろうが、それを受けいれてもよいと発言し、宗像にこう述べた。「共産主義と云うが、今日はそれほど恐ろしいものではないぞ。世界中が皆共産主義ではないか、欧州も然り、支那も然り、残るは米国位のものではないか」。（中略）宗像は日記に次のように記している。「要するに彼は確固たる方針なく陸軍の態度によりソ連接近なり」と》[5]

昭和天皇の最側近である木戸内大臣ですら、和平の仲介をソ連に頼り、共産主義者との連立政権もやむなしと考えていたというのだ。

序章で見たように、「敗戦革命」では、共産党はまずは閣内に入ることをめざし、民主連合政権を構築する。総理大臣または大統領の座を自由主義者に譲る代わりに、共産党は治安組織などのポストを獲得し、警察権力を使って自由主義者たちを逮捕するなどして少しずつ排除し、最終的に共産党独裁政権を樹立するという戦術を採用することが多い。

こうした共産主義者の手法を知っていれば、共産党との連立政権の樹立、つまり閣内に共産主義者を入れることがどれほど危険なことなのか、わかるはずだ。

木戸内大臣らの発言を見ていると、結局、戦前の日本は、共産党員を弾圧し、共産主義研究を禁じるだけで、実は共産主義や敗戦革命がいかなるものなのか、ろくに理解していなかったのではないかと思わざるをえない。敵を小ばかにし、敵を侮るものは結局、敵に騙されるのだ。

同じく昭和天皇の信任が篤かった鈴木貫太郎総理大臣も、例外ではなかった。ソ連仲介和平案を正式に国策として決定した六月二十二日の最高戦争指導会議で、こう発言している。

「ソ連に対して和平の仲介を頼んでみたらいかがですか。スターリンという人は西郷南洲(隆盛)に似たところもあるようだし、悪くはしないような感じがする」[6]

いくら重要な情報を取ってきても、政府首脳がその情報を活用できなければ意味がない。ソ連・コミンテルンの工作の影響もあったかも知れないが、軍幹部も政権上層部も、ソ連と組む以外にないと思い込み、アメリカのグルーたちの動きにも呼応できないまま、貴重な情報を握り潰したのだ。

まさに日本はその視野の狭さのゆえに、自らを袋小路に追い込んでいたわけだ。

だが、こうした戦前の日本の失態をいまの日本が批判できるだろうか。何しろ現在の日本政府は、「戦前の軍国主義の復活につながりかねない」として対外インテリジェンス機関さえ再建していないのだ。

過去を本当に反省しようと思うならば、ソ連・共産主義の問題点を理解するとともに、貴重な対外情報を活かせるような政治体制をいかに構築するのかを模索すべきではないのか。過去の日本を糾弾するだけの「過去を反省した」ふりは、もういい加減にやめるべきだ。

共産主義の脅威を指摘した「近衛上奏文」の背景

もちろん、共産主義の脅威について、日本でも戦時中から指摘していた例がある。有名なものが「近衛上奏文」であろう。

これはもともと、昭和二十年（一九四五）一月に、吉田茂（元外務次官、のちの総理大臣）、岩淵辰雄（政治評論家）、小畑敏四郎（予備役陸軍中将）らが、近衛文麿元首相に終戦に向けて和平の急務を上奏させるべく計画したことに端を発する。[7]

吉田茂は、戦後に首相を務めたことで名高いが、戦前の外務省ではナチス・ドイツとの連携に強硬に反対し、親英米派と目されていた。

小畑敏四郎は、前著『コミンテルンの謀略と日本の敗戦』でも紹介したように、戦前の日本陸軍で永田鉄山と並び称された俊英である。ロシア課で勤務した経験もあり、対ソ防衛を主眼とし、中国とは、早期和平と提携をめざす戦略を主唱していた。

ソ連の脅威を肌で感じていた小畑は、満洲国の建設を成功させるためにも、対ソ戦略を重視していたのである。また、ナショナリズムが高まる中国と提携するためには英米との協調が不可欠であることも力説していた。

しかし、この小畑の主張は、「まず対外的には中国を武力で叩いて資源などを確保するとともに、国内では統制経済を徹底させて、日本の戦争遂行能力を高めるべきだ」とする永田鉄山ら統制派の議論と真っ向から対立した。

永田らは、国家総力戦の時代には、日本のような持たざる国は資源を確保して国力を充実させることが重要であり、そのためには中国の資源を手に入れなければならないと考えていたのだ。

一方、小畑からすれば、永田らの戦略は、必然的に米英と対決せざるをえなくなり、そうなればコミンテルンの思うつぼになってしまう。決して看過できるものではなかった。

かくしてこの両者の主張を軸に「皇道派」と「統制派」と呼ばれる派閥争いが陸軍内で激化するが、結局、二・二六事件で「皇道派」の青年将校たちが叛乱部隊として決起したために、皇道派は一掃される。小畑も責任をとって予備役になった。

吉田も小畑も、ソ連や欧米の状況を熟知していた人物である。彼らからすれば、ドイツとの提携を進め大東亜戦争に突き進んでいった陸軍統制派らの失敗が、取り返しのつかぬ状況にまで至っていることは火を見るより明らかだった。もはや日本の敗戦は必至である。日本が国家としての危機に落ち込む前に、何としても戦争を止めねばならない段階に入っていた。

吉田らはこの上奏を実現させるべく奔走し、結局、同年二月に昭和天皇が平沼騏一郎、廣田弘毅、近衛文麿、若槻礼次郎、牧野伸顕、岡田啓介、東條英機らの意見を個別に聞くことになった。

近衛文麿が上奏したのは、二月十四日である。

新谷卓氏は、《『近衛上奏文』は近衛の自筆によるものであるが、岩淵、小畑、富田、外務省の尾形、そしてとくに殖田の考えが直接、間接的に反映され、最終段階で吉田が加筆してできあがった合作だったのではなかろうか》と分析している。[8]

富田とは、近衛内閣の書記官長だった富田健治のことである。尾形とは、外務省調査局ソ連課長だった尾形昭二のこと。親英派でソ連並びに共産主義陰謀の現状分析に当たってい た。また殖田とは、大蔵官僚出身で近衛の側近だった殖田俊吉。重臣たちに共産主義陰謀や陸軍赤化説を主唱していたといわれる人物である。近衛文麿が陸軍赤化説を確信するに至ったのにも、殖田が大きな役割を果たしたともされる。ちなみに殖田は戦後、吉田内閣で法務総裁などを歴任している。

近衛文麿、そして吉田、小畑はじめ近衛を取り巻くこのような人物たちが、日本の危機を憂い、昭和天皇への上奏を実現させたのであった。

「最も憂ふるべきは敗戦よりも共産革命に御座候」

この「近衛上奏文」には、いったい何が書かれていたか。

ここで強調されたのは、軍隊や官界に浸透した共産主義の脅威であった。近衛は、日本の危機的状況を切々と訴える。

《敗戦は遺憾ながら最早《もはや》必至なりと存 候《ぞんじそうろう》。以下此《こ》の前提の下に申述《もうしのべ》候。

敗戦は我が国体の瑕瑾《かきん》たるべきも、英米の輿論《よろん》は今日までの所国体の変革とまでは進み居らず、（勿論《もちろん》一部には過激論あり、又《また》将来如何《いか》に変化するやは測知し難し）随《したがつ》て敗戦だけならば国体上はさまで憂ふる要なしと存候。国体の護持の建前より最も憂ふるべきは敗戦よりも敗戦に伴ふて起ることあるべき共産革命に御座《ござ》候《そうろう》。

つらつら思ふに我国内外の情勢は今や共産革命に向つて急速度に進行しつつありと存候。即ち国外に於てはソ連の異常なる進出に御座候。我国民はソ連の意図は的確に把握し居らず、かの一九三五年人民戦線戦術即ち二段革命戦術の採用以来、殊《こと》に最近コミンテルン解散以来、赤化の危険を軽視する傾向顕著なるが、これは皮相且《かつ》安易なる見方と存候。ソ連は究極に於て世界赤化政策を捨てざるは最近欧州諸国に対する露骨なる策動により明瞭となりつつある次第に御座候。

ソ遅は欧州に於て其《その》周辺諸国にはソヴィエット的政権を爾予《じよ》の諸国には少なくとも親ソ容共政権を樹立せんとし、着々其《そ》の工作を進め、現に大部分成功を見つつある現状に有之《これあり》候《そうろう》。（中略）

ソ連の此《この》意図は東亜に対しても亦《また》同様にして、現に延安にはモスコーより来れる岡野（野坂参三）を中心に日本解放連盟組織せられ朝鮮独立同盟、朝鮮義勇軍、台湾先鋒隊等と連絡、日本に呼びかけ居り候。

かくの如き形勢より押して考ふるに、ソ連はやがて日本の内政に干渉し来る危険十分ありと存ぜられ候（即《すなわち》共産党公認、ドゴール政府、バドリオ政府に要求せし如く共産主義者の入閣、治安維持法、及《および》防共協定の廃止等々）。翻《ひるがえっ》て国内を見るに、共産革命達成のあらゆる条件日々具備せられゆく観有之候。即生活の窮乏、労働者発言度の増大、英米に対する敵愾心《てきがいしん》の昂揚の反面たる親ソ気分、軍部内一味の革新運動、之《これ》に便乗する所謂《いわゆる》新官僚の運動、及之《およびこれ》を背後より操りつつある左翼分子の暗躍等に御座候。右の内特に憂慮すべきは軍部内一味の革新運動に有之候。

少壮軍人の多数は我国体と共産主義は両立するものなりと信じ居るものの如く、軍部内革新論の基調も亦《また》ここにありと存候。職業軍人の大部分は中流以下の家庭出身者にして、其《そ》の多くは共産的主張を受け入れ易き境遇にあり、又《また》彼等は軍隊教育に於《おい》て国体観念だけは徹底的に叩き込まれ居るを以つて、共産分子は国体と共産主義の両立論を以て彼等を引きずらんとしつつあるものに御座候。

抑々《そもそも》満州事変、支那事変を起し、之《これ》を拡大して遂に大東亜戦争にまで導き来れるは是等《これら》軍部内の意識的計画なりしことや今や明瞭なりと存候。満州事変当時、彼等が事変の目的は国内革新にありと公言せるは、有名なる事実に御座候。支那事変当時も「事変永引くがよろしく事変解決せば国内革新が出来なくなる」と公言せしは此《こ》の一味の中心的人物に御座候。是等《これら》軍部内一味の革新論の狙ひは必ずしも共産革命に非ずとするも、これを取巻く一部官僚及《および》民間有志（之を右翼といふも可、左翼といふも可なり、所謂《いわゆる》右翼は国体の衣を着けたる共産主義者なり）は意識的に共産革命にまで引きずらんとする意図を包蔵し居り、無智単純なる軍人之《これ》に躍らされたりと見て大過なしと存候》（以下、「近衛上奏文」の引用は、新谷卓『終戦と近衛上奏文』より）

一読すればわかるとおり、「日本の国内情勢の悪化や英米への敵愾心《てきがいしん》によって『共産革命』への気運が醸成されてしまっており、とりわけ軍部内の革新論者の動きを憂慮すべきだ」と、厳しく警鐘を鳴らす内容である。

この背景として、ソ連の狙いや、野坂参三（岡野進）らの動向についても的確に分析している。さらに、日本の軍部の人間たちが、必ずしも共産革命をめざしてはいないとしても、左翼全体主義者たちにつけ込まれてしまっている状況も把握している。

現在の日本では、この近衛上奏文について、「すべてを共産主義のせいにする一種の陰謀論的な際物《きわもの》」だと切って捨てる傾向もある。だが、先述したようなメンバーが、国家危急のときに昭和天皇に何としても上奏して伝えようとした内容である。決して虚仮《こけ》おどしではなく、基底に「真剣な懸念」があったことは間違いない。また、前著や本書で分析しているように、この「懸念」に真実の一端が含まれていることも、また否定しえぬことである。

戦争継続は日本を共産革命の危機に叩き落とす

さて、以上で見たような分析に続き、さらに近衛文麿は、自身が政権を率いていた当時を振り返って痛切な反省の念を吐露する。

《此事《このこと》は過去十年間軍部、官僚、右翼、左翼の多方面に亘《わた》り交友を有せし不肖が最近静かに反省して到達したる結論にして此《この》結論の鏡にかけて過去十年間の動きを照らし見る時、そこに思ひ当る節々頗《すこぶ》る多きを感ずる次第に御座候。

不肖は、此間《このかん》二度まで組閣の大命を拝したるが国内の相剋摩擦を避けんが為《ため》出来るだけ是《これ》等《ら》革新論者の主張を容れて挙国一体の実を挙げんと焦慮せるの結果、彼等の主張の背後に潜める意図を十分看取する能《あた》はざりしは、全く不明の致す所にして何とも申訳無之《もうしわけこれなく》深く責任を感ずる次第に御座候》

このような反省に立脚して近衛は、「戦争継続や一億玉砕を訴える者は日本を共産革命の危機に叩き落とすものだ」と警告を発する。

《昨今戦局の危急を告ぐると共に一億玉砕を叫ぶ声次第に勢を加えつつありと存候。かかる主張をなす者は所謂《いわゆる》右翼者流なるも背後より之《これ》を煽動しつつあるは、之《これ》によりて国内を混乱に陥れ遂に革命の目的を達せんとする共産分子なりと睨《にら》み居候《おりそうろう》。

一方に於て徹底的に米英撃滅を唱ふる半面、親ソ的空気は次第に濃厚になりつつある様に御座候。軍部の一部はいかなる犠牲を払ひてもソ遅と手を握るべしとさへ論ずるものもあり、又《また》延安との提携を考え居る者もありとの事に御座候。

以上の如く国の内外を通じ共産革命に進むべきあらゆる好条件が日一日と成長しつつあり、今後戦局益々不利ともならば此《この》形勢は急速に進展致すべくと存候。

戦局への前途に付き何等か一縷《いちる》でも打開の望みありと云ふならば格別なれど、敗戦必至の前提の下に論ずれば勝利の見込なき戦争を之《これ》以上継続するは、全く共産党の手に乗るものと存じ、随《したがっ》て国体護持の立場よりすれば、一日も速《すみやか》に戦争終結を講ずべきものなりと確信仕《つかまつ》り候（後略）》

「徹底的に米英撃滅を唱ふる半面、親ソ的空気は次第に濃厚になりつつある様に御座候。軍部の一部はいかなる犠牲を払ひてもソ遅と手を握るべしとさへ論ずるものもあり、又《また》延安との提携を考え居る者もあり」と、あくまで米英との徹底抗戦を唱え、ソ連や中国共産党と手を組めと叫ぶ動きが軍部にあったというのだ。まことに痛切な警告である。

昭和天皇も、この近衛の上奏には大きな衝撃を受け、近衛にわざわざ椅子を用意して御下問されたという。昭和天皇が、この機会に重臣たちの話を聞いたなかで御下問があったのは、近衛と牧野伸顕元内大臣だけであったという。[9]

「ソ連のいいなり放題」になることが国体護持?

残念ながら、この「近衛上奏文」の指摘はあながち間違いではなかったことが、その後の研究によって明らかになっている。たとえば、防衛大学教授を務めた平間洋一氏は、次のような事実を紹介している。

《こうした「敗戦革命」の戦略構想は例えば、四五年四月二十九日に参謀本部戦争指導班長の種村佐孝大佐が起案した「対ソ外交交渉要綱」にみえる。要綱は、「帝国はあくまで対米英戦を完遂する為」に「帝国並満支の犠牲に於いて『ソ』を我方に誘引」し、米英の「世界侵略」の野望に対して、日ソ支三国が「善隣友好相互連携不侵略の原則の下に結合し、以って相互の繁栄を図る」ため、ソ連との交渉役として外務大臣あるいは特使使節を派遣し、

「乾坤一擲《けんこんいってき》の断」を下せと進言している。その際、ソ連とは①満州国や外蒙共和国の割譲、南方占拠地域の権益の譲渡②支那の交渉相手は（蔣介石率いる国民党政権ではなく、中国共産党の）延安政権とし、同政権の希望する地域からの日本軍の撤退――を約束できるとしていた》[10]（括弧内は執筆者による補足）

一方、カリフォルニア大学サンタバーバラ校歴史学教授の長谷川毅氏は、陸軍上層部に配布されたこの種村案が、対米終戦を避けるための案であったとして、こう指摘する。

《対米終戦は国体の破壊を意味し、また国体の破壊は日本民族の滅亡を意味する。もし対ソ政策に九死に一生の成功の可能性があるならば、それは中国の処遇に関する英米とソ連の意見の相違を利用して、ソ連を日本側になびかせることにあると主張する。

日本がソ連にいかなる譲歩をするかについて、種村は「必要ナル条件ハ悉《コトゴト》クコレヲ停止シ譲歩シ開放シ断念スルニ吝《ヤブサカ》デアッテハイケナイ」として、ソ連側の「言ヒナリ放題ニナッテ眼ヲ潰《ツブ》ル」ことを勧める。具体的には、満州、遼東半島、南樺太、台湾、琉球、北千島、朝鮮を「カナグリ捨テ」、東清鉄道の譲与、漁業条約の破棄を行って、日清戦争前の状態に戻ることを提言する。注目すべきは、ソ連が中国での共産党勢力の拡大を望むならば、日本は「支那ニ於ケル交渉ノ対象ハ延安政権トスルコトモ差支ナキコト」、そのために「国

民政府ヲ解消セシム」として、中国の共産主義政権の樹立を容認する用意があることを示唆している》[11]

種村大佐らは、無条件降伏を求めるアメリカに降伏すれば、「国体」は護持できないと考えた。そして一九四五年四月五日、日ソ中立条約の不延長を通告してきたソ連がアメリカ側について対日参戦に踏み切ったら、結果的にソ連とアメリカに降伏することになり、やはり「国体」は護持できない。

しかも、アメリカが無条件降伏を修正したとしても、やはり「国体」は護持できないと考えていた。なぜなら、民主主義を掲げるアメリカは、日本の国柄を絶対に破壊してくるに違いないと思い込んでいたからだ。

だからこそ種村大佐らは、ソ連側の要求通りに領土を奪われてもソ連の対日参戦を阻止すべきだと考えたのだとして長谷川毅氏は次のように分析する。

《種村報告は、アメリカが無条件降伏を修正して、皇室の維持を約束したなら、日本はその修正された「無条件降伏」を受け入れたであろうかという問いにたいする一つの鍵を提供する。種村に代表される中堅将校は、アメリカが国体の破壊をめざしていると確信していた。彼らは、立憲君主主義のもとにおける民主主義政治体制は根本的に国体とは抵触するとみな

していた。したがって、立憲君主制であっても、彼らはアメリカの条件にたいして抵抗したであろうと思われる》[12]

この長谷川氏の指摘は、極めて重要だ。

繰り返すが、梅津参謀総長や種村大佐ら軍幹部は、アメリカは必ず「国体」を破壊してくるに違いないと信じ込んでいた。

なぜ、そう信じ込んでいたのか。拙著『コミンテルンの謀略と日本の敗戦』で指摘したが、昭和の時代に入ると、大恐慌の中で資本主義、議会制民主主義を敵視する風潮が強まり、「天皇主権説」のもとで全体主義、経済統制（≒国家社会主義）こそが国難を打開するという右翼全体主義の風潮が日本を覆ってしまっていたのだ。

どうやら種村大佐らにとって「国体」とは、「天皇主権説のもとでの全体主義、経済統制（≒国家社会主義）体制」になっていたのではないのか。だからこそ種村大佐らは、英米のような資本主義・民主主義国に降伏するぐらいならば、共産主義のソ連と連携した方がいいと考えたのではないか。

この反米・親ソの空気が戦争中の日本の、それもエリートたちを支配していたことは理解しておくべきだ。

もっとも、種村大佐の提案は、あまりにも非現実的であった。

そもそも日本が周辺の領土をソ連に与え、中国共産党政府を認めたとしても、それで本当にソ連が対日参戦に踏み切らないでいてくれるのか。そんな保証はどこにもない。

むしろ、ソ連のいいなりになって日本の領土を与えていけば、いずれ日本はソ連の衛星国となり、共産主義者たちの手で皇室は打倒されたに違いない。

そう考えると、種村大佐の主張する「国体護持」とは何を意味するのか。日本の庶民たちにとって国体護持とは「皇室の存続」であったが、種村大佐らにとって国体護持とは「対米早期和平の回避とソ連との連携による、天皇を戴く共産主義国家の樹立」、つまり「敗戦革命」ではなかったのか。この点は今後、さらに追及すべき論点だろう。

日ソ交渉の開始と対英米「秘密」交渉の中止

もっと直截に、日本はソ連と連携し、社会主義国になるべきだと主張した陸軍参謀本部の幹部も存在した。

平間洋一氏はこう指摘する。

《(参謀本部)戦争指導班長から(鈴木貫太郎)首相補佐官となった松谷誠大佐は(一九四五

年四月)、終戦後の「日本国家再建方策」を提出している。その立案の背景を説明した次の一文を読めば、陸軍による国家再建とは、敗戦革命にほかならないことが理解できるであろう。

「スターリンは独ソ戦後、左翼小児病的態度を揚棄し、人情の機微に即せる左翼運動の正道に立っており……ソ連の民族政策は寛容のものなり。……民族の自決と固有文化とを尊重し、内容的にはこれを共産主義化せんとするにあり。よってソ連は、わが国体と赤とは絶対に相容《あいい》れざるものとは考えざらん」「戦後、わが経済形態は表面上不可避的に社会主義的方向を辿るべく、この点より見るも対ソ接近可能ならん。米の企図する日本政治の民主主義化よりも、ソ連流の人民政府組織の方が将来日本的政治への復帰の萌芽を残し得るならん」ソ連は各国の民族の自決と文化を尊重して共産化を進めるのであり、日本が共産化しても、皇室をいただく国体は安泰だという認識がどれだけ恐ろしい錯誤であるかは言うまでもない》[13]

種村案、そして松谷案に象徴される陸軍参謀本部の「反米・親ソ」認識は、日本の終戦工作に多大な影響を与えた。

一九四五年四月五日の日ソ中立条約の不延長の通告を受けて東郷茂徳外相は、首相、外相、陸相、海相、陸軍参謀長、（海軍）軍令部総長の六巨頭のみの最高戦争指導者会議構成員会議を開催することを提案、最初の会議が五月十一日から十四日まで開催された。

　前述の長谷川毅氏は、この会議が日本による和平交渉にとって大きな転機になったとしてこう指摘する。

《その議題が対ソ方針であったことは特筆されるべきである。（中略）この会議の結果、最高戦争指導会議は、対ソ方針に関する決議を採択した。この決議は冒頭で次のように述べている。

「現下日本カ英米トノ間ニ国力ヲ賭《と》シテ戦ヒツツアル間ニ於テ蘇聯《ソレン》ノ参戦ヲ見ル如《ゴト》キコトアルニ於テハ帝国ノ其《ソ》ノ死命ヲ制セラルヘキヲ以テ、対英米戦争カ如何《イカ》ナル様相ヲ呈スルニセヨ帝国トシテハ極力其ノ参戦防止ニ努ムル必要アリ」

　ソ連の参戦防止が日本外交・軍事政策の最高の目的にすえられたこと、しかもこれはたんに外相、海相、首相のみならず、陸相、陸軍参謀総長、軍令部総長の同意をえていたことをここで強調しておく必要がある。（中略）

　さらに六巨頭は、参戦防止、中立確保、戦争終結の三つの目的を達成するために日ソ交渉を行うことにいったん合意した。この目的を達成するために日本側が用意する譲歩として、ポーツマス条約と日ソ基本条約の廃棄、南樺太の返還、漁業権の解消、津軽海峡の開放、東清鉄道の譲渡、内蒙古におけるソ連の勢力範囲、大連と旅順の租借、千島北半の譲渡を挙げている。ただし、朝鮮は日本に留保すること、南満州は中立国として独立を維持することとしている。

この決議は、陸軍参謀本部によってその原案が作成されたため、四月に作成された種村意見とよく似ている。しかし、種村が朝鮮も満州も放棄すべきであるとしていたのにたいし、この決議は、朝鮮の保持、満州の独立に固執している》[14]

この決議に対して阿南陸相が「われわれが敗北するという前提で交渉することには反対である」と抗議したことから、最終的には「参戦防止」と「中立確保」の二つに絞ってソ連と交渉することになった。ソ連の対日参戦を防ぐために、南樺太と北千島、そして満洲を事実上、放棄すると決定したわけだ。

最高戦争指導会議のこの決定は、対英米「秘密」交渉にも影響を与えた。長谷川氏はこう指摘する。

《この決定がもたらしたもう一つの重要な結果は、これまで東郷のイニシアチブによって非公式に行われてきた他の和平交渉がすべて途絶したことであった。東郷、米内、梅津はそれぞれの管轄でなされてきたバチカン、スウェーデン、ベルンでのアレン・ダレスとの交渉の打ち切りを命じた。アメリカと日本をつないでいた細い糸が断ち切られたのである》[15]

かくして日本は、英米との秘密交渉を中止し、ソ連の参戦防止と中立確保の二つの目的のために、ソ連との交渉を開始することになった。その背景には、「天皇と共産主義は両立するので日本が共産化しても構わない」とする陸軍参謀本部の意向が強く働いていたわけで、日本はきわめて危うい状況であった。

硫黄島・沖縄での奮戦が「無条件降伏政策」を押し戻した

このままだと無条件降伏政策を堅持するアメリカに対抗して、日本側も徹底抗戦と対ソ連携にこだわり、ソ連の対日参戦から日本の敗戦革命へという方向に進んでいきかねなかった。

この危機を打開したものこそ、硫黄島・沖縄などにおける日本の将兵と民間人の奮戦であった。

硫黄島と沖縄は、一九四五年秋に予定されていた米軍の日本本土侵攻計画の成否を握る重要な攻略目標だった。しかしこの二つの戦いで米軍は、日本軍の頑強な抵抗に遭い、寸土を争う激闘を続け、膨大な死傷者を強いられた。

ヤルタ会談の直後の二月十九日に米軍の上陸が始まった硫黄島では、栗林忠道中将率いる日本軍が約二十二平方キロの硫黄島全土を要塞化して迎え撃った。剛勇を誇るアメリカ海兵隊指揮官たちですら、空中偵察写真で日本軍の周到な準備を見て舌を巻いたという。

攻略開始から五日間で島を占領する計画だった米軍は、結局、一カ月以上も死闘を繰り広げることになった。防御側の日本軍約二万名はほぼ全滅したが、攻撃側の米軍の死傷者数は日本側を上回った。日本軍は徹底して米軍に出血を強いたのである。[16]

沖縄戦も、イギリスの首相ウィンストン・チャーチルが「軍事史上もっとも苛烈でもっとも有名な戦いである」と評した激戦であり、四月一日（米軍による沖縄本島上陸。慶良間諸島上陸は三月二十六日）から六月二十二日まで、四カ月近くにわたって戦闘が続いた。

その間に、沖縄戦の連合軍最高司令官であったサイモン・B・バックナー中将も戦死している。そのほか、米軍は士官の戦死があまりにも多くて、着任した士官の名前を覚える暇もなかったほどだったという。[17]

特に首里攻防戦初期の戦闘である「嘉数《かかず》の戦い」は、普天間の近くにある嘉数高台という丘陵地を日本軍が四月八日から十六日間守り抜き、一説によれば米軍側に約二万四〇〇〇名の死傷者を出している（諸説あり）。

硫黄島、沖縄などの戦いで、日本軍の勇敢かつ頑強な抵抗に直面し、多数の死傷者を出したことで、米軍幹部のあいだで「無条件降伏要求の見直し」を求める声が強まることになった。

《沖縄戦はまたもアメリカの圧倒的勝利に終わった。日本の陸軍部隊が全滅し、何百機という飛行機や帝国海軍最大の戦艦も破壊した。だが、この作戦が終わったとき、戦いに加わっていたアメリカ人でいささかでも高揚感を感じた者など皆無に等しかった。行く手に控える任務を前にして、不安と恐怖の感情が専らであった。琉球の一つの基地を獲得するのがこれほど大変だとしたら、日本本土への侵攻はどれほどの激戦になるのだろうか》[18]

特に沖縄では、軍官民、つまり軍人だけでなく官吏と民間人までが一体となって抵抗したことから、本土上陸作戦においても、日本軍だけでなく、民間人による強烈な抵抗が予想されることになった。

戦史研究の専門家である庄司潤一郎氏も平成二十七年度戦争史研究国際フォーラム（防衛省防衛研究所主催）において、次のように指摘している。

《米国にとって、このように日本側の本土決戦準備の状況は不完全で貧弱であったにもかかわらず、対日本土上陸作戦（「ダウンフォール作戦」）が迫るにつれ、生じ得る人的損害が最大の問題となった。すなわち、膨大な残存兵力と想定された玉砕攻撃は脅威であり、加えて、いずれも投入した米軍の35パーセント前後が死傷したと言われる、硫黄島・沖縄における日本軍の抵抗で苦戦を強いられた体験は大きいものがあったのである。

例えば、1945年6月18日、ハリー・トルーマン（Harry S. Truman）大統領は、本土上陸作戦実施とその人的損害を検討するために、ホワイトハウスに会議を招集した。会議は、特に上陸作戦の死傷者の見積もりをめぐって、見解が分かれた。ウィリアム・リーヒ（William D. Leahy）陸海軍最高司令官付参謀長らは、沖縄戦の死傷率は約35パーセントで、本土上陸に際してもほぼ同様な犠牲が生じると推定し、したがって上陸作戦には積極的ではなく、犠牲を少なくするために、無条件降伏の条件緩和を主張していた》[19]

一九四五年二月の時点でアメリカ政府内部では、あくまで無条件降伏を求める「ウィーク・ジャパン派」が優勢であったのだが、硫黄島と沖縄戦での日本の奮闘の結果、無条件降伏の緩和を求める声が、米軍幹部のなかで優勢になってきたというのだ。

現在の日本には、沖縄や硫黄島、ペリリューの戦いなどで亡くなった日本兵たちは「無駄死に」だったと冷たく言い放つ論者もいる。だが、これらの戦いが米軍、そしてトルーマン政権に与えた影響を見れば、まったくの間違いだ。アメリカ側が認めているように、沖縄や硫黄島での勇猛果敢な戦いが、アメリカの無条件降伏政策を大きく押し戻したのである。

「皇室」存続構想を打ち出したグルー

アメリカが無条件降伏政策を見直すことになった、もう一つの決定的な要因がある。

沖縄で日米が激突していた一九四五年四月、ルーズヴェルト大統領が死没し、副大統領だったハリー・トルーマンが政権に就いたことである。

ルーズヴェルトが生きていれば、何がなんでも無条件降伏に固執し、スターリンと交わしたヤルタ密約を守ったかもしれない。だが、トルーマンにはそこまでする義理はなかった。何よりも米ソにとって共通の敵であるナチス・ドイツの崩壊（一九四五年四月三十日、ヒトラーが自殺。五月八日、ドイツ国防軍が署名した降伏文書が発効）によってトルーマンは、スターリンの歓心を買う必要がなくなっていた。

この機に、まずグルー国務次官が動く。

一九四五年五月、トルーマン大統領に対する最初のブリーフィングで、グルーは、「〝長期的観点〟からみて、我々が日本に希望できる最高のものは立憲君主制であり、経験からいって日本では民主主義は絶対にうまくゆかない」と主張した。[20]新任大統領に対して、皇室を残すべきだと進言したのである。

さらに五月二十八日、グルーはトルーマン大統領に面談した。米軍の早期停戦の意向を背景に、無条件降伏方針を修正して鈴木内閣に終戦を促す構想を提案し、基本的諒承を取り付けた。トルーマン新大統領は、ルーズヴェルトとは異なり、無条件降伏政策に対して強いこだわりを持っていなかったのだ。

グルーの和平条件の原案は次のようなもので、「皇室」の存続を認める文言を含んでいた。

《前記諸目的カ達成セラレ且《カツ》日本国国民ノ自由ニ表明セル意思ニ従ヒ平和的傾向ヲ有シ且《カ》ツ責任アル政府カ樹立セラルルニ於《オイ》テハ連合国ノ占領軍ハ直《タダチ》ニ日本国ヨリ撤収セラルヘシ、コノ政府ニハ現皇統下ノ立憲君主制ヲ含ム》[21]（傍点は原文のまま）

グルーは、日本や皇室に好意的だったから「皇室」容認論を説いたわけではなかった。駐ソ大使ウィリアム・アヴェレル・ハリマンの報告を受けて、ソ連の勢力拡張を警戒していたのだ。

ルーズヴェルト大統領の対ソ宥和政策に不満だったハリマンは、新たに大統領になったトルーマン以下政府首脳に対して、ソ連がナチス・ドイツによる軍事占領から「解放」した国も含め、軍事的に支配した東欧諸国で、次々とソ連の傀儡政権を樹立して共産化していることに警鐘を鳴らし、こう訴えたのである。[22]

《共産主義の外への膨張が過去のものとなったと信じることはできない。われわれは、共産主義イデオロギーとの戦いに正面から立ち向かわなければならない。この戦いは、ファシズムやナチズムにたいすると同様に厳しく、また同様に危険に満ちている》[23]

げんに東部フィンランド、ラトビア、リトアニア、エストニア、ベッサラビア、東部ポーランドなどがソ連に併合され、次の地域では、共産党政権が生まれていた。[24]

西部ポーランド　一九四四年六月
ユーゴスラビア　一九四四年十月
ルーマニア　一九四四年十一月
ブルガリア　一九四四年九月
チェコスロバキア　一九四四年五月
ハンガリー　一九四四年十二月
アルバニア　一九四四年十二月

西部フィンランドでは、一九四四年九月に共産主義者代表の政権入りを強制されていた。

ハリマンからこうした報告を聞いたグルーは、早急に日本との和平に踏み切らなければソ連が対日参戦し、中国もモンゴルも日本もすべてソ連の手に落ちかねないと危惧したのだ。[25]

「アメラジア事件」発覚も、皮肉な結果に

そのようななか、一九四五年六月、アメリカにおいて「アメラジア事件」が発覚する。アジア太平洋に対する外交政策の専門誌『アメラジア』編集部に、機密書類を含む大量のアメリカ政府文書があることが判明し、『アメラジア』編集長のフィリップ・ジャフェと編集員のケイト・ミッチェル、国務省のジョン・サーヴィスとエマニュエル・ラーセン、前述の海軍情報部アンドリュー・ロス、およびジャーナリストのマーク・ゲインの六人が逮捕されたのである。

ジャフェは、第一章で述べた親中反日プロパガンダ組織の中心人物の一人。ケイト・ミッチェルはアメリカ国務省が「天皇」政策を検討する際に参考にした論文の執筆者であり、サーヴィスは第二章で述べた親中国共産党トリオ「三人のジョン」の一人だ。

ルーズヴェルト大統領が死没したことで、FBIが、ルーズヴェルト政権に浸透していたソ連の工作員網に対してようやく反攻に出たかたちだが、結果的には誰一人、スパイ罪では

起訴されずに微罪で終わった。

しかも皮肉なことに、国務省職員の逮捕にあたってグルー次官が「司法問題だから司法の手に委ねるのが相当である」とコメントしたことから、まだ事実が確定しないうちに逮捕された国務省官僚があたかもソ連のスパイであることを容認するかのような発言をしたと見なされ、国務省内部から批判を受けることになる。[26]

そして七月一日、ジェームズ・バーンズが国務長官に就任した。前任のエドワード・ステティニアス長官は外交素人なので、次官であるグルーの発言力が大きかったが、状況が変わった。しかもバーンズ国務長官が、グルーの天皇容認論についてコーデル・ハル元国務長官に助言を求めたところ、「宥和的すぎるし国内の反発が極めて強くなる」との指摘がなされた。

ソ連の工作員たちが入り込んだ太平洋問題調査会を始めとするアジア問題の専門家たちの「皇室排除」論に影響を受け、すっかり反日に傾いていたアメリカの世論を無視できなかったのだ。

かくして「皇室」存続を認める内容（先述の傍点部分）は対日和平案から削除されてしまうのである。[27]

無条件降伏の修正に奔走するスティムソン陸軍長官

日米和平交渉は頓挫するかに見えたが、グルー外務次官に強力な援軍が現れる。陸軍長官のヘンリー・スティムソンである。

スティムソンは満洲事変当時の国務長官で、その当時は「満洲事変以降の日本の〝中国侵略〟を一切認めない」というスティムソン・ドクトリンを提唱した対日強硬派だった。しかし戦争末期の一九四五年七月には、無条件降伏政策を修正し、日本の皇室を容認することで早期和平を実現するべきだと力説するようになっていた。

アメリカ政府は九州上陸のオリンピック作戦と本州上陸のコロネット作戦（併せてダウンフォール作戦）を計画していたが、前述したように、硫黄島や沖縄などでのアメリカ軍の犠牲があまりに大きかったため、計画どおりに本土上陸作戦を実施してアメリカ側に膨大な戦死者が出ることを懸念したことが大きいが、それ以外にも、二つの要因があった。

その要因とは、元大統領のハーバート・フーバーと陸軍参謀本部である。

もともと共和党支持者であったスティムソンは、ルーズヴェルト大統領が遠ざけていた共和党のフーバー前大統領をアドバイザーとして復帰させていた。ソ連によるアジア侵略を懸念していたフーバーが五月十五日、スティムソンに次のような手紙を送った。
《英米中はソ連が満洲、北中国、朝鮮を占領する前に、日本にたいして具体的な条件を提示して戦争を終わらせることに時間を浪費してはならない》[28]
もう一つの要因は、陸軍参謀本部の情報担当であったG-2（軍事情報部）のクレイトン・ビセル中将の報告書であった。ビセルは、アメリカは無条件降伏を緩和し、沖縄戦の勝利の後ただちに日本に降伏要求をするべきだと報告し、もし日本の指導者がソ連参戦は近いと判断しているならば、降伏が英米のみになされることを保証することで、日本の降伏を勝ち取れるだろうと予測した。[29]
七月二日、スティムソンはトルーマン大統領宛にメモランダムを提出した。
《日本上陸に続く占領に向けての作戦は、極めて長く、我々にとって犠牲が大きく困難な戦いとなると信じる理由があります。
日本の地形は、私が何度か訪問して記憶に残っているところでは、硫黄島や沖縄で行なわれたような死力を尽くした抵抗が可能なものであり、そして当然、硫黄島や沖縄よりずっと大きいのです。また、私の記憶によれば、フィリピンやドイツと比べて、戦車を走らせるのに適していません。

日本本土上陸作戦をひとたび始めたならば、我々は死力を尽くした抵抗を引き起こすことになるでしょう。日本人は愛国心強く、本土侵攻を駆逐するための熱狂的な抵抗への呼びかけに応えるでしょう。侵攻作戦を始めた場合、私見によれば、ドイツとの決戦と比べてですら、はるかに熾烈な戦いを余儀なくされるでしょう。我々は、そのような戦闘につきものの被害を引き起こし、日本の国土をドイツよりもさらに酷く破壊することになりましょう》[30]

七月十七日から開催された米英ソ参加国首脳によるポツダム会談の随行メンバーに当初、「天皇制」容認論のグルー国務次官とスティムソン陸軍長官は入っていなかった。

だが、アメリカ陸軍幹部の意向を受けてスティムソンはポツダムに乗り込み、バーンズ国務長官と直談判している。更に二十四日にはトルーマン大統領にも迫った。

《（スティムソン陸軍長官は）「私はこの条項（グルー案の「コノ政府ニハ現皇統下ノ立憲君主制ヲ含ム」の部分・引用者注）の削除に一時賛成しましたが、やはり考え直してみて、やった方がいいと思いました。宣言案を今から改訂するのは遅過ぎるかもしれませんが、大統領も事態を注視され、この点だけが日本の受け容れを阻害している唯一の点だと見極められた時点で、外交ルートを使って口頭メッセージを送られたら如何でしょう」と。これに対しトルーマンは、「仰せの通り事態を注視し、いい時期があれば仰せのようにしましょう」と答え

て、スティムソンを追い返した。スティムソンは、大統領は自分の意見など聴く意志がないことを悟った》[31]

二日後の七月二十六日、ポツダム宣言が発表された。ポツダム宣言の文言には「皇室」容認が書き込まれることはなかった。だが、「吾等ノ条件左ノ如シ」とあるように、無条件降伏要求ではなく、有条件降伏に変更されていた。

なお、このポツダム宣言に向けた無条件降伏政策の見直しが、実はソ連の対日参戦だけでなく、原爆とも深く関係しているとして、長谷川毅氏はこう指摘している。

《アメリカとソ連は同盟国であったが、スターリンとトルーマンとの関係は相互の不信感に左右されていた。どちらも相手がヤルタ密約を破棄するのではないかという疑心暗鬼にとらわれていた。そして七月十七日から八月二日まで続いたポツダム会談によって、この二人の指導者のあいだに熾烈な競争の火蓋が斬って落とされることとなった。まずトルーマンにとっては、ソ連が参戦する以前に原爆を日本に投下して、それによって戦争を終結させることが至上命令となった。他方スターリンにとっては、日本が降伏する以前に満洲に侵攻して戦争に参加することが何より最大の目標となった》[32]

この原爆と無条件降伏との関係も極めて重要だが、本書では、敗戦革命と対日参戦との関係を中心的に扱うことにする。

届いていたシグナル、そして「御聖断」

八月に入ってからもグルーの工作は続いている。

中立国のアイルランドとアフガニスタンを通じて、アメリカとイギリスが皇室存続を受け入れる用意があると、日本にシグナルを送ったのだ。

『産経新聞』の岡部伸氏は、二〇一四年八月十二日付の「『皇室保持の要求、米英が受け入れる』終戦直前にダブリン領事ら日本に打電」という記事で、英国立公文書館所蔵の秘密文書に基づき、終戦直前に日本のダブリン領事とカブール公使が、「皇室保持の日本の要求を米英が受け入れる」と外務省に打電していたことを報じている。

ちょうどこの頃、グルーのシグナルは、昭和天皇にも届いていた。

《東郷茂徳外相は同12日、「皇室の安泰は確保される」と奏上。天皇は同13日、戦争継続を訴える阿南惟幾《これちか》陸相に「国体（皇室）が守れる確証がある」と語り、同14日の御前会議で宣言受諾（降伏）を聖断した。ダブリンから打たれた電報が、その根拠の一つになった可能性がある》[33]

ヤルタ密約のような、まさに日本の存亡がかかった情報を、日本政府と軍は活かすことができなかった。だが、昭和天皇は違った。

岡部伸氏のスクープが意味しているのは、外務省の出先の外交官たちがグルーのシグナルを受け取り、参謀本部とは別のルートで昭和天皇に必死で伝え、それを受けた昭和天皇が、徹底抗戦を主張する阿南陸相らを説得された、ということなのだ。

よく知られているように、終戦をめぐる昭和天皇の御聖断は二回あった。

一度目は八月九日の御前会議で、ポツダム宣言を受諾するかどうか、十日未明になっても議論が割れたまま結論が出ない。そこで鈴木貫太郎首相はこう発言し、御聖断を仰いだ。

《本日は、列席者一同熱心に意見を開陳いたしましたが、いまに至るまで意見はまとまりません。しかし事態は緊迫しておりまして、まったく遷延を許さない状態にあります。まことに恐れ多いことではございますが、ここに天皇陛下のおぼしめしをおうかがいして、それによってわたしどもの意思を決定いたしたいと思っております》[34]

昭和天皇は、「国体に変化がないことを前提としてポツダム宣言を受け入れるのがよい」と発言した東郷茂徳外相の意見に同意であると述べられたあと、「念のためにいっておく」として、ご発言を続けられた。

迫水久常の記憶によれば、侍従武官に本土決戦の準備状況を視察させたところ十分に整っていないようだという趣旨の御指摘をなされたあとで、次のように仰せられた。
《このような状態で本土決戦へ突入したら、どうなるか。わたしは非常に心配である。あるいは、日本民族はみんな死んでしまわなければならなくなるのではなかろうかと思う。そうなったら、どうしてこの日本という国を子孫に伝えることができるか。わたしの任務は祖先から受け継いだこの日本という国を子孫に伝えることである。今日となっては、一人でも多くの日本人に生き残ってもらい、その人たちに将来ふたたび起ち上がってもらうほかにこの日本を子孫に伝える方法はないと思う。それに、このまま戦争をつづけることは、世界人類にとっても不幸なことである》[35]
そして、こうおっしゃったのである。
《わたしは、明治天皇の三国干渉のときのお心持も考え、わたしのことはどうなってもかまわない。たえがたいこと、しのびがたいことではあるが、この戦争をやめる決心をした》[36]

「私は、先方は相当好意を持つて居るものと解釈する」

二度目の御聖断は、八月十四日の御前会議である。八月九日の御前会議を受けて、日本が連合国にポツダム宣言の受諾を通告したのに対して、連合国からの返答（バーンズ回答）に次の有名な一節があったことで紛糾したのである。

《降伏のときから、天皇および日本国政府の国家統治の権限は、降伏条項を実施するためその必要と認むる措置をとる連合国最高司令官の制限のもとにおかれる（subject to）ものとする》[37]（括弧内は引用者の補足）

この「subject to」について外務省は「制限下におかれる」と訳したが、陸軍軍務局は違った。天皇は連合国最高司令官に「隷属する」と訳し、これは、天皇の神聖を否定するものであり、国体の根本的破壊を意味するものであると解釈し、「ポツダム宣言」受諾に断固反対の立場を明らかにしていた。

そして陸軍の梅津参謀総長と海軍の豊田軍令部総長は八月十一日、昭和天皇に対して、バーンズ回答は無条件降伏を要求し、国体の根本である天皇の尊厳を冒瀆するものであるから、断固として拒否すべきであると上奏した。[38]

軍部がそう解釈するのも無理はなかった。なにしろポツダム会議では、「天皇制」容認によって終戦を一日も早く実現しようとしたスティムソン陸軍長官の進言を、バーンズ国務長官はにべもなく退けていた。ビッソンやオーウェン・ラティモアらのウィーク・ジャパン派もさかんに「天皇制」廃絶を進言していた。
げんにラティモアは、スティムソンがトルーマンに面談に行った翌日の七月三日、ホワイトハウスを訪問してトルーマン大統領に対して「アメリカにとって中国が重要であり、中国の未来のためには日本に勝つことそのものよりも、いかに勝つかが一層重要だ、対日講和条件を緩めるべきではない」と訴える文書を提出していた。[39]
ポツダム宣言の背後に、アメリカ国内のウィーク・ジャパン派の、こうした論調があることは、日本に伝わっていたし、昭和天皇も十分に理解されていた。と同時に、東郷外相を通じてアメリカとイギリスに「皇室」存続を受け入れる用意があることもご存じであった。
だからこそ昭和天皇は八月十四日の御前会議で、次のように発言され、ポツダム宣言受諾を決断されたのである。[40]
《外に別段意見の発言がなければ私の考を述べる。
反対側の意見はそれぞれ能《よ》く聞いたが私の考は此前《このまえ》に申したことに変りはない。私は世界の現状と国内の事情とを充分に検討した結果、これ以上戦争を継続することは無理だと考へる。
国体問題に就《つい》て色々疑義があると云ふことであるが、私は此《この》回答文（バーンズ回答）の文意を通じて先方は相当好意を持つて居《い》るものと解釈する。先方の態度に一抹の不安があると云《い》ふのも一応は尤《もつと》もだが私はさう疑ひたくない。要は我国民全体の信念と覚悟の問題であると思ふから、此際《このさい》先方の申入を受諾してよろしいと考へる。どうか皆もさう考へて貰《もら》ひたい。

更に陸海軍の将兵にとつて武装の解除なり保障占領と云ふ様なことは誠に堪《た》へ難《がた》い事で夫等《それら》の心持は私には良くわかる。しかし自分は如何《いか》にならうとも万民の生命を助けたい。此《この》上《うえ》戦争を続けては結局我邦が全く焦土となり万民にこれ以上の苦悩を嘗《な》めさせることは私として実に忍び難い。祖宗の霊にお応へができない。和平の手段によるとしても素《もと》より先方の遣《や》り方《かた》に全幅の信頼を措《お》き難いことは当然ではあるが、日本が全く無くなるといふ結果にくらべて、少しでも種子が残りさへすれば更に又復興と云ふ光明も考へられる。

私は明治大帝が涙を呑んで思ひ切られたる三国干渉当時の御苦衷《ごくちゆう》をしのび、此際耐へ難きを耐へ、忍び難きを忍び一致協力、将来の回復に立ち直りたいと思ふ。今日まで戦場に在て陣歿《じんぼつ》し或《あるい》は殉職して非命に斃《たお》れたる者、又其の遺族を思ふときは悲嘆に堪へぬ次第である。又戦傷を負ひ戦災を蒙り、家業を失ひたる者の生活に至りては私の深く心配する所である。此際私としてなすべきことがあれば何でも厭《いと》はない。国民に呼びかけることが良ければ私は何時でも「マイク」の前にも立つ。一般国民には今まで何も知らせずに居《お》つたのであるから、突然此決定を聞く場合動揺も甚しいであらう。陸海軍将兵には更に動揺も大きいであらう。この気持をなだめることは相当困難なことであらうが、どうか私の心持をよく理解して陸海軍大臣は共に努力し、良く治まる様にして貰ひたい。必要あらば自分が親しく説き諭《さと》してもかまはない。此際詔書を出す必要もあらうから政府は早速其起案をしてもらひたい》[41]

「敵」「味方」で分断せず、すべてを包み込む気高い精神

岡部氏のスクープと昭和天皇の御前会議でのご発言などを総合すると、重要なことが見えてくる。

第一は、昭和天皇の優れたインテリジェンスである。

政府や軍高官の報告、新聞報道などで頻々と伝わってくるアメリカの対日強硬論を耳にしながらも、昭和天皇は「皇室を打倒せよ」「天皇を処刑せよ」と叫んでいるのが決してアメリカのすべてではないことを理解しておられた。

本章で近衛上奏文について紹介したが、すでに近衛文麿が奏上した時点において、昭和天皇は近衛と次のようなやり取りをなさっている（括弧内は筆者の補足）。

《是（近衛上奏文）に対し御上より、米国は我皇室を抹殺せんと云《い》ひ居《お》る由《よし》なるも其《そ》の点如《い》何《かん》との御下問あり、公（近衛）はグルー及び米国首脳部の考へ方を見るに、其処迄《そこまで》は行かぬ様思ひますと言上、陛下は、梅津は米国が皇室抹殺論をゆるめざるを以て、徹底抗戦すべしと云ひ居るも、自分も其の点には疑問を持つて居ると仰せあり》[42]

昭和天皇は「アメリカは一枚岩ではない」ことを理解されていたのだ。しかも、日本の一部エリートたちとは異なり、グルーらが主張する「民主主義」が、日本の「国体」と対立するものだとは思っていらっしゃらなかった。

第二は、昭和天皇の国民に対する信頼である。

「終戦を考える者は売国奴だ」として、終戦を考えていた人々、政治家や学者たちを弾圧していた当時の日本政府や軍部は結局のところ、国民を信用していなかったといわざるをえない。だが、昭和天皇は違っていた。天皇が連合国最高司令官に「従属」するとしても、皇室が存続できるかどうかは「要は我国民全体の信念と覚悟の問題であると思ふから、此際先方の申入を受諾してよろしい」と述べられ、国民全体の信念と覚悟を信じておられた。

もちろん昭和天皇も、第一次世界大戦など大きな戦争の後に、敗戦国の君主が処刑されたり、国外亡命を余儀なくされたりしていたことはご存じであったはずである。たとえ連合国内で「天皇を処刑せよ」という声が一部に過ぎないものだと把握されていたとしても、御自身や皇室にいかなる事態が及んでもおかしくないことは痛いほどお感じになっていたことであろう。

だが、いま一度、先に掲げた「御聖断」の折のお言葉を熟読してほしい。そこには自己保身の思いなど微塵《みじん》もない。

もちろん、昭和天皇は、皇統を継いだ天皇として、その皇統を未来につなげなければならないという責任感はお持ちでいらっしゃったに違いない。しかし、それよりもなによりも大切だったのは、「万民にこれ以上の苦悩を嘗《な》めさせることは私として実に忍び難い」ということだったのだ。

第三に、昭和天皇の御姿勢と、「軍人や右翼全体主義者が敗戦革命を企んでいるから信用するな、一掃せよ」と訴える近衛上奏文の姿勢の、根本的な違いである。

近衛上奏文は、明らかに一部の軍人や官僚を「疑い」「敵視」するものであった。しかし、昭和天皇は、そのような角度からは決してご覧になっていなかった。

昭和天皇がおっしゃっている「陸海軍将兵には更に動揺も大きいであらう」から、「必要あらば自分が親しく説き諭してもかまはない」という言葉の根本には、私から軍人にきちんと話をすれば、必ずわかってもらえるはずだ、という信頼がある。あらゆる存在を包み込もうとする意志が、そこにはある。軍人が国のために闘ってくれているという大前提に立ち、国民を助けるために、自分が軍人にきちんと話をするというお考えなのである。

当時の軍も政府も、国民をなかなか信用することができず、終戦を口にする人々を弾圧してしまった。近衛元首相らも、軍や右翼の一部は敗戦革命をめざしており、信用できない、彼らは敵だ、と訴えた。もちろん近衛上奏文には重要な意義があり、敗戦革命を警戒する人々を結束させる役割を果たしたが、ある意味で国内の「敵」を名指しするものであった。

だが、昭和天皇はそれとはまったく違う次元でご覧になっていた。軍人や右翼もすべて一視同仁（差別せず、皆を同じように大切に思うこと）、同じ日本国民であると見ていらっしゃったのである。日本国民を「敵」「味方」で分断するのではなく、すべて包み込む気高い精神をお示しになった。そのうえで、「自分はいかにならうとも万民の生命を助けたい」「此際私としてなすべきことがあれば何でも厭《いと》はない」とおっしゃったのである。

御自身の命よりも、日本国民の生命と日本の将来を優先する。それが昭和天皇の御覚悟であり御意思であった。そうお考えになっていた昭和天皇が御聖断を下したから、徹底抗戦を叫んでいた陸軍も矛を収めたのであって、近衛元総理のような考えを前面に打ち出して敗戦を決定したならば、徹底抗戦を主張した軍が反乱を起こしていたかもしれない。

戦前の日本が皇室存続にこだわったのは、国家の命運を左右するような大きな決断において、党利党略を超えた存在である皇室が果たす役割の重さを知っていたからであった。

昭和八年から宮内省に務めた元宮内府次長の加藤進は、ポツダム宣言受諾にあたって昭和天皇が課題となさったのは、次の三つだったと述懐している。

《たとえ自分の身の上はどのようになろうと〝神武天皇以来の歴史〟〝明治天皇様がおつくりになられた国家体制〟〝現在の国民〟の三つを守ることでした》[43]

すでに前著『コミンテルンの謀略と日本の敗戦』をお読みいただいた方は誤解されないだろうが、昭和天皇が護ろうとされた「神武天皇以来の歴史」「明治天皇様がおつくりになられた国家体制」とは、戦前の右翼全体主義的な国家体制ではない。大日本帝国憲法はあくまで立憲君主制のもとでの議会制民主主義、自由主義をめざしており、天皇を専制君主とする全体主義を謳ったわけではない。昭和天皇が立脚されていたのは、聖徳太子の十七条憲法、さらに明治天皇の五箇条の御誓文に象徴される、保守自由主義的な日本の姿であった。その御心は、終戦の翌年元旦に出された「新日本建設に関する詔書」からも明らかである（「新日本建設に関する詔書」については、後述する）。

もし御聖断が下されずに終戦が遅れていたら、日本はどうなっていただろうか。本土侵攻作戦が始まっていたら、どれほどおびただしい犠牲者が出て、破壊と混乱がいかなる規模になったか、測り知れない。

とりわけ、ソ連が本土まで侵攻していたらどんな事態になっていたことか。本土決戦で国土が破壊され、陸軍も壊滅状態になり、ソ連が北海道、さらに東北まで占領したのちに降伏したとしたら、昭和二十年八月十五日段階で日本がなしえたような降伏など、ありえなかったはずである。

仮に降伏できたとしても、対日占領政策にソ連軍も参加しただろうし、そうなれば北海道や東北では、ソ連軍のもとで共産「傀儡《かいらい》」政権が樹立されたかも知れない。そして恐ろしいことに、陸軍参謀本部の中には、日本の共産化を容認する人たちが存在していたのだ。

昭和天皇がポツダム宣言というぎりぎりのチャンスをつかみ、御聖断を下されたことによって、日本は辛うじて潰滅と分断化の危機を免れたのである。

ソ連の「本土」侵略を阻止した占守島の戦い

もちろん、昭和天皇の「御聖断」だけで危機が一掃されたわけではない。

スターリンは、日本にも、ポーランドなどの東欧諸国と同じように軍事力を背景に敗戦革命工作を仕掛けるつもりだった。

ソ連は、ヤルタ密約に基づいて終戦間際の八月九日に満洲を侵略し、八月十一日には南樺太に侵攻したが、そこで侵攻を止めるつもりなど、さらさらなかった。そのまま勢いに乗じて北海道に軍を進め、あわよくば東北まで取るつもりだった。

スターリンはそう思っていたからこそ、日本がすでにポツダム宣言の受諾を表明しているにもかかわらず、一九四五年八月十七日に、当時の日本の北東国境の最前線に位置する占守島への攻撃を命じたのである。

占守島を守備する第五方面軍の司令官は、杉原千畝よりも前に満洲で多くのユダヤ人を助けたこと（オトポール事件）で知られる樋口季一郎中将である。樋口は終戦の報を受けて武装解除を進めていたが、ソ連軍の来襲を知ると、占守島を守備していた九一師団に「断乎、反撃に転じ、上陸軍を粉砕せよ」と命じた。

ロシア語に堪能で陸軍屈指のロシア通だった樋口は、もしこのままソ連の侵攻を許せば日本が英米とソ連とに分割占領され、分断国家になる危機を察知したのだ。そして激闘の末、占守島を守り抜いたのである。

八月にソ連が参戦して以来、ソ連側の死傷者数が日本側の死傷者数を上回った唯一の戦いが、この占守島の攻防戦であった。ソ連側の船を水際で一三隻以上沈没させ、三〇〇〇名以上のソ連兵が海没しながら浜にたどり着くという猛反撃である。[44]

結果的に、ソ連の侵攻の足は、ここで大きく食い止められた。占守島から国後・択捉・歯舞・色丹に至る千島列島は奪われてしまったが、樋口中将らが「強盗が私人の裏木戸を破って侵入すると同様の」ソ連軍の不法攻撃を阻止したおかげで、日本は、朝鮮半島やドイツのように分断される危機をかろうじて免れたのである。

もし分断国家にされていたら、日本人同士が戦わなければならなくなっただろう。ソ連占領地域の日本人は、好むと好まざるとに関わらず、ソ連が主導する内戦や革命工作の手先として使われたに違いない。

戦争のうちで最も悲惨なのが、同胞が殺しあう内戦である。明治維新の戊辰戦争は、世界史的に見ると、無血に近いくらい流血が少ない戦いであったが、その戊辰戦争でさえ、たとえば長州と会津などで百五十年経ってもしこりが残っている。同胞同士が本気で血で血を洗う戦いを始めてしまったら、その不幸は測り知れない。共産党政権と非共産党政権に分断されて内乱や内戦が起きていたら、日本はどうなっていただろうか。
そのような悲劇的な運命から日本を守った占守島の戦いは、相原秀起『一九四五　占守島の真実』（PHP新書、二〇一七年）や早坂隆『指揮官の決断』（文春新書、二〇一〇年）、上原卓『北海道を守った占守島の戦い』（祥伝社新書、二〇一三年）、大野芳『8月17日、ソ連軍上陸す』（新潮文庫、二〇一〇年）などで描かれている。ぜひこれらの本を手に取っていただき、ソ連のことを深く研究し、インテリジェンスに秀でていた樋口中将の見識の素晴らしさに対する理解を深めていただければ幸いである。

【注】

1　長尾龍一『オーウェン・ラティモア伝』一一五〜一一七頁
2　外務省編・江藤淳解説『終戦史録2』北洋社、一九七七年、四七頁
3　岡部伸「ヤルタ秘話　日本が握りつぶした『ソ連参戦情報』　独は共有、諜報力の違い鮮明」、『産経新聞』二〇一四年八月五日付
4　同
5　新谷卓『終戦と近衛上奏文』彩流社、二〇一六年、三三四〜三三五頁
6　岡部伸「日本を赤化寸前に追い込んだ『敗戦革命』工作」、『正論』二〇一三年十月号所収、一一

〇頁

7 新谷卓『終戦と近衛上奏文』三三七頁

8 同、三四一頁

9 同、三六一頁

10 平間洋一「『本土決戦』、『一億玉砕』を叫んだ敗戦革命論者たち」、『別冊正論』15号、平成二十三年、産経新聞社、一六三～一六四頁

11 長谷川毅『暗闘　スターリン、トルーマンと日本降伏』中央公論新社、二〇〇六年、九九～一〇〇頁

12 同、一〇一頁

13 平間洋一「『本土決戦』、『一億玉砕』を叫んだ敗戦革命論者たち」一六三頁

14 長谷川毅『暗闘　スターリン、トルーマンと日本降伏』一二〇～一二二頁

15 同、一二三頁

16 C・W・ニミッツ、E・B・ポッター著、実松譲、富永謙吾訳『ニミッツの太平洋海戦史』恒文社、一九九二年、四二一～四三一頁

17 ユージン・B・スレッジ著、伊藤真、曽田和子訳『ペリリュー・沖縄戦記』講談社学術文庫、二〇〇八年、三三一頁

18 Ronald H. Spector, *Eagle Against the Sun*, kindle version, Free Press, 2012, Chapter 23. 邦訳は毎日新聞外信グループ訳『鷲と太陽』（上下巻、阪急コミュニケーションズ、一九八五年）が出ているが、本書での引用は私訳。

19 庄司潤一郎「第二次世界大戦における日本の戦争終結―『終戦』の意味と要因―」、『平成27年度戦争史研究国際フォーラム報告書』防衛研究所

20　セオドア・コーエン著、大前正臣訳『日本占領革命』（上）、TBSブリタニカ、一九八三年、四一頁
21　長尾龍一『オーウェン・ラティモア伝』一四九頁
22　同、一四八頁
23　長谷川毅『暗闘　スターリン、トルーマンと日本降伏』一〇四頁
24　ハーバート・フーバー著、渡辺惣樹訳『裏切られた自由』（下）、草思社、二〇一七年、二五～二六頁
25　長尾龍一『オーウェン・ラティモア伝』一四七～一四九頁
26　アメラジア事件については、山極晃『米中関係の歴史的展開』（研文出版、一九九七年）が詳しい。
27　長尾龍一『オーウェン・ラティモア伝』一五一頁
28　長谷川毅『暗闘　スターリン、トルーマンと日本降伏』一二九頁
29　同、一二九頁
30　Henry L. Stimson, *On Active Services on Peace and War*, kindle version, Lovenstein Press, 2016, Chapter 13. 引用者の私訳
31　Charles L. Mee, *Meeting at Potsdam*, M. Evans & Company, Inc., 1975, pp.70, 167-68. 翻訳は長尾龍一『オーウェン・ラティモア伝』一五七頁による。
32　長谷川毅『暗闘　スターリン、トルーマンと日本降伏』九～一〇頁
33　岡部伸「『皇室保持の要求、米英が受け入れる』　終戦直前にダブリン領事ら日本に打電」、『産経新聞』二〇一四年八月十二日付
34　迫水久常『大日本帝国最後の四か月』河出文庫、二〇一五年、二〇六頁
35　同、二〇八頁

36 迫水久常『大日本帝国最後の四か月』二〇八頁
37 同、二二一頁
38 長谷川毅『暗闘　スターリン、トルーマンと日本降伏』三九八〜三九九頁
39 長尾龍一『オーウェン・ラティモア伝』一五三〜一五六頁
40 昭和天皇のお言葉は、御前会議に出席した内閣情報局総裁の下村氏の著書（下村海南『終戦記』鎌倉文庫、昭和二十三年）から引用。
41 下村海南『終戦記』一五〇〜一五一頁。昭和天皇のお言葉に関する議事録は存在しないので、御前会議に出席した内閣情報局総裁の下村氏の著書から引用する。小堀桂一郎氏は『宰相鈴木貫太郎』（文藝春秋、昭和五十八年、二八六頁）においてこう指摘している。《これは下村氏が御前会議の興奮いまださめやらぬうちに大急ぎで心覚えのお言葉を書き出し、左近司国務相、太田文相、米内海相三者の覚書とも照合、さらに鈴木首相の校閲を得て成文化、従って極めて真実に近いと自負するところの形であるといふ》
42 細川護貞『細川日記』（下）改版、中公文庫、二〇〇二年、三五二〜三五三頁
43 加藤進「戦後日本の出発」、『祖国と青年』昭和五十九年八月号所収、一五頁
44 桑田悦、前原透編著『日本の戦争　図解とデータ』原書房、一九八二年、六七頁

第五章　停戦交渉から逃げ回ったエリートと重光葵の奮戦

戦後処理を一歩間違うと苦難の道に叩き込まれる

昭和二十年（一九四五）八月十四日二十三時、日本はスイス・スウェーデン経由で連合国側に「ポツダム宣言」の受諾を通知した。

序章でも述べたように、この「ポツダム宣言」の受諾で、戦争が終わり、平和が訪れたわけではなかった。国際法上、戦争状態が終結するのは、戦争当事国のあいだで講和条約を締結し、その条約が発効した時点である。

少なくともポツダム宣言に基づいて、まずは連合国側と「停戦協定」を結び、各地での戦闘を終了させるとともに、本格的な「講和条約」の締結に向けた作業を始めなければならなかった。

この作業を間違えると、日本は大混乱に陥る恐れがあった。

げんに、第一次世界大戦とその後の敗戦処理によって、ヨーロッパと中東はいまだに紛争を続けている。

第一次世界大戦後、敗北したドイツ帝国、オーストリア＝ハンガリー帝国、オスマン帝国では、皇帝たちが退位を余儀なくされた。しかも、一九一九年のヴェルサイユ講和条約にお

1914年にサラエボで暗殺されたオーストリア皇太子フランツ・フェルディナントが乗っていた自動車。この事件が第一次世界大戦の引き金となった（ウィーン軍事史博物館、著者撮影）

いてアメリカのウィルソン大統領が提唱した「民族自決」の原則のもと、オーストリア＝ハンガリー帝国、オスマン帝国も複数の国家に強制的に分割された。

オーストリア＝ハンガリー帝国は、オーストリア共和国、ハンガリー王国、チェコスロバキア、ユーゴスラビア王国などに分割された。

オスマン帝国はトルコと、イギリス・フランスの勢力範囲に分割され、イギリスの勢力範囲からイラク、クウェートなど、フランスの勢力範囲からシリア、レバノンなどがそれぞれ独立した。

一九一七年の十月革命のあとレーニン率いるボリシェヴィキ政権は戦争から離脱

したが、旧ロシア帝国領だったエストニア共和国、フィンランド共和国、ラトビア共和国、リトアニア共和国が独立したほか、ポーランドが百二十三年ぶりに独立を回復した（第二共和国の成立）。

かくして第一次世界大戦とその後の敗戦処理において「民族自決」の名のもとに小国に分割・独立した国々は、国境紛争を隣国と抱えただけでなく、「民族対立」を煽られた結果、お互いにいがみ合い、争い、きわめて不穏な情勢が生まれることになった。

ドイツでは、左翼全体主義勢力である共産党と、右翼全体主義勢力であるナチス（ドイツ国家社会主義労働者党）との対立が尖鋭化し、遂にはナチスが政権を奪取。不幸な第二次世界大戦へと突き進んでいった。

オーストリア＝ハンガリー帝国領であった中東欧も、ドイツとソ連に挟まれて翻弄《ほんろう》され、その後、長い期間にわたって、あまりに悲惨な苦難の道へ叩き込まれることになった。

オスマン帝国統治下だった中東の混迷は、現在に至るまで続いている。

このように、戦争が終われば自動的に平和が訪れるということにはならないのだ。戦闘終結後、戦勝国と敗戦国とのあいだで、どのような交渉が行なわれ、敗戦国がどのように処理されるのか。厳しい外交交渉で一歩間違えれば、その後、紛争が続くことにもなりかねない。

日本もまた第二次世界大戦の敗戦によって、それまで日本領土であった各地域が強制的に分割され、いまなお政治的混乱の要因となってしまっている。

たとえば、南樺太と北方領土は、「ポツダム宣言」受諾後も続いたソ連軍の侵略と占領によって奪われ、いまもなお不法占拠が続いている。

日清戦争後に日本に編入された台湾は、日本の敗戦後、蔣介石率いる中国国民党軍が侵攻し、占領。その後、現地の台湾住民の意向と無関係に中華民国の領土に編入され、いまに至っている。

日露戦争後に日本に併合された朝鮮半島は、日本敗戦後、戦勝国であるアメリカとソ連が分割・支配した。そして、それぞれ現地の住民の意向とは無関係に、アメリカの意向を受けた李承晩が大韓民国を、ソ連の意向を受けた金日成が朝鮮民主主義人民共和国を樹立し、対立。一九五〇年六月に朝鮮戦争を起こし、その後も南北対立が続き、現在に至っている。

第一次世界大戦後に国連委任統治領として日本に編入された南洋群島（サイパン、パラオ）は戦後、アメリカの信託統治領になった（パラオは一九九四年に共和国として独立）が、南シナ海のスプラトリー諸島のように政治的な対立を生んだところもある。

このスプラトリー諸島は、もともと新南諸島と呼ばれていたのだが（一九三八年に日本がフランス軍を追い出し、領有を宣言）、日本の敗戦とともに、帰属が曖昧になった（日本は一九五二年四月のサンフランシスコ講和条約でこの新南群島の領有権も放棄している）。

そこで周辺諸国のフィリピン、ベトナム、インドネシア、ブルネイ、台湾などが第二次世界大戦後、それぞれ自国領だと主張し、領土紛争の原因となった。しかも一九五八年、中国共産党政府が突如として領有権を主張し、スプラトリー諸島を「南沙諸島」と呼び、現在、いくつも軍事基地を建設している。

ちなみに、この南シナ海の紛争について「日本は関係ない」と主張する政治家がいるが、そもそも「南シナ海の領土紛争は日本の敗戦の結果、生まれた」という側面があるのだ。しかも南シナ海は、貿易立国である日本にとっては、海運ルートにあたる。歴史的経緯からも、経済的利益からしても、南シナ海、スプラトリー諸島について、日本はもっと強い関心を持つべきだろう。

このようにアジア太平洋地域を支配していた日本が敗北したことで、巨大な「力の空白」が生まれ、その「空白」をアメリカ、ソ連、中国共産党などが奪い合い、紛争を起こす要因になってしまった。

第一次世界大戦後、ドイツ、オーストリア、トルコ、ロシアという四つの帝国が解体され、小国に分割されたことで、かえって紛争が激化したわけだが、同じことが第二次世界大戦後、日本という帝国が解体させられたことで、アジア太平洋地域で起こったということになる。

「停戦」交渉から逃げ回るエリートたち

第二次世界大戦後、アジア太平洋地域が政治的に不安定になっただけではない。当然のことながら、日本本土もまた、政治的な混乱に直面することになった。戦勝国であるアメリカを中心とした連合国側は、敵国である日本を「民主化」させることがアジア太平洋の平和を確保することだと考え、日本の政治制度を「改革」しようと考えていたからだ。

しかも、これまでの章で指摘したように、アメリカ主導の「日本」改革の動きを活用して、日本において共産主義革命を引き起こそうとする「計画」がアメリカと中国・延安の二カ所で準備されていたのである。

（1）日本「帝国」の解体によるアジア太平洋地域の混乱、（2）アメリカを中心とする連合国による日本「民主化」工作、そして（3）連合国の背後でソ連・コミンテルンが計画していた敗戦革命工作、つまり日本「共産革命」工作。この三つが同時に日本に押し寄せてきたのだ。

しかしながら、未曾有の危機に直面した当時の日本の指導者たちは、困難な「停戦交渉」に一丸となって立ち向かったわけではなかった。

たとえば、連合国とのあいだで結んだ「降伏文書」調印の代表使節を誰にするかということからして、日本のエリートたちの姿には、まことに不甲斐ない面があった。

降伏文書に調印した重光葵が次のように書いている。

《降伏文書調印の代表使節を、何人とするかについて、少なからざる困難があった。戦争行為終結について十分責任をとり、日本側の誠意について納得せしめ得べき人物でなければならぬ。敗戦による新日本の履み出す第一歩に、少しでも誤ったことがあれば、取り返しのつかぬこととなる。日本は武装を抛棄し、敵は血刀を提げて、昨日まで野獣の如く闘うと思ったその日本人の本国に、入って来たのである。

戦争が一日にして止んだ当時の、日本指導層の心理状態は特異のものであった。戦争の終結、降伏の実現について責任を負うことを極力嫌忌して、その仕事に関係することを避けた。この空気において降伏文書の調印に当ることは、公人としては破滅を意味し、軍人とし

ては自殺を意味する、とさえ考えられた》[1]

昭和二十年九月二日に、米軍艦艇のミズーリ号上で行なわれた降伏文書調印式に、全権代表として、軍からは梅津美治郎大将、政府からは重光が出ることになるのだが、近衛文麿以下、候補に挙げられた重臣たちがみんな逃げてしまったから、やむなく重光が引き受けたのである。

重光は、「天皇および政府の代表者として近衛公と外務大臣たる自分」という腹案をもって近衛文麿副総理に相談したが、何度話をしても全権になることを強く拒否されたという。[2]

昭和天皇は、「天皇処刑論」を唱える動きが連合国側にあり、場合によっては御自身が処刑される恐れがあることを知りながら、「わたしのことはどうなってもかまわない」と仰せられて、ポツダム宣言の受諾を決断された。だが、当時の日本のエリート層には、明らかな動揺や責任回避があった。

このようにエリートたちが頼りにならないなかで、鈴木貫太郎ら終戦派は、皇族を総理大臣として担ぐことで、何としても終戦工作をスムーズに進めようとした。

こうして一九四五年八月十七日、東久邇宮内閣が生まれる。

東久邇宮内閣、三つの課題

終戦内閣である東久邇内閣が行なうべきことは、主として三つあった。

《東久邇宮皇族内閣の責務は、明瞭に三段階に分れた。第一次的には、軍隊及び国民をして、終戦の聖断を理解せしめ、納得せしめ、及びこれに服従せしめることであって、これが皇族内閣出現の中心目的であった。第二の目的は、終戦に必要なる手続きを完了することであり、第三の目的は、終戦条件なるポツダム宣言の実行そのものであった》[3]

まず、「停戦」からして、どれだけ大変なことかは、たとえばイスラエルとパレスチナを見ればよくわかる。イスラエルとパレスチナの停戦を監視し、紛争を起こさせないためにわざわざ組織されたのが国連PKO第一号、国連パレスチナ休戦監視機構であった。一九四八年に発足してから七十年後のいまになっても、延々と活動が続いている。

しかも、大東亜戦争の場合、日本軍は満洲や中国、太平洋の諸島、さらに東南アジアまで、あまりに広範囲に散在していた。日本軍がいるすべての場所で確実に停戦を行なわなければならないのだ。

この第一の責務は、一般国民が皇室を素直に尊崇していたおかげで無事に果たされた。

軍も、御聖断があればこそ、ごくごく一部の例外を除いて矛を収めることができた。その背後には、昭和天皇の行動があった。玉音放送を外地にも一斉に行なうとともに、皇族を直々に使者として各地へ送り出したのである。

《天皇陛下は、全軍に対する停戦命令発出とともに、皇族三、四名を簡抜して、国内及び満洲、支那その他の重要軍司令部に派遣して、聖旨を直接伝達し、終戦に万違算なからんことを期せられた》[4]

第二の責務、「終戦に必要なる手続きを完了すること」とは、停戦協定の締結とその実施である。前述したが、ポツダム宣言を受諾したと宣言しても、それだけでは終戦にはならない。連合国と実際に停戦協定を結んで初めて、停戦が実現できるのだ。げんにソ連は、日本がポツダム宣言を受諾したあと、満洲や千島列島を奪っている。

八月十五日、マッカーサーは自身が連合国最高司令官に任ぜられたことを伝えるとともに、戦闘行為停止のため日本側と直接取り決める権限を付与された旨を日本政府に伝え、終戦手続きのために日本側代表のフィリピン派遣を要請した。終戦時、マッカーサーの司令部がフィリピンにあったからだ。

参謀次長・河辺虎四郎中将と外務省調査局長・岡崎勝男ほか数名がマニラに派遣され、数日後、後日正式に調印する「降伏文書」の写しを持ち帰ってきた。

第三の責務「終戦条件なるポツダム宣言の実行」とは、具体的には、河辺と岡野が持ち帰った「降伏文書」の条文を忠実に実行することであった。

「降伏文書」が明示する「日本の有条件降伏」

当然のことだが、降伏文書は、日本側と連合国側との合意文書だ。連合国側と日本側の「双方」が守る義務のある約束なのである。そのことを理解したうえで内容を確認しておこう。

日本のポツダム宣言受諾を指して、「日本は無条件降伏をした」といわれることがよくある。だが、降伏文書をきちんと読むと違う。重要な文書なので全文を示そう。便宜上、条項に番号をつけた。

《降伏文書
下名は茲《ここ》に合衆国、中華民国及《および》グレート・ブリテン国の政府の首班が千九百四十五年七月二十六日ポツダムに於《おい》て発し後にソヴィエト社会主義共和国連邦が参加したる宣言の条項

を日本国天皇、日本国政府及日本帝国大本営の命に依り且之《かつこれ》に代り受諾す　右四国は以下之を連合国と称す

①下名は茲に日本帝国大本営並《ならび》に何《いず》れの位置に在るを問わず一切の日本国軍隊及日本国の支配下に在る一切の軍隊の連合国に対する無条件降伏を布告す

②下名は茲に何《いず》れの位置に在るを問わず一切の日本国軍隊及び日本国臣民に対し敵対行為を直に終止すること、一切の船舶、航空機並に軍用及非軍用財産を保存し之が毀損《きそん》を防止すること及連合国最高司令官又は其《そ》の指示に基き日本国政府の諸機関の課すべき一切の要求に応ずることを命ず

③下名は茲に日本帝国大本営が何れの位置に在るを問わず一切の日本国軍隊及日本国の支配下に在る一切の軍隊の指揮官に対し自身及其の支配下に在る一切の軍隊が無条件に降伏すべき旨の命令を直に発することを命ず

④下名は茲に一切の官庁、陸軍及海軍の職員に対し連合国最高司令官が本降伏実施の為適当なりと認めて自ら発し又は其の委任に基き発せしむる一切の布告、命令及指示を遵守し且之を施行すべきことを命じ並に右職員が連合国最高司令官に依り又は其の委任に基き特に任務を解かれざる限り各自の地位に留り且引続き各自の非戦闘的任務を行うことを命ず

⑤下名は茲にポツダム宣言の条項を誠実に履行すること並に右宣言を実施する為連合国最高司令官又は其の他特定の連合国代表者が要求することあるべき一切の命令を発し且斯る一切の措置を執ることを天皇、日本国政府及其の後継者の為に約す

⑥下名は茲に日本帝国政府及日本帝国大本営に対し現に日本国の支配下に在る一切の連合国俘虜及被抑留者を直に解放すること並に其の保護、手当、給養及指示せられたる場所への即時輸送の為の措置を執ることを命ず

⑦天皇及日本国政府の国家統治の権限は本降伏条項を実施する為適当と認める措置を執る連合国最高司令官の制限の下に置かるるものとす

千九百四十五年九月二日午前九時四分日本国東京湾上に於て署名す

大日本帝国天皇陛下及日本国政府の命に依り且其の名に於て

重光葵

日本帝国大本営の命に依り且其の名に於て

梅津美治郎

千九百四十五年九月二日午前九時八分東京湾上に於て合衆国、中華民国、連合王国及ソヴィエト社会主義共和国連邦の為に並に日本国と戦争状態に在る他の連合諸国家の利益の為に

受諾す

連合国最高司令官　ダグラス・マックアーサー
合衆国代表者　シー・ダブリュー・ニミッツ
中華民国代表者　徐永昌
連合王国代表者　ブルース・フレーザー
ソヴィエト社会主義共和国連邦代表者　クズマ・エヌ・ヂェレヴィヤンコ
オーストラリア連邦代表者　ティー・ユー・ブレーミー
カナダ代表者　エル・コスグレーヴ
フランス国代表者　ジマック・ルクレルク
オランダ国代表者　シェルフ・ヘルフリッヒ
ニュー・ジーランド代表者　エス・エム・イシット》[5]

日本の全権代表として重光葵と梅津美治郎が、①から⑦までの条項を天皇、日本国政府、および大本営の名において受諾し、連合国の各国代表がこれらの条項による日本の降伏を受け入れる、という形式になっている。「下名」は重光と梅津を指している。

さて、項目①は、「一切の日本国軍隊及日本国の支配下に在る一切の軍隊の連合国に対する無条件降伏」となっている。つまり、降伏文書の第一条は、ポツダム宣言に基づいて、日本国「軍隊」の無条件降伏を要求したものだ。

「日本国」ではなく、「日本政府」でもなく、あくまでも「軍隊」の無条件降伏だったことは重要なポイントである。

げんにポツダム宣言は、第十三条でこう述べていた。

《吾等ハ日本国政府カ直ニ全日本国軍隊ノ無条件降伏ヲ宣言シ且右行動ニ於ケル同政府ノ誠意ニ付適当且充分ナル保障ヲ提供センコトヲ同政府ニ対シ要求ス》

降伏文書の最初の項目はこれを踏まえたものだ。ルーズヴェルト政権からトルーマン政権に代わり、少なくともポツダム宣言声明時のアメリカ政府としては、日本政府ではなく「軍隊の」無条件降伏であることを降伏文書に明記したのである。

「間接統治(日本政府による統治)」を認めた連合国

降伏文書にはもう一つ重要な点がある。

「直接統治（連合国軍による日本支配）」ではなく、「間接統治（日本政府による統治）」を認めていることだ。

③は、重光と梅津が全権代表として、日本国大本営に対して、自分の指揮下にある軍隊に無条件降伏を命ずるように指示している。連合軍司令官が直接に日本の軍隊に命令を発しているのではない。

また④は、日本政府は官僚や軍に対して、連合国司令官の命令にきちんと従うよう命令せよといっている。連合国司令官が、日本政府の官僚や軍に直接命令を下すのではない。「其の委任に基き発せしむる」とは、連合国司令官が日本政府に委任して発令させることを指す。日本政府を通じて命令を実行させるよう要求しているのだから、間接統治なのである。

間接統治を認めるということは、「日本政府を交渉相手と見なす」ということも意味する。

ドイツの場合は、ヒトラーが自殺し、ナチス政府が崩壊したのちに降伏するかたちになった。連合軍によって中央政府の不在が宣言され、分割占領されて直接軍政を布かれることとなった。

日本は、このような経緯を辿ったドイツとは大きく違うのである。ここは看過してはいけない重要な点である。

間接統治については、⑤も重要だ。日本側の全権が、ポツダム宣言を誠実に履行すると約束し、そのために必要なことを連合国司令官や他の連合国代表が要求した場合には、日本側が命令を発し、措置をとることを約束している。その日本側の約束を、連合軍側も受諾して降伏文書に署名しているのである。

そのポツダム宣言は、「吾等ノ条件ハ左ノ如シ　吾等ハ右条件ヨリ離脱スルコトナカルヘシ　右ニ代ル条件存在セス」、つまり、「われわれの条件はつぎの通りである。われわれはこの条件から離脱することはない。これに代わる条件はない」と述べている。[6]

ポツダム宣言が伝えられた当時、外務大臣を務めていた東郷茂徳は、《予は米国放送による本宣言を通読して第一に感じたのは、此《こ》れが「我らの条件は左の如し」と書いてあるから無条件降伏を求めたものに非ざることは明瞭》[7]だと受け止めた。重光葵もまた、《第一、軍隊の即時無条件降伏であって、（略）ドイツの場合と異なり、日本政府の存立は否定したものではなかった。しかのみならず、日本が将来国家としても、また国民としても生活し得るために、原料の供給等を保障したものであった》[8]と理解していた。

東久邇内閣は、ＧＨＱとの連絡事務のために終戦連絡委員会を組織し、この降伏文書をきちんと遵守することで確実に終戦を実行し、ぎりぎりの一線で国としての日本の地位を守ろうとしたのである。

昭和天皇と重光との会話で明示された保守自由主義

この降伏文書調印について、重光は、昭和天皇に次のように言上している。

《「降伏文書に調印するということは、実に我が国有史以来の出来事でありまして、勿論《もちろん》不祥事であり、残念でありますが、これは、日本民族を滅亡より救い、由緒ある歴史及び文化を続ける唯一の方法でありますから、真に已《や》むを得ないことであります。

日本は古来一君万民の国がらであり、陛下は万民の心をもって心とせられることは、記者（引用者注：重光自身のこと）等陛下に咫尺《しせき》するもののよく拝承するところであります。

これが、今までややともすれば、権力を有するもののために、曲げられたことがあったので、日本が今日の悲境を見ることとなりました。ポツダム宣言の要求するデモクラシーは、その実、我が国がらと何等矛盾するところはないのみならず、日本本来の姿は、これによって却《かえ》って顕《あら》われて来ると思われます。かような考え方で、この文書に調印し、その上で、この文書を誠実に且《か》つ完全に実行することによってのみ、国運を開拓すべきであり、またそれは出来得ることと思われます。」

天皇陛下は、この趣旨を深く嘉納せられ、「まことにその通りである」とのたまい、あくまでその方針で行こうと激励遊ばされた》[9]

「咫尺《しせき》する」とは、天皇の言葉を親しくよく聞くという意味である。重光は、陛下の意向をきちんと踏まえない政治や軍の指導者がいたから日本はここまでおかしくなってしまったのだと捉えている。

現在の日本では、「皇室が政治に関与したからおかしくなった」と捉えている人もいるだろうが、重光はまったく逆の捉え方をしていたわけである。

さらに重光が、「日本は古来一君万民の国がらであり、陛下は万民の心をもって心とせられてきたのであり、デモクラシーはそのような日本の国がらと何ら矛盾しない」と主張していることは重要である。

一九二九年の大恐慌以降、ソ連やナチス・ドイツのような全体主義的な方向こそが国家を救う道だと考えるエリートが、日本でも増えてしまった。「一握りの指導者が社会を導くべきだ」と唱える共産主義やヒトラーのナチズムに幻惑されてしまったのである。

だが、そもそも近代日本は、「五箇条の御誓文」において明治天皇が国民に広く示された「万機公論に決すべし」という自由主義的精神に立脚して形づくられた国なのである。大日本帝国憲法も、その精神のもとで制定されたのであった。

前著で指摘したように、その自由主義的精神は、聖徳太子の十七条憲法に書かれた「共に是れ凡夫のみ」（人はみな自分に執着し、過ちを犯す欠点だらけの人間だ）という言葉に象徴される〝日本の伝統的な人間観〟に立脚したものであった。つまり、「人間は不完全だ。不完全なもの同士だから、お互いに支えあい、話しあってより良き知恵を生み出すことが必要である」と日本人は考えてきたのである。

その哲学は、長い歴史を通じて、日本の様々な局面で息づいていた。実際に日本では、農村などでの決めごとの場でも、また武将たちの意思決定についても、さらに朝廷などの政策過程においても、「合議制」がきわめて重んじられてきた。本来、日本という国には、「万能の強力な指導者が大衆を導くべきだ」とする専制政治とは、まったく相容れない自由主義の伝統が存在していた。

だが、昭和期の全体主義的エリートたちは、日本に息づいていた自由主義を排撃し、逆に天皇の権威を使って「統制社会をつくるために永久戦争をめざす」という恐るべき倒錯に陥ってしまった。

重光が書き残した昭和天皇との会話は、「右翼全体主義は間違いである」という昭和天皇と重光の認識を、これ以上ないほど鮮明に描き出している。

実に保守自由主義者としての重光の面目躍如たるものがある。そして終戦のときに事態に対応できたのは、そういう少数の保守自由主義者たちであった。

占領軍による軍政を阻止した重光の苦闘

降伏文書への調印は無事、実施できたが、その後も混乱は続くことになる。

調印がなされた直後に早くも、ポツダム宣言および降伏文書に関して大きな問題が起きた。文言は重光が解釈したように、政府の無条件降伏ではないことを意味するものだが、アメリカ側ではあくまで政府の無条件降伏にこだわる動きもあった。それが調印後、直ちに表面化したのである。

九月二日、ミズーリ号上で調印式が行なわれたその夜のことである。

外務省の鈴木九万《ただかつ》公使が総司令部に呼ばれ、翌日の九月三日午前十時にマッカーサーの日本国民に対する布告が出されることがわかった。その内容は、米軍第八軍ほか占領軍が日本全土を占領して軍政を布くとともに、①米軍の軍事裁判所が日本国内の裁判権を行使する、②総司令部は日本において軍票を行使する、というものだった。[10]

マッカーサー司令部は、ドイツと同じように日本でも直接軍政を布き、経済と司法権の独立も奪う布告を準備していたのだ。こんなことをされれば、その瞬間に日本は名実ともに独立国ではなくなる。

鈴木の報告を受けて、外務省の岡崎勝男は直ちに横浜の連合軍司令部に駆けつけた。着いたのは午前一時だったという。岡崎は英語をしゃべりながら日系二世を装って歩哨の脇をすり抜け、すでに床についている参謀長を起こして談判した。そしてとりあえず翌朝に布告を出すことは差し止めた。[11]

翌九月三日、重光は朝一番にマッカーサーと面会する約束を取りつけ、司令部に乗り込んでいく。そして三つの理由を挙げ、軍政を布かないようマッカーサーを説得した。

第一の理由は、皇室と国民の絆こそが、ポツダム宣言を遂行するうえで不可欠ということだ。

《終戦は国民の意思を汲んで、天皇直接の決裁に出でたもので、ポツダム宣言の内容を最も誠実に履行することが天皇の決意であって、その決意を直接実現するために、特に皇族内閣を樹てて総ての準備をなさしめた。これがポツダム宣言を遂行するに最も忠実なる方法である》[12]

先述のように、昭和天皇の果断な行動により、日本の降伏は世界の軍事史上例を見ない、整然たる無血終戦となったのである。昭和天皇の玉音放送から約二カ月後の一九四五年十月十六日、マッカーサー占領軍司令官が世界に向けた放送のなかで、こう述べたほどだ。

《歴史上、戦時平時をとわず、我が軍によると、他のいかなる国によるとにかかわらず、かくも迅速に、かつ円滑に実施された復員の他にありしことを知らない。約七百万人の軍人が武器を捨てるにあたり、戦史上空前のことであるが、一回の発砲すら必要とせず、一滴の連合軍兵士の血を流さずに済んだのである》[13]

重光はそれを逆手にとった。

天皇がおられたから終戦がスムーズにできたのであって、その天皇陛下の意向でできた皇族内閣を否定するようなこと、つまり軍政に踏み切れば、ポツダム宣言は円滑に実行できないかもしれない——重光は、そういって脅したのである。

第二の理由は、国際法だった。

《ポツダム宣言には、明らかに日本政府の存在を前提とし、日本政府に代うるに軍政をもってすることを予見してはいない。日本の場合はドイツの場合と異なるものである。

連合軍が、もしポツダム宣言の実現を期し、且《か》つこれをもって満足するにおいては、日本政府に拠って占領政策を実行することが最も賢明な策と考えられる。これに反して、占領軍が軍政を敷き、直接に行政実行の責任をとることは、ポツダム宣言以上のことを要求するもので、日本側の予期せざりしところなるのみならず、日本政府の誠実なる占領政策遂行の責任を解除し、ここに混乱の端緒を見ることとなるやも知れぬ。その結果に対する責任は、日本側の負うところではない》[14]

日本はポツダム宣言という有条件降伏を勝ち取ったのだ。それをなぜ忘れるのか、と、重光は、国際法を踏まえて交渉したのである。

ちなみに戦争を含む対外交渉には、このように国際法に対する知識、見識が必要とされるのだが、日本の政治家の多くが国際法、特に戦争に関する戦時国際法をよく知らない。果たして現在の日本に、重光のような交渉ができる政治家がどれほどいるのか、甚だ心もとない。

そして第三に、重光は、日本政府がすでにマッカーサーの指令を着実に実行に移しつつあることを挙げた。

《日本政府は、すでに一般指令第一号によって措置をとり、軍隊の解散もしくは武装の解除には全面的に着手しており、また軍需に関係ある工場の運転は、一切これが停止を命じてお

る次第である》[15]

いまの日本政府には、ポツダム宣言を自ら実行する能力があると主張したわけである。《特に、天皇陛下のポツダム宣言実行の御決意を力説し、また平和的御意図については、満洲事変前にもさかのぼって、事を分けて説明した。

総司令官（引用者注：マッカーサー）は、理解と興味とをもってこれを聴取し、遂に軍政の施行を中止することを承諾し、その場において、直ちに必要の措置をとることをサザランド参謀長に命じ、参謀長はその場から電話をもって総司令官の命令伝達の措置をとった》[16]

必死の交渉の結果、軍政（直接統治）は布かれないことになった。重光の説得は成功したのである。こうして重光らは危ういところで間接統治を守ることができた。

約六百万人もの軍事力が終戦時に残されていた意味

GHQによる直接統治を防ぐことができたことは、占領期の敗戦革命工作に対する防波堤となった。

実は、日本占領をどこが主導的に行なうかについて、日本の敗戦後から一九四五年の年末まで、米ソ両国のあいだで激しい綱引きが行なわれていた。

日本占領におけるアメリカの優位をソ連のスターリンが認めたのは、一九四五年十二月のモスクワ三国外相会議においてであった。ソ連は、ルーマニア、ブルガリアの問題においてソ連の優位の主張を通す代わりに、対日管理問題についてはアメリカに譲歩し、極東委員会と対日理事会が設置されることになったからだ。[17]

もし、ＧＨＱにソ連軍も参加することになり、かつ連合国による直接統治となっていたら、日本の領土の一部がソ連軍によって支配され、朝鮮半島のように日本も共産圏と自由主義圏に分断されることになったであろう。

重光が間接統治を勝ち取ることができたのは、一つには、皇室の権威に日本国民が従っていたこと。第二に、重光のような保守自由主義者たちが国際法を理解しており、その知識をフルに使ってＧＨＱと対等に議論する力があったこと。そして第三に、陸海軍がまだ解体されておらず、重光の背後に巨大な日本軍が存在していたことがあった。

陸海軍の解体が始まったのは一九四五年十月で、重光の交渉より一カ月先のことだ。なにしろ終戦当時、陸軍約四百二十万人、海軍約百五十万人で、軍属をあわせると約六百万人もの巨大な軍事力を日本は有していた。

この巨大な軍事力に対する危機感は、連合国側には強かった。一九四五年九月二十二日、日本占領のあり方についてアメリカのバーンズ国務長官とソ連のモロトフ外相が協議した際、モロトフは「ドイツと違い日本にはまだ侵略能力があるので、将来の日本からの侵略に備えて米ソ条約を結ぶべきだ」とアメリカ政府に提案している。[18]

降伏したとはいえ、完全な武装解除が終わるまでは、日本は怖かったのだ。

国際政治は、軍事、経済、外交、インテリジェンスといった力によって決定していく。そして敗戦直後は、天皇陛下の命令に従う六百万の日本兵が存在し、連合国に対して圧力を加えることができたのだ。

言い換えれば、日本軍の解体が進むに連れて、連合国、GHQの対応は傍若無人になっていく。

このような状況を見きわめながら、重光はポツダム宣言と降伏文書に基づいて、独立国家として連合国と交渉し、直接統治をなんとか回避しようとしていたのである。GHQによる直接統治を許せば、連合国による「ポツダム宣言」違反にも対応できず、一方的に日本を解体される恐れもあったからだ。

指導者たちの当事者意識の欠如と敵国への迎合

だが、そうした重光の危機感を、日本政府全体が理解していたわけではなかった。実はあっという間に弛緩《しかん》して、まるで平時のような錯覚に陥っていったのである。

重光は、当時の政府内のこんな雰囲気を活写している。

《一旦終戦となると、忽《たちま》ちにして政治家も実業家も、恰《あた》かも日本は戦前平時の状態に復帰したもののように考え、終《つい》には、国際関係は旧に復し、通商すら直ちに自由に開けるものと軽信するものが少なくなく、戦争は恰《あたか》も日清日露の旧時の戦争の如《ごと》く処理せられることを予期し、全体的戦争の結果の如何《いか》なるものであるかを理解するものが少なかったのみならず、ポツダム宣言の実行については、日本国民の食糧問題に理解を有するとか、工業生産の原料供給に同情を有するとかの、耳ざわりの好き部分のみに重きを置き、全体的に日本の運命が敵の手中に陥った、という冷厳なる敗戦の事実を認識し、責任を感ずるものが少なかった》[19]

多くの指導者たちは、終戦になったとたんに暢気《のんき》に緩みきってしまったのだ。敗戦革命に備えるどころではなかったわけだ。

《政府内部の空気は、敗戦後の降伏文書の実施という冷厳なる現実とは非常に遠きものがあった。折角ポツダム宣言の忠実なる実施を方針として成立した内閣は、降伏の実現とその文書の調印という第一段第二段の使命を順当に果して後は、全く普通の時の内閣の仕事をやって行くような気安な空気に自然に還元されて、昨日まで戦っていた敵軍の占領下に日本が置かれている現実とは、離れた観を呈して来た》[20]

また、状況の移り変わりに連れてその時々の強者に媚びるという、醜い状況もあった。

《戦時中軍部に追従《ついしょう》しその希望に先き走りしていたものが、掌《てのひら》を翻《ひるがえ》すが如く軍部の敵となり、占領軍の謳歌者となったりした。従来対外強硬論を唱えて、軟弱外交を悪罵《あくば》していた人々の多くのものは、いずれも急に穏健派を自称し、平和主義となり、剰《あまつさ》え自分の立場を擁護するため、他を害することを何とも思わぬようなあさましい状況であった》[21]

このように敗戦の虚脱と弛緩しきった空気のなかで、重光ら少数の保守自由主義者たちが奮闘していたのが実態だ。

しかも、その重光ですら、敵国アメリカの出方に対する警戒感は持っていたが、アメリカの背後に共産主義者たちがいて、日本に敗戦革命を仕掛けてくるという危機感を抱いていたわけではなかった。

「近衛上奏文」に関わった人々も、日本国内に浸透している共産主義の脅威や、モスクワ、延安の動きについては警鐘を鳴らしたものの、敵国アメリカの政府部内にも共産主義工作が浸透していて敗戦革命プログラムが立案されている事実までは、十分に把握できていなかったのだ。

ポツダム宣言を軽視するアメリカの「敗戦革命派」

昭和天皇の意を受けて孤軍奮闘する重光の説得は、マッカーサー司令部を一度は押し返した。重光と会った九月三日に、マッカーサーは、本国から内示された対日占領政策の草案に対する意見書として、陸軍参謀総長ジョージ・マーシャル宛に極秘電報を送っている。

《特に内示された指令は、いくつかの点において降伏文書とポツダム宣言に規定されている諸原則を著しく逸脱していると思われるので、小官は所見を貴官に上申しておかなければならないと感じるのである》[22]

重光との会談後の時点では、日本の降伏は国としての無条件降伏ではなく、連合軍側も降伏文書とポツダム宣言に拘束されるという意識を、マッカーサー自身が持っていたということだ。

ところが、その三日後の九月六日、トルーマン政権は「われわれと日本との関係は、契約的基礎の上に立っているのではなく、無条件降伏を基礎とするものである。貴官の権限は最高である」とする「連合国最高司令官の権限に関するマッカーサー元帥への通達」を発した。

日本政府を通じた間接統治を行なうとしながらも、必要があればマッカーサーが直接実力行使をする権限を持つとし、連合国側がポツダム宣言に拘束されないことを明記していた。具体的に誰がトルーマンの通達を出させたのかは不明だが、要するにアメリカ本国で「敗戦革命派」が巻き返しに出てきたということだ。

マッカーサー司令部の検閲支隊長フーヴァー大佐は、九月十五日、声明を発表した。

《マッカーサー元帥は、連合国がいかなる意味においても、日本を対等と見なしていないことを明瞭に理解するよう欲している。日本はいまだ文明国の間に位置を占める権利を認められていない敗者である。（略）交渉というものは存在しない。国民は連合国との関係においての日本政府の地位について、誤った観念を抱くことを許されるべきではない。

最高司令官は日本政府に命令する……交渉するのではない。交渉は対等のもの同士のあいだで行われるのである。日本人は、すでに世界の尊敬を獲得し、最高司令官の命令に関して“交渉する”ことのできる地位を得たと信じるようなことがあってはならない》[23]（傍点および……は原文のまま）

ポツダム宣言に基づいて日本政府はＧＨＱと交渉することができるという国際法への理

解と、勝者に媚びない覚悟をもった重光のような政治家や官僚は、日本政府でもごく一部であった。それを見透かしたようにGHQは、「無条件降伏」政策を日本に強制するようになったのだ。

【注】

1　重光葵『昭和の動乱』(下)、中央公論社、一九五二年。なお引用は中公文庫、二〇〇一年、三三三〜三三四頁。
2　住本利夫『占領秘録』kindle版、中公文庫、二〇一四年、「ミズーリ号上の調印」
3　重光葵『昭和の動乱』(下)、三三〇頁
4　同、三三〇頁
5　同、三六八〜三七一頁
6　迫水久常『大日本帝国最後の四か月』一八六〜一八七頁
7　東郷茂徳『時代の一面』原書房、一九八九年、三五三頁
8　重光葵『昭和の動乱』(下)、三一七〜三一八頁
9　同、三三五頁
10　住本利夫『占領秘録』kindle版、「軍政をくいとめる」
11　同、「軍政をくいとめる」
12　重光葵『昭和の動乱』(下)、三三八頁

13 下村海南『終戦秘史』（上）、kindle版、響林社、二〇一四年、第一章
14 重光葵『昭和の動乱』（下）、三三八～三三九頁
15 同、三三九頁
16 同、三三九頁
17 この経緯については、下斗米伸夫『日本冷戦史』（岩波書店、二〇一一年）参照のこと。
18 下斗米伸夫『日本冷戦史』五四頁
19 重光葵『昭和の動乱』（下）、三四〇～三四一頁
20 同、三四三頁
21 同、三四三頁
22 江藤淳『閉ざされた言語空間』文春文庫、一九九四年、一七四～一七五頁
23 同、一七七頁

第六章　占領政策という名の日本解体工作

日本敗戦後、再びウィーク・ジャパン派が台頭

日本政府は知るよしもなかったが、終戦を境に、トルーマン政権内部の権力構造が日本にとって極めて不利な状況に変わってしまった。

八月十五日の玉音放送に先立つ数日のあいだに、アメリカ国務省では、それでなくとも少数派であったストロング・ジャパン派が次々と要職を外されたのである。

バーンズ国務長官はポツダム会談から帰国すると、八月十一日、グルーに代わって親中派のディーン・アチソンを国務次官に任命する。グルーの皇室容認論に反対した国務次官補が次官に昇格したのである。

以後、数週間にわたって、国務省極東課スタッフは、次々に中国派に入れ替わった。極東部長は知日派のバランタインから、「三人のジョン」の一人であるジョン・カーター・ヴィンセントに交代。マッカーサー連合軍最高司令官の政治顧問には、グルーの腹心で日本での勤務経験の長いユージン・ドゥーマンではなく、主に中国で勤務していたジョージ・アチソンが指名される。グルーは八月十五日、国務省を退官した。

グルーが国務次官を辞職し、ドゥーマンら国務省内のストロング・ジャパン派が要職から

追われたことで、対日占領政策は極めて厳しいものになっていく。

九月六日、トルーマン大統領が「降伏後における米国の初期対日方針」（SWNCC150／4）を承認している。これは占領政策の基本的な指針を示したもので、国務・陸軍・海軍三省調整委員会に上がってきたものだ。

これと並行して、「日本占領及び管理のための連合国最高司令官に対する降伏後における初期の基本的指令」（JCS1380／15、以下に「対日指令」と略）、つまり、マッカーサー司令部に対して参謀本部から発せられる、強制力を持つ指令が作成されていた。

この対日指令は、ドイツの解体をめざしたモーゲンソー計画をもとにつくられていた。げんに、GHQ労働課長だったセオドア・コーエンは、モーゲンソー計画が撤回される前に作成された対独指令（JCS1067）一九四四年九月版の内容が、文章や字句もほとんどそのまま「対日指令」に入っていると指摘している。[1]

対独指令の基になったドイツ戦後計画案「民政ガイド」を策定した「経済機構スタッフ」（EIS）という組織（戦時経済委員会〈BEW〉の一部門）にはニューディーラーが多く、スタッフのうち少なくとも四人がコミンテルンの工作員だったとコーエンは述べている。[2]

コーエン自身、熱烈なニューディーラーだったが、そのコーエンから見ても、ソ連・スターリンを擁護するＥＩＳの雰囲気は異様なものであった。

《私はＥＩＳ勤務でなかったが、ＦＥＡで「民政ガイド」の作成を手伝って〝仲間〟に混じったことは、不快な経験だった。彼らが、隠された共通目的をもって隠微な言動をしていることが分かったからである。今でも覚えているが、ローゼンバーグ（ＥＩＳ部長）の部屋に彼の部下のルシアン・ヘルマーらといたときのことである。ラジオがヤルタ協定を発表していた。ルブリンのポーランド共産政権の承認、大連その他のスターリンへの譲歩など、発表される協定の一つ一つに彼らが興奮して歓声をあげるのには、まったく閉口したものである。当時、それについて問題があったわけではないが、ＥＩＳの雰囲気は、よく言ったとしても、かなり薄気味悪いものだった》[3]（括弧内は引用者の補足）

対日指令の原案となった、モーゲンソー計画は非常に報復的で厳しい占領政策であった。ドイツの工業を解体して純農業国にする、経済復興を許さない、ドイツの生活水準を、ドイツと交戦したヨーロッパ諸国（特にフランス）より低く保つ、など懲罰的な色彩がきわめて強かった。

近代産業国家でなければ軍事力を維持することはできないから、工業を解体するということは、つまり、経済力のみならず軍事力を持たせないということである。つまり、今後、ドイツを独立国家として生きていくことができないようにする政策であった。それは即ち、ソ連を軍事的に脅かす隣国が存在しなくなるということである。
そして繰り返すが、モーゲンソー計画は、ルーズヴェルト政権に浸透した共産主義工作員たちが主導して作成された。モーゲンソー計画は公式には撤回されたものの、ハリー・デクスター・ホワイトらの暗躍によって、あの手この手で実質的にドイツ占領政策に組み込まれている。[4]
いわば、コミンテルンの工作員たちがその原案を作成したこの対日指令は、まず前半が九月十八日にマッカーサーに届けられ、後半が十月二十二日に届けられた。[5]
マッカーサー司令部は対日指令をパラグラフごとにまとめてGHQの各部門に分配した。各部門ではそれをさらに分配した。末端の組織では割り当てられた部分が一文だけ、あるいは一節だけという場合もあったという。[6]

「天皇制」解体を暗に奨励する対日指令

対日指令は、皇室財産の公有化、政党の解体、公職者の逮捕抑留、経済界や教育界からの「軍国主義者」の追放、軍解体にとどまらず潜在的戦争能力を破壊するため鉄鋼・化学製品・非鉄金属・アルミニウム・マグネシウム・人造ゴム・人造石油・工作機械・ラジオ・電気器具・自動車輌・商船・重機械などの生産の縮減除去、その他金融・貿易・財政・美術など多方面にわたるものであった。

そのなかに、事実上、革命を奨励していると読める条項がある。第一部4（ハ）という項目である。少し長いが全文を紹介しよう。引用にあたって新仮名遣いに改め、改行を加えて、便宜上番号をつけておく。重要な箇所に傍線も加えた。

《① 降伏実施に行動が必要な場合には、貴官は、当初から直接に行動する権利を有する。それ以外には、天皇又は他の日本当局が有効に行動することを欲しないか又は有効に行動しないときに直接行動を執る最高司令官としての貴官の権利を常に留保して、貴官は、貴官の最高権限を天皇と中央及び地方における日本政府機構とを通じて行使する。

② この政策は、日本における現在の政治形態を利用するにあって、これを支持するものではない。政府の封建的及び権威主義的傾向を修正しようとする変更は、許容され且《か》つ支持される。このような変更の実現のために日本国民又は政府がその反対者に対して実力を行使する場合には、貴官は、最高司令官として貴官の軍隊の安全及び他の一切の占領目的達成を確実にするに必要な場合にのみ干渉すべきである。

③ 貴官は、情勢の必要に応じて、直接軍政の施行を含め、貴官の最高の権力及び権限を全面的に行使することができる。日本のいずれかの部分において直接軍政の実施が必要となった場合には、貴官は、その後直ちに合同参謀本部に通報する。

④ 貴官は、合同参謀本部との事前の協議及び合同参謀本部を経て貴官になされる通達なしには天皇を排除したり又は天皇を排除しようとするいかなる措置をも執らない》[7]

①では間接統治を基本とするが、必要な場合には直接軍政も布ける権限を留保している。③はその確認と、直接軍政を布く場合の報告義務である。

問題は②だ。最初の文は、間接統治を行なううえで天皇及び現在の日本政府を利用するのだが、だからといって天皇を支持するわけではないといっている。そして二番目の文は、もし日本国民または日本政府が「天皇制」を「修正」する目的で実力を行使する場合には、GHQはそれを容認すべきだというのである。

この対日指令では「実力を行使」という表現になっているが、実はこの部分は、国務・陸軍・海軍三省調整委員会が出した「初期対日方針」（SWNCC150／3およびその修正版）の内容を引き継ぐものであった。SWNCC150／3およびその修正版というのは、トルーマンが承認したSWNCC150／4の前の版である。

SWNCC150／3では、問題の箇所はこうなっていた。

《封建的および権威主義的傾向の修正をめざして行われる政治形態の変革は、それが日本国国民によるものであるか、日本国政府によるものであるかを問わず、国内騒擾が占領当局に対して向けられず、したがって、占領当局の目的を危うくすることのないかぎり、たとえ騒擾を招く危険を冒そうとも許容され、かつ支持されるべきである》[8]

平たくいえば、「たとえ革命が起きてもかまわないから、日本の政治形態の変革をどんどん許容し、支援しろ」ということである。

さすがに、これではあからさますぎたせいか、修正版では「そのような変革を達成するにあたって、日本国民または日本国政府がこれに反対する者に対し暴力を行使する場合においては」GHQは必要な場合にかぎり干渉せよ、というように変更された（傍点は引用者）。対日指令はさらに若干オブラートに包んで、「暴力」を「実力」に言い換えたわけである。

④は、マッカーサーが独断で天皇を排除してはならず、合同参謀本部との事前協議と合同参謀本部からの通達が必要だとしている。米軍の命令で天皇を排除する事態がありうることを想定した条項であった。

②との関連でいえば、マッカーサーが自ら天皇を排除するには合同参謀本部との協議・通

達が必要だが、日本国民が天皇を排除するぶんには、ＧＨＱが割って入って阻止するようなことはせず、容認すべきだ、ということになる。

対日指令に含まれたこのような革命助長の発想には、ＩＰＲの影響があった。

《既に見たように、米国ＩＰＲがホット・スプリングス会議に提出したジョンストン報告書の中には、つぎのような類似の発想があった点は興味深い。つまり、「もし民衆革命が発生した場合には、連合国当局者はそれを支持するとともに、古い支配集団の抵抗に対しては、必要なら、武力を使って抑圧する」という指摘がそれである。（中略）

対独政策に対日政策を一致させる必要性を痛感していた陸・海軍省の政策決定者にとっては、国務省の知日派外交官とは違って、日本にも徹底改革路線を適用できるとした米国ＩＰＲの主張は、当時の状況では、むしろ自説に専門的根拠を与えてくれるものとして歓迎されたことは十分考えうる》[9]

ＩＰＲの「ジョンストン報告」は、「対日指令」や「ＳＷＮＣＣ文書」よりもさらに強硬な内容だったことがよくわかる。「ＧＨＱは革命に武力で味方し、古い支配集団を武力で抑圧せよ」というのだから恐ろしい。

しかし両者の違いは、程度の問題にすぎない。ＧＨＱを日本の敗戦革命のための道具として使うという発想は共通している。

占領開始と同時に皇室を潰すわけではなく、当面は利用する。一方で、日本国民が革命を起こして皇室を廃止することを歓迎する。

マッカーサー司令部が与えられた対日指令は、間接統治を認めつつも、皇室に関してこのような二重性を持っていたのである。

停戦協定が結ばれ、戦闘が終了したので、もう安心だという事態ではなく、引き続き皇室打倒、革命の危機が続いていたわけだ。

日本民主化という名の「日本解体」指令

かくして、日本国政府に対して「命令する。交渉はしない」という姿勢の下で、日本を解体する政策が、矢継ぎ早に実行されていく。

占領開始からわずか三カ月のあいだに出された指令を列挙すると、日本解体に関わる重要なものに限定しても以下のようになる。すさまじい勢いである。これを見るだけで、占領政策がいかに用意周到で計画的なものであったかがわかる。

九月十日　GHQ、「言論および新聞の自由に関する覚書」を提示。GHQに関する報道制限始まる。

九月十一日　GHQ、東條英機元首相ら戦争犯罪人三十九人の逮捕を指令。

九月十四日　GHQ、「言論および新聞の自由に関する覚書」違反で同盟通信社に業務停止命令。

九月十九日　GHQ、検閲指針を示した「日本に対するプレス・コード」を発令。

九月二十四日　「プレスの政府からの分離に関する覚書」公布。

九月二十七日　昭和天皇、マッカーサーを訪問。

九月二十九日　昭和天皇のマッカーサー訪問時の写真を各紙が掲載。内務省情報局、写真を掲載した各紙を不敬罪として発禁処分。GHQ、「プレスおよび言論の自由への追加措置に関する覚書」を二十七日付で公布し、内務省情報局による発禁措置を解除。

十月一日　GHQ、「郵便検閲に関する覚書」を公布。

十月二日　日本の戦争犯罪を周知徹底する宣伝計画WGIP開始。

十月四日　GHQ、「政治的・民事的・宗教的自由に対する制限撤廃の覚書」（人権指令）提示。翌日、この覚書の実行は不可能として東久邇宮内閣が総辞職。

十月十日　共産党の徳田球一、志賀義雄ら釈放。

十月十一日　マッカーサー、幣原喜重郎首相に憲法改正と「五大改革」を口頭で示す。

十月十五日　治安維持法廃止。

十月二十二日　GHQ、「日本教育制度に関する覚書」を公布し、教職からの軍国主義者の追放を宣言。

十月二十四日　GHQ、「信教の自由に関する覚書」を公布。

十月三十日　GHQ、「教職員の調査、精選および資格決定に関する覚書」を公布。

十月三十一日　同盟通信社解散。

十一月十八日　GHQ、「皇室財産を封鎖する覚書」発表。

十一月三十日　陸軍省・海軍省を廃止。

十二月十五日　GHQ、「国家神道に対する政府の保証・支援・保全・監督および弘布の廃止に関する覚書」（神道指令）を指示。

十二月三十一日　ＧＨＱ、「修身・日本史および地理の授業停止と教科書回収に関する覚書」提示。内閣情報局廃止。

財閥解体に関する項目は省《はぶ》いたし、公職追放が本格的に始まるのは一九四六年からなのでそれも含まれていない。それでもこれだけある。

憲法にしても、ＷＧＩＰにしても、アメリカによる日本「弱体化」政策だとよくいわれる。それはそれで間違いではない。

だが、きちんと分析すれば、これらはむしろ革命推進のプログラムであるようにさえ見えてくる。これらは、日本「弱体化」ではなく「解体」を目論んだものではなかったのか。

検閲によって否定された「言論の自由」

日本解体政策のなかで、ＧＨＱが真っ先に行なったのは言論の圧殺である。

九月十九日に発表したプレス・コードによって、日本のマスコミに対して連合国およびＧＨＱへの批判を禁じたのだ。建前としては「新聞に対する制限ではなく自由な新聞のもつ責任とその意味を日本の新聞に教えるため」という偽善的な綺麗事《きれいごと》を挙げつつ、以下のものを削除または掲載発行禁止の対象としたのである。[10]

・SCAP（連合国軍最高司令官もしくは総司令部）に対する批判
・極東国際軍事裁判批判
・SCAPが日本国憲法を起草したことに対する批判（日本の新憲法起草に当たってSCAPが果たした役割についての一切の言及、あるいは憲法成立に当たってSCAPが果たした役割に対する一切の批判）[11]
・検閲制度への言及（出版、映画、新聞、雑誌の検閲が行なわれていることについての直接間接の一切の言及）
・アメリカ合衆国への批判
・ロシア（ソ連邦）への批判
・英国への批判
・朝鮮人への批判
・中国への批判
・その他の連合国への批判

- 連合国一般への批判（国を特定しなくとも）
- 満洲における日本人取り扱いについての批判（ソ連や中国に対する批判の項目とは別に、満洲においての日本人取り扱いについて特に言及したものを対象とする）
- 連合国の戦前の政策に対する批判
- 第三次世界大戦への言及
- 冷戦に関する言及
- 戦争擁護の宣伝（日本の戦争遂行および戦争中における行為を擁護する直接間接一切の宣伝）
- 神国日本の宣伝（日本国を神聖視し、天皇の神格性を主張する直接間接の宣伝）
- 軍国主義の宣伝（戦争擁護に含まれない、厳密な意味での軍国主義の一切の宣伝）
- ナショナリズムの宣伝
- 大東亜共栄圏の宣伝
- その他の宣伝（以上特記した以外のあらゆる宣伝）
- 戦争犯罪人の正当化および擁護
- 占領軍兵士と日本女性との交渉
- 闇市の状況

・占領軍軍隊に対する批判
・飢餓の誇張
・暴力と不穏の行動の煽動
・虚偽の報道
・SCAPまたは地方軍政部に対する不適切な言及
・解禁されていない報道の公表

GHQのなかで検閲を担当したのは、参謀第二部（G2）の民間諜報局（Civil Intelligence Section 略称CIS）に属する民間検閲支隊（CDC）である。CIS局長のエリオット・ソープ准将は、ニューディーラーたちと、きわめて近い人物であった。

GHQのスタッフだけでは検閲の手が足りずに日本人の検閲員を採用した。その人数はのべ四〇〇〇人ともいわれる。[12]

そもそも、何がプレス・コード違反となり、何がならないかの解釈権はGHQにあったので、違反と判定されればそれまでである。禁止対象には、「その他の宣伝（以上特記した以外のあらゆる宣伝）」などという、何にでも引っかけられそうな項目も含まれていたから、GH

Qはやろうと思えば何でも禁止することができた。

しかもGHQは、新聞や放送などの報道や出版物に関しては、検閲されていることがわからないようにする方法をとっていた。

戦前の日本でも検閲は行なわれていたが、問題の箇所に墨を塗ったり伏せ字にしたりして、どこがどう検閲されたのか、読者にもある程度わかるようになっていた。GHQのやり方は、はるかに巧妙かつ陰険であったといえる。

対照的に、GHQは郵便の検閲に関しては、むしろ、やっていることがはっきりわかるような威嚇的な方法で行なった。日本の各地に検閲支局を置き、個人の信書の一部を開封して、問題がなければ検閲済みの封緘シールを貼って配達するが、問題があった場合は差出人に戻すか没収した。内容によってはそれだけでは済まないケースもあった。

《東京の日本人のある男が知人への手紙でMP（Military Police、憲兵）に銃撃され、負傷したと伝えた。この手紙を郵便検閲でたまたま発見したCCDが、MPにこの男を調べさせたら、彼は知人が東京の家に訪ねてくるのを断わりたいがために手紙で銃撃の作り話を書いたことがわかった。彼は占領軍を虚偽で誹謗した科《かど》で軍事裁判にかけられることになった。この男が裁判でどんな判決を受けたかはわからない。ともかくMP銃撃のウソの手紙を書いた

男はたまたま出した手紙が抜き取り調査に運悪く引っかかったのだ》[13]

悪名高き「ウォー・ギルト・インフォメーション・プログラム（WGIP）」も、このような徹底した検閲と表裏一体のものであった。

そもそも「WGIP」は、日本国民に対して、侵略戦争の加害者意識・贖罪意識を植えつけることを目的とするものであった。その特徴は、中国共産党が生み出した「二分法」そのものである。

本書の第二章で詳述したように、国民を戦争指導者と一般国民に二分して、「悪いのは戦争指導者だ」「一般国民は軍国主義者の犠牲者だった」「一般国民が立ち上がって戦争指導者を打倒すれば、民主主義国家になる」という構図を徹底して植えつけることで、日本人たちを洗脳しようとしたのである。

対外情報機関「同盟通信社」の解体

GHQは言論封殺によって、日本国民の目と耳と口を塞《ふさ》いだ。次に目論んだのは、「国家としての目と耳」を奪うことであった。

同盟通信社は九月十四日、「言論および新聞の自由に関する覚書」違反としてGHQから業務停止命令を受けた。翌日正午には命令を解除されて業務再開したが、通信は日本のみに限られ、社内に駐在する米陸軍代表者によって一〇〇パーセントの検閲を受けることに決められた。[14]

同盟通信社とはどういうものだったか。端的にいえば、世界各国に拠点を持つ、事実上の対外インテリジェンス機関、情報機関であった。

通信社というものは、そもそもそういう任務を帯びているのが世界の常識であり、日本の同盟通信社もそうだった。世界各地に特派員を派遣する通信社は、諜報活動との関係が必然的に深くなる。通信社の社員の身分を工作員のカバーとして使うことも日常茶飯事だ。

同盟通信社は一九三六年一月、海外宣伝を重視した政府が、当時競争していた二大通信社である新聞聯合社と日本電報通信社を統合させて創立したものであり、独占的な国策通信社として機能していた。[15]

同盟通信社は、政府の求めに応じて必要があれば「特殊諜報事務」に従事することになっていた。そして、政府から助成金を受け取り、その際にその年度の目標や事業に関する「示達書」を受けて活動していた。

同盟通信社の総経費に対する国からの助成金の割合は年度によって差があるが、多いときで昭和一五年度の三八・二パーセント。敗戦によって解体された昭和二〇年度（二五・〇パーセント）を除き、最も少ないときでも昭和一九年度の三〇・一パーセントを占めた。

戦時中、同盟通信社は、社内の情報局分室という部署で世界各地のニュースを集めて翻訳し、「敵性情報」として軍に報告していた。

当時の公開情報はロイター、AP、UP、『ライフ』、『タイム』、『ニュースクロニクル』、『ニューヨーク・タイムズ』、『ニュー ヨーク・ヘラルド・トリビューン』、米中央放送、香港放送、各国の軍事雑誌などだが、戦争中の日本ではこれらの公開情報収集に制約があったため、当時、中立国だったスウェーデンやアルゼンチンで情報収集を行なっている。アルゼンチンでその任務を担当したのは津田正夫同盟通信支局長だった。[16]

また、一九四四年一月には内国、満華、南方、米州、欧米、総務、および資料班から成る戦時調査室が同盟から独立した外局として設置され、「各種の資料を収集し、敵国側はもとより諸般の情勢に関する機動調査を行い、対外思想戦遂行に資するとともに、これを関係当局に提出して戦争完遂に寄与する思想線の参謀本部」として発足した。[17]

時事通信社にいた里見脩氏は、戦時調査室とはリベラルすぎて思想が悪いと判断された社員が送り込まれる部署だったと指摘しているが、一方で、「（米国の）対日戦後処理案の輪郭」

「スターリン演説とソ連対日態度の転換」「延安政権の特質」「合衆国の戦争目的」「国際通貨基金協定最終草案」などの調査分析を行ない、いずれも冷静かつ的確な分析であったと評価している。「スターリン演説とソ連対日態度の転換」ではソ連が日ソ中立条約を破棄する意図があることを摑んでいたし、「（米国の）対日戦後処理案の輪郭」は実際にＧＨＱが行なった占領政策を正確に予見していたという。[18]

同盟通信社は昭和二十年九月十五日に業務再開したあと、十月三十一日に解散させられ、共同通信社と時事通信社に分離した。世界的な情報ネットワークを失ったのみならず、国との連携を断たれたわけである。

革命の担い手を日本社会に解き放て

終戦にあたって東久邇内閣は、何としても皇室を護る考えであった。ポツダム宣言の受諾も、国体護持を条件としたものであったのだから当然である。

十月三日、山崎巌内相はロイター通信社の質問に答えて、「政府形体の変革、とくに、天皇制廃止を主張するものはすべて共産主義者と考え、治安維持法によって逮捕される」と語った。[19]

また同日、岩田宙造法相は中国中央通信の記者に対して「治安維持法撤廃は考慮していないが、改正を加える必要はあると考え、既に具体的に考慮している、しかし法律の改廃は議会の権限に属するが、ただ緊急勅令という方法もある」「共産主義運動は部分的にこれを認める方針である、しかし国体の変革、不敬罪を構成する如き運動は厳重に取締る」と語っている。[20]

だが、その翌日の十月四日、GHQは間髪を入れず、「政治的・民事的・宗教的自由に対する制限撤廃の覚書」（人権指令）を発表する。

これによってGHQは、「天皇制」批判の制限や思想・宗教の制限に関する法律・勅令などをすべて廃止するよう命じた。治安維持法、思想犯保護観察法、国防保安法、軍機保護法、宗教団体法などである。また、それらの法令による拘留者を十月十日までに釈放するよう命じた。

これらの法律が廃止されるということは、それに関連した治安組織の解体も意味した。GHQは十月五日に覚書を出し、思想警察全廃と内務大臣・特別高等警察の警察官全員の罷免を要求してきた。

治安維持法は、何かというと人権抑圧の象徴とされ、悪者扱いされる。実際に、前著で述べたように、無政府主義や共産主義の研究をしただけで学問の自由を弾圧するような愚行もあった。

だが、国家にとって、防諜のための法令と国内インテリジェンス機関が必要であるということも厳然たる事実だ。国家が国家であるかぎり、敵対的な意図を持つ内外の工作員が国内で蠢動《しゅんどう》するのを防ぐ防諜と、国内の安寧を保つ治安は必要だ。社会を騒擾《そうじょう》や革命から守る防波堤の重要な一部なのだから、なくしてしまえといって済むものではない。

「夜警国家」という言葉が示すように、国家の必要最小限の役割が「外敵からの防衛」と「国内の治安維持」なのである。政府の機能のうち、民間に任せられることはどんどん削っていったとして、最後に残る国家機能が国防と治安維持なのだ。外敵から守れず、治安を守れない国は、国とはいえまい。

要するに人権指令は、外国のスパイ工作から、わが国の秩序と安全を守る法令と治安機関を奪い、破壊することを意図するものであった。

この人権指令の覚書の起草者は、ハーバート・ノーマンであった。となれば、この人権指令には、隠された真意があったのではないかと思えてくる。すなわち、「敗戦革命の妨げになる治安機関や治安立法を廃絶すること」を目的としたものだったのではないか、ということである。

日本に「敗戦革命」を起こすためには、治安機関や治安立法は決定的に邪魔な存在であった。ハーバート・ノーマンからすれば、まさに目の敵である。これを打倒し、共産主義者やソ連・中国共産党のスパイたちが日本で自由に活動できるようにすることは、敗戦後の日本において革命気運を醸成し、革命への条件を整えるために必須だった。

しかも、「共産主義者らを釈放せよ」というのは、「革命の担い手を日本社会に解き放て」ということと同義である。GHQは、敗戦革命を可能にする条件整備を、積極的に遂行したのである。

東京大学・一橋大学名誉教授の油井大三郎氏は、この人権指令の「意義」を次のように評価している。

《第一に、約三〇〇〇人もの政治犯が釈放されることによって民衆運動の活性化を促したことであった。たとえば、一一月二日には日本社会党が結成大会を開催し、翌一二月一日には共産党の第四回大会が開催され、史上初めて合法政党としての活動を開始した。

第二に、このような革新政党の復権以上に重要なこととして、大衆心理に与えた影響が重要である。つまり、敗戦後も日本政府が存続し、「国体」が守られたかのような印象が流布されていた状況下で、占領軍が「天皇制批判の自由を日本人は初めて享有できる」と宣告したことが日本人の大衆心理に及ぼした意義は決定的であろう。換言すれば、「国体」批判をタブー視する風潮が、少なくとも法的レベルでは取りはらわれ、「おかみ」を批判しても法的に罰せられることはない時代が来たという実感を民衆に与えた意味は絶大である。

第三に、占領軍と日本政府の間の矛盾が劇的な形で顕在化したことにより、日本の民衆が旧支配層の戦争責任を追及し、改革の徹底を要求しやすい心理的条件が生み出されたことの意義も大きかった。それ故、人権指令の発令以降、左翼政党のみならず、労働運動、農民運動が急速に活性化してゆくことになり、日本の民衆は「魔法の園」から脱出する手がかりを得ることになった》[21]

まさに、「敗戦革命」に火をつけようとするハーバート・ノーマンの狙いどおりの状況が現出したのである。同時に、この人権指令が、終戦直後に重光葵らが「間接統治」を死守し、日本のあり方を守るべく苦闘した成果を、根底から突き崩そうとする一手だったことも、この油井氏の評価から見えてくる。

実に恐ろしく、かつ的確な手の打ち方だといわざるをえない。

何としても皇室を護る考えでいた東久邇内閣からすれば、この人権指令は、到底受け入れられるものではなかった。結局、これに抗議する意も込めつつ、東久邇内閣は「人権指令の実行は不可能である」として十月五日、総辞職するに至る。

ハーバート・ノーマンが進めた日本共産党幹部の釈放

もちろんハーバート・ノーマンは、ただ「人権指令」を起草しただけではなかった。ノーマンは、府中刑務所に収監されていた日本共産党の幹部、徳田球一、志賀義雄らを直々に訪問し、釈放してもいる。

国内の騒擾は、実は八月十五日の玉音放送の一時間後から始まっていた。北海道の三菱美唄鉱業所で中国人俘虜たちが集結しはじめ、やがてそれが暴動になり、九月二十五日には三菱大夕張鉱業所、三井美唄鉱業所などにも飛び火し、日本側警察との武力衝突に発展したのだ。暴動の中心となったのは八路軍兵士だった。その他、九月二日には大阪西区川口、九月九日報道では北海道夕張炭鉱、十月一日長野と、各地で朝鮮人・台湾人・中国人労働者による暴動が頻発した。

さらに大阪駅前の梅田広場や神戸三宮駅前で、朝鮮人や中国人（華僑など含む）が警察署襲撃事件やヤミ市場の土地不法占拠事件を起こしはじめ、各地で無警察状態がつくられていった。これらの暴発事件は日を追って激化していった。[22]

戦前から日本国内でネットワークをつくっていた中国共産党が、GHQの黙認の下で騒擾事件を起こしていたと考えられる。大森実氏によると、美唄鉱業所はのちに長期の労働争議に突入するのだが、その際、GHQ当局は担当官として四人のチームを派遣し、「破壊行為さえやらなければかまわない」といって干渉しなかったという。[23]

そういう状況のなかでノーマンは治安維持のための法令と組織を破壊し、革命の尖兵を野に解き放ったのである。

大森氏によると、徳田・志賀ら釈放の発端は、『ル・モンド』紙東京特派員ロベール・ギランによる「捜索」だった。

戦前から戦中の日本滞在中にゾルゲ事件のヴーケリッチを助手にしていたギランは、共産党員たちと密かに連絡をとり、ヴーケリッチの救出を図るかたわら、徳田・志賀らを探していた。ギランは、思想犯や共産主義者が府中刑務所にいるという情報を摑み、九月三十日、フランス通信特派員ジャック・マルキューズとニューズウィーク特派員のハロルド・アイザックスとともに、アメリカ軍将校を装って府中刑務所を訪問し、徳田・志賀を発見している。[24]アイザックスは、IPRに記事を執筆したこともあるトロツキストだった。

ノーマンは、人権指令発表翌日の十月五日、GHQスタッフとして来日していたジョン・エマーソン（第三章で紹介したように、延安で野坂参三に惚れ込み、野坂首班政権樹立構想に奔走した人物）と二人で東京・府中刑務所に行き、徳田、志賀、金天海らと会った。

金天海は、大正九年に来日して以来、在日本朝鮮労働総同盟委員長・朝鮮共産党日本総局責任秘書として活動していた革命運動家で、戦後は日本共産党の政治局員となり、一九六〇年に北朝鮮に渡ってからは朝鮮労働党中央委員などになった人物である。

さらにノーマンとエマーソンは十月七日、今度は徳田や志賀らを総司令部に招き、「政党や秘密結社、さらに警察や司法の状況について詳しい陳述を求めた」。[25]

そして十月十日、東京府中刑務所から徳田球一、志賀義雄、金天海、黒木重徳、山辺健太郎、松本一三ら十六名が釈放された。

人権指令によって釈放された共産党員は、受刑者百五十名、公判継続中のもの五十一名、予防拘禁者約二十名だった。豊多摩拘禁所からは神山茂夫、中西功。宮城刑務所からは春日庄次郎、袴田里見。網走刑務所から宮本顕治が出獄している。

ノーマンは十月二十六日付の妻に宛てた手紙のなかで、府中刑務所訪問と政治犯尋問のことをこう書いている。

《「過去二週間私がどれほど忙しかったか、君には想像つかないだろう。しかし、私の人生の中でこんなに興奮する程いそがしかったことはない。……」（中略）
「私は、マッカーサー元帥の命令によって彼ら（政治犯のこと）が一週間以内に釈放されることになっていると彼らに告げることができたが、これほど喜ばしいことはなかった。後に我々は、もっと詳しく彼らから聞き取りをする機会をえたが、釈放されてから二、三日後には、彼らは非常に興味深い、最近の情勢に関する政治情報を我々に提供してくれた。」》[26]

遂に、ノーマンらＧＨＱ内の「敗戦革命派」と日本の共産主義者たちとの連携が、目に見えるかたちで始まったのである。

「天皇制」打倒の人民戦線構築への訴え

釈放された徳田、志賀らは直ちに「人民に訴う」として、次のような主張を展開した。[27]

《人民に訴う

日本共産党出獄同志
徳田球一
志賀義雄
外一同

一、ファシズム及び軍国主義からの世界解放のための連合国軍隊の日本進駐によって日本における民主主義革命の端緒が開かれたことに対して我々は深甚の感謝の意を表する。

二、米英及連合諸国の平和政策に対しては我々は積極的にこれを支持する》

ＧＨＱの幹部がわざわざ自分たちを探し出し、自由の身にして、どんどん革命をやれと支持してくれるのだ。これまで日本政府から弾圧されてきた日本の共産主義者たちが「解放者」として連合国に感謝するのは、むしろ当然だろう。

《三、我々の目標は天皇制を打倒して、人民の総意に基く人民共和政府の樹立にある。

永い間の封建的イデオロギーに基く暴悪な軍事警察的圧制、人民を家畜以下に取扱う残虐な政治、殴打拷問、牢獄、虐殺を伴う植民地的搾取こそ軍国主義的侵略、中国、比島その他における侵略に伴う暴虐、そして世界天皇への妄想と内的に緊密に結合せるものであって、これこそ実に天皇制の本質である。彼等の自家広告的文句はかえって彼等の欺瞞性を暴露せるものである。

かかる天皇制、すなわち天皇とその宮廷、軍事、行政官僚、貴族、寄生的土地所有者および独占資本家の結合体を根底的に一掃することなしには、人民は民主主義的に解放せられず、世界平和は確立せらるるものではない。すなわちポツダム宣言は遂行せられるものでは

ない》

「天皇制」を倒すことなしにはポツダム宣言が謳った「日本の民主化」は遂行できないと彼らは強調している。ポツダム宣言を利用して、「天皇制」打倒の共産革命を主張するわけだ。アメリカに浸透した「敗戦革命派」の工作員たちの真の狙いとも平仄《ひょうそく》が合っている。

《四、飢えと寒さと家なき死線への窮迫状態は、かかる悪逆な天皇制を維持して軍国主義の復活に備えることに熱中する天皇の宮廷、軍事行政官僚と独占資本家との結合による現政府によっては、いささかも改善せられることなきのみか、現に刻々悪化しつつある。軍国主義と警察政治の一掃は日本民族の死滅からの解放と世界平和の確立の前提条件である。この任務は人民政府によってのみ遂行せられる》

悪逆な現政府を打倒し、「共産革命」を成し遂げることなしには、貧困も戦争もなくならない――共産主義プロパガンダの常套句である。

《五、寄生的土地並びに山林原野を主とする遊休土地の無償没収とその農民への無償分配、労働組合の自由、団体交渉権の確立、失業保険、八時間労働制を含む労働者、勤務者の生活改善、信教の自由、軍閥官僚と独占資本のための統制の廃除と労働者、農民勤務者その他の抑圧された一切の人民のための統制、十八歳以上の男女の選挙権による国民議会の建設、刑法中の皇室に対する罪、治安維持法、治安警察法等悪逆法の撤廃なしには刻下の急務は遂行せられず、ポツダム宣言による民主主義の樹立と完成も世界平和の確立も水泡に帰するであろう》

労働組合の自由を推し進め、労働者や農民への抑圧を廃し、皇室への不敬罪、治安維持法、治安警察法など、国内治安を守る法律を撤廃することで、「ポツダム宣言による民主主義の樹立と完成」すなわち共産革命が実行できると訴える。

《六、かかる任務は封建的圧制の下に天皇制の権力と妥協しつづけて発展したエセ自由主義、エセ社会主義である天皇制支持者達の指導によって果されるものではない。彼等は天皇制とともに欺瞞を自己保存の武器としたために人民大衆の信頼を失っている。また国際的にも信頼せらるべき何等の事蹟をも有せぬ》

「天皇制」を支持する自由主義者も社会主義者も偽物だから、彼らを排除して本当の「自由な社会」を建設するべきだ、というのである。

二十世紀の共産主義政権がいかに抑圧的であったかを熟知するわれわれからすれば噴飯物の議論であるが、当時はまだ、共産主義の非道さは多くの人の知るところではなかった。

《七、今ここに釈放された真に民主主義的な我々政治犯人こそこの重大任務を人民大衆とともに負う特異の存在である。我々はこの目標をともにする一切の団体および勢力と統一戦線を作り、人民共和政府もまたかかる基盤の上に樹立されるであろう。

我々は何等酬いらるることを期待することなき献身を以てこの責任を果すことに邁進するであろう。

一九四五年十月十日》

「真の民主主義」を確立できるのは我々だけだ、統一戦線をつくって「天皇制」打倒に邁進し、人民共和政府をつくるために献身するという宣言である。

序章で、東欧の共産主義者たちが狡猾に権力奪取を進めるべく、まずは統一戦線的に手を組める諸政党と連立政府をつくって政権に参画することから始めたことを紹介した。徳田や志賀らがめざしているのは、まさにそれを彷彿とさせる方向である。

こうした徳田ら日本共産党幹部を釈放する一方で、外国のスパイや革命を取り締まるべき内務省を解体したのが、GHQであったのだ。

大学での軍事研究禁止もGHQの指示

GHQは、日本の軍事力も徹底的に破壊した。

ＧＨＱが指令第一号として真っ先に日本に命じたのが、陸海軍の武装解除であったが、もちろんこれはほんの序の口であった。日本の軍事能力を徹底的に奪う方策が周到に、かつ矢継ぎ早に行なわれていったのである。

終戦直後に重光葵が奮闘し、ＧＨＱが「直接統治」を無理に押しつけることができなかったのは、そのときにはまだ日本軍、特に陸軍が組織として温存されていたからこそだった。ＧＨＱは、その日本軍を根底から破壊すべく、諸々の手を講じたのだ。

仙台大学教授を務めた百瀬孝氏の『事典 昭和戦後期の日本』（吉川弘文館、一九九五年、七四～七七頁）によると、第一に、軍需生産の廃止である。「日本国をして戦争の為再軍備を為すにことを得しむるが如き産業は許されない」というポツダム宣言の条項に則り、一九四五年八月二十五日、軍需会社等の指定を取り消し、九月二日、軍需生産全面停止を指令している。

軍需生産全面停止とは、一切の兵器・弾薬および戦争用具の製造分配を直ちに終了させるということだ。たとえ軍隊があっても武器弾薬が補給できなければ戦えなくなる。軍事能力を奪ううえで、軍需産業の廃止は必須だった。

九月二十二日には、ＧＨＱ指令第三号を発令し、武器弾薬戦争用具・その部分品組成品成分・戦闘用海軍艦艇・航空機・その部分品組成品成分の生産を禁止。さらに十月十日、兵器航空機等の生産制限を行なっている。

第二に、軍事機関の廃止である。大本営、参謀本部、陸軍省、海軍省はじめ、軍事関連の機関を根こそぎ廃止していった。まず九月十三日に大本営を廃止し、十月末から十二月末にかけて、要塞地帯法、陸軍士官学校令、海軍兵学校令、元帥府条令、海軍将官会議条令、海軍大学校令と、軍事関連機関の根拠法となっている法律を次々に廃止していく。

十二月一日には陸軍省官制と海軍省官制廃止と同時に、第一復員省官制と第二復員省官制が公布され、陸海軍省はそれぞれ軍人復員（海外から引き揚げる軍人の対応）業務のみを行なうことになった。この日までに陸海軍の機関がほとんど廃止されている。帝国在郷軍人会令、陸軍現役将校学校配属令、兵役法なども廃止された。

余談になるが、このなかの要塞地帯法について説明しておきたい。要塞地帯法は海からの不法侵入を阻止するために沿岸地域を軍が管理することを定めた法律であった。沿岸地域というのは、北朝鮮による拉致問題で工作員が海岸から入ってきていたことでもわかるように、国防上最も重要な地域である。この法律が廃止され、講和独立後に改めて立法措置をとらなかったため、北朝鮮の工作員が海岸から易々と不法入国し、横田めぐみさんたちを拉致することができたともいえる。

世界を見ても、とりわけ沿岸地域については沿岸警備隊のような専門部隊が置かれ、外国人の所有を制限している国が少なからず存在する。だが日本では、占領中にＧＨＱによって要塞地帯法が廃止された結果、沿岸地域を警察、海上保安庁、自衛隊のうち、どこが守るのかという責任の所在が曖昧なまま、現在に至っている。いま、中国人や韓国人など外国の人々が、日本の安全保障上、重要な土地を次々に購入していることが問題となりつつあるが、その問題の淵源も軍事関連法が廃止されたことにあるのである。

話を戻そう。陸海軍の廃止とともに軍事司法も廃止された。陸軍軍法会議法・海軍軍法会議法はともに廃止。海軍軍人軍属犯罪即決法及び陸軍軍人軍属犯罪即決法も廃止されている。

戦前の法体系は、帝国憲法、皇室典範、軍法の三つの領域から成り立っていた。だが戦後、占領改革によって皇室典範は国会で自由に改変できる普通の法律になり、軍法は廃止された。日本は法体系の三つの領域のうち、二つを失ってしまったのである。

軍事研究も禁じられた。百瀬氏の前掲書（七九頁）によると、一九四五年中に以下の措置を行なっている。

- 放射性不安定元素の分離の研究禁止。
- あらゆる研究機関に月一回業績について英文報告書提出を義務化。
- 航空に関する研究教育の全面的禁止と、十二月三十日までに解体することを命令。
- 各大学では、航空工学科・造兵学科・火薬学科を応用数学科・発動機工学科に解消。

さらにＧＨＱは、理化学研究所・京都帝国大学・大阪帝国大学のサイクロトロンを破壊し海中に投棄するよう命令。テレビジョン・電波妨害・電波探索・パルス変調多重通信方式・電波近接・音声秘密通信・暗号通信も研究禁止となった。また、翌年にはレーダー装置の研究を禁止している。

一九四六年に入ると、ＧＨＱは軍事研究・地域研究関係の機構改編も行なっている。

東京帝国大学は航空研究所を理工学研究所に、自然科学研究所を立地自然科学研究所に、名古屋帝国大学は航空医学研究所を環境医学研究所に、北海道帝国大学は超短波研究所を応用電気研究所に、長崎医科大学は東亜風土病研究所を風土病研究所に、東京工業大学は電子工学研究所を電気化学研究所に、東京産業大学は東亜経済研究所を経済研究所にそれぞれ改称。九州帝国大学は活材工学研究所を廃止した。また、軍学校、軍事科学関係、アジア語学の専門学校、武道専門学校が自主的を含めて廃校になっている。

軍の武装解除をしただけでなく、機関も法律も廃止し、軍人を養成する能力も、学問も研究も、すべて禁止したのだ。

軍事に関する学問が否定され、奪われたことの後遺症は大きい。学問を奪われるとは、頭脳を奪われることだ。国防という国家にとって不可欠なものに関する頭脳を奪うということは、日本は独立国家としての頭脳を奪われたということである。

皇室を利用しつつ皇室を解体する政策

敗戦革命工作を行なっていた共産主義工作員たちにとって、戦前から天皇が最大の目の敵だったことはこれまでの章でも述べてきたとおりである。

GHQは、皇室を利用しつつ皇室を解体する政策を着々と進めていく。皇室を維持すると称しながら、皇室を支える構造を次々と奪っていったのである。

第一は、国際法から逸脱した戦犯逮捕であった。一九四五年九月十一日の東條英機ら三九人の逮捕に始まり、十一月十九日、十二月二日と政府や軍高官の逮捕が続く。十二月六日には近衛文麿、木戸幸一ら天皇側近も逮捕された。

戦犯逮捕は、天皇を支える政治家たちを潰すのと同時に、天皇を戦犯として訴追することも視野に入れていた。

《ポツダム宣言の言及する戦争犯罪を、ジュネーヴ条約による通常の戦争犯罪と解釈していた政府にとって、これは驚きであったろう。天皇の国務大臣が戦争指導について責任を追及されるとなると天皇陛下も危ない》[28]

十二月二日には、皇族の梨本宮殿下が逮捕されている。のちにGHQ内のウィーク・ジャパン派と熾烈な内部闘争を行なうことになるGHQの参謀第二部（G2）は占領開始当初、日本の軍国主義者の戦犯指定作業にあたっており、それを担当していた諜報部長のエリオット・ソープ准将はバリバリのニューディーラーだった。

ソープは、「プリンス梨本を戦犯に加えたのは、プリンスが侵略戦争の推進力である神道のボスだったこと、戦争犯罪に関しては皇族でも免責はないこと、を日本国民に知らせるのが目的だった」と述べている。さらに、『ワシントン・スター』紙やAP電は天皇も戦争犯罪人に指定される可能性があると示唆する記事を書き立てた。[29]梨本宮が「侵略戦争の推進力である神道のボスだった」とは、伊勢神宮の祭主を務めていたことを指している。

皇室解体政策の第二は、皇室そのものへの圧力である。十一月二十日、皇室財産凍結。GHQの事前承認のないかぎり、経常費を除く皇室財産の取引が封鎖された。経済的基盤を一気に失った皇室は、やむなく十一宮家を皇籍離脱させる。経済力を奪うことでGHQは皇位継承権者を激減させたのだ。

国民精神の基盤を掘り崩そうとする「神道指令」

さらに、十二月十五日には「国家神道、神社神道に対する政府の保証、支援、保全、監督並に弘布の廃止に関する件」（神道指令）を通達した。これはGHQの「敗戦革命派」による、皇室と国民の絆への強力な攻撃だった。

《一　国家指定の宗教乃至《ないし》祭式に対する信仰或《あるい》は信仰告白の（直接的或《あるい》は間接的）強制より日本国民を解放する為に、戦争犯罪、敗北、苦悩、困窮及び現在の悲惨なる状態を招来せる「イデオロギー」に対する強制的財政援助より生ずる日本国民の経済的負担を取り除く為に、神道の教理並《ならび》に信仰を歪曲して日本国民を欺《あざむ》き侵略戦争へ誘導するために意図された軍国主義的並《ならび》に過激なる国家主義的宣伝に利用するが如きことの再び起ることを妨止する為に、再教育に依って国民生活を更新し永久の平和及《および》民主主義の理想に基礎を置く新日本建設を

実現せしむる計画に対して日本国民を援助する為に、茲《ここ》に左の指令を発す》
「神道指令」の冒頭は、神道指令を発令する目的を列挙している。四つ挙がっているが、要約すれば国家神道という危険なイデオロギーは日本国民を侵略戦争に誘導するために意図的に利用され、国民に強制されたものであって、現在、日本国民が敗北し困窮しているのは国家神道のせいであると断定している。

そこで、「神道指令」は神道の宣伝を禁止する。

《一（ハ）神道の教義、慣例、祭式、儀式或は礼式に於て軍国主義的乃至《ないし》過激なる国家主義的「イデオロギー」の如何《いか》なる宣伝、弘布も之《これ》を禁止する。而《しか》してかかる行為の即刻の停止を命ずる。神道に限らず他の如何なる宗教、信仰、宗派、信条或は哲学に於ても叙上の「イデオロギー」の宣伝、弘布は勿論《もちろん》之を禁止し、かかる行為の却刻の停止を命ずる》

「神道指令」は国家神道を「過激な国家主義的イデオロギー」であるとしている。では、その「過激な国家主義的イデオロギー」とは具体的にどういうものか。

《二（ヘ）本指令中に用いられている軍国主義的乃至《ないし》過激なる国家主義的「イデオロギー」なる語は、日本の支配を以下に掲ぐる理由のもとに他国民乃至他民族に及ぼさんとする日本人の使命を擁護し或《あるい》は正当化する教え、信仰、理論を包含するものである。

（1）日本の天皇はその家系、血統或は特殊なる起源の故に他国の元首に優るとする主義
（2）日本の国民はその家系、血統或は特殊なる起源の故に他国民に優るとする主義
（3）日本の諸島は神に起源を発するが故に或は特殊なる起源を有するが故に他国に優るとする主義
（4）その他日本国民を欺き侵略戦争へ駆り出さしめ或は他国民の論争の解決の手段として武力の行使を謳歌せしめるに至らしめるが如き主義》[30]

「これらの定義が神道だ」とする議論に対しては、現代の日本人も大いに違和感を覚えるであろう。

確かに、戦前から戦時中にかけて、一部の右翼全体主義者たちがナチスなどの議論にも影響を受け、ここに書かれているような主張を繰り広げていたのは事実ではある。だが、それは神道の本質ではなく、まったく誤った解釈であった。

だが、GHQはこの定義を振りかざして、天皇が超国家主義、軍国主義の根源であると認定してしまった。

いま挙げた（4）「日本国民を欺き侵略戦争へ駆り出さしめ」という言葉からもわかるとおり、この神道指令も「支配層」と「庶民」を分断しようとする「二分法」に基づいてい

る。

「神道指令」のなかには、「ホ（2）神社神道は国家から分離せられ、その軍国主義的乃至《ないし》過激なる国家主義的要素を剝奪せられたる後は若《も》しその信奉者が望む場合には一宗教として認められるであろう、而《しか》してそれが事実日本人個人の宗教なり或《あるい》は哲学なりである限りに於て他の宗教同様の保護を許容せられるであろう」という記述もある。

キリスト教が西洋社会の社会的基盤になっているのと同じ意味において、神道は日本社会の一つの社会的基盤を形成している。「神道指令」はその社会的基盤としての神道を徹底的に排除することによって、国民精神の基盤を掘り崩そうとしたのである。

アメリカ国務省内の知日派、たとえばヒュー・ボートンやジョゼフ・グルーは、一部の右翼全体主義者が皇室を利用して言論弾圧をしていることに嫌悪感を持ちつつも、しかし皇室を維持すること自体は民主主義と何ら矛盾するものではないと理解していた。だが、GHQの「神道指令」には、このようなかたちでコミンテルンの思想的影響が顕《あらわ》になっている。

何度も繰り返すが、アメリカは一枚岩ではないし、GHQも一枚岩ではない。GHQの対日占領政策は、アメリカ共産党やコミンテルンの影響を受けたグループと、そうでない人のグループとの合体のなかで動いていた。そして「神道指令」は明らかに、コミンテルンの影響を受けた「敗戦革命派」の意図が色濃く反映したものであった。

「神道指令」に基づいて、東京帝国大学を含め、全国の帝大で次々と神道や日本思想史に関する講座が解体されていった。一九四六年一月には内務省の神祇院・造神宮使庁が廃止され、三月には文部省所管の神宮皇学館大学と内務省所管の神宮皇学館が廃止された。

占領期間中、この「神道指令」に基づいて、神道に関わるものはすべて軍国主義であるから否定されるべきである、という宣伝が行なわれ、国民の手によって「天皇制」を解体するイデオロギーを日本国民に注入しようとする試みが続けられた。

「神道指令」に明快な反論ができなかった日本

天皇と神道を侵略の原因と決めつけ、日本を「国家神道のカルトに侵された洗脳国家」と断定する神道指令は、日本の皇室や神道のあり方とは本質的にかけ離れたものである。彼らの対日偏見、日本に対する無理解を非難するのは容易《たやす》い。

だが、ここで考えてほしいことは、こうした偏見に満ちたGHQの「神道排除」政策に対して、説得力ある形で反論できる政治家、学者が当時、日本側にほとんどいなかった、ということだ。

戦前、日独伊三国同盟や対米開戦に反対し続け、戦後は神社本庁の創設などに関わった神道思想家の葦津珍彦《あしづうずひこ》氏は当時、神道的日本人の側から反論や批判があったものの、「かれら（引用者注・占領軍）の称する『国家神道』なるものの全実像についての体系的反論解明が、十分に展開されたとは云いがたい」と指摘している。[31]

それはいまも同じで、そうした説得力ある議論ができる学者が、現在の日本にどれくらいいるのだろうか。

明治から大正時代にかけては、岡倉天心が『茶の本』を、新渡戸稲造が『武士道』をそれぞれ英語で書いて、日本の文化や武士道、宗教などについて、外国人、それもキリスト教徒にわかるように説明する言論人が存在していた。

ところが昭和の時代になると、外国やキリスト教などの研究は軽んじられていく。しかも昭和十年代になると、国体明徴運動に象徴されるような、「愛国心」や「国体」の名のもとに学問の自由さえ否定する風潮が強まっていった。

国体明徴運動とは、貴族院の菊池武夫や軍の一部の右翼全体主義者が憲法学者美濃部達吉の天皇機関説を「天皇を機関とするとは何事か」「国体に背く学説である」と大々的に批判した言論弾圧運動である。天皇機関説は帝国憲法の正統的解釈として確立していたにもかかわらず、政府は圧力に屈し、美濃部の著書三冊を発禁処分にしたうえ、天皇機関説は国体に反するという声明を発するという体たらくだった。

前著『コミンテルンの謀略と日本の敗戦』で指摘したように、特定の言説を「非国民だ」「売国奴だ」として弾圧し、言論の自由を認めなかった右翼全体主義者たちは、左翼リベラルの議論を弾圧することが日本を守ることだと信じた。だが、その愚行は結果的に、日本を自滅へと誘導することになった。

アナーキストのクロポトキンの研究をしただけで、森戸辰男東京帝国大学教授を刑事訴追して有罪にしたこともそうだ。共産主義の本質をきちんと研究して理解し、統制経済ではなく自由主義経済でなければ経済を立て直せないことを訴えていた山本勝市も、文部省をクビになっている。

社会主義や無政府主義の研究を禁じてしまったら、どのようにしてこれらの思想に対応すればいいのか、わからなくなってしまうのもある意味、当然だ。

社会主義やマルクス・レーニン主義に対する理解が浅いから、終戦工作において、昭和天皇の側近であった木戸幸一内大臣までが、ソ連に対して根拠なき幻想を抱くような、無様な事態を生んでしまったわけだ。そして、そのことは、敗戦後の対日占領政策に対して、相手の土俵を理解したうえで筋道を立てて反論できる政治家や学者が少なかった原因ともなっている。

学問の自由を否定し、さまざまな思想を研究することを禁じれば、学問は硬直し、視野は狭くなり、考え方の異なる人々に対する説得力を失っていく。その危険性は、学問の自由が認められている現在でも変わらない。

現在のSNSなどを見ていると、特定の政治家やマスコミを揶揄《やゆ》することが日本を守ることだと誤解しているように思われる人を見受けるが、自分と異なる政治的立場の人々の考え方を小ばかにし、揶揄するだけで、自らと異なる考え方を理解することを怠れば、相手を侮るようになり、考える力は衰弱する。それは、思想力の低下という形で、日本を亡国に追いやる恐れがあることを私たちは肝に銘じるべきなのである。

公職追放という名の大規模な「粛清」

さらに、GHQが大規模な公職追放を行なったことも、よく知られている。

（A）戦争犯罪者
（B）職業軍人

（C）過激な国家主義団体などの幹部
（D）大政翼賛会などの幹部
（E）膨張政策に関与した金融機関の幹部
（F）占領地の行政長官など
（G）その他の軍国主義者

こうしたA項からG項を対象とし、国会議員・地方議員や官僚だけでなく、報道機関や民間企業にも及んだ。追放された人数は二十一万人以上に上り、恣意的で乱暴な運用が行なわれた。

公職追放令の発令は一九四六年一月四日だが、教職の追放はそれよりも前からいち早く指令が出されている。担当したのはGHQ民政局のなかの民間情報教育局、つまり、マスコミや教育界や、宗教分野を担当する部局で、トップはケネス・ダイク准将というバリバリのニューディーラーであった。彼は政治犯釈放、特高警察解体などにも大きく関わっている。

まず一九四五年十月二十二日、「日本教育制度に対する管理政策」に関する指令が発表された。ここには、次のような文言がある。

《一B　あらゆる教育機関の関係者は左の方針に基づき取り調べられ、その結果に従いそれぞれ留任、退職、復職、任命、再教育又は転職せらるべきこと。
（1）教師及び教育関係官公吏は出来得る限り迅速に取り調べらるべきこと、あらゆる職業軍人乃至《ないし》軍国主義、極端なる国家主義の積極的なる鼓吹者及び占領政策に対して積極的に反対する人々は罷免せらるべきこと
（2）自由主義的或は反軍的言論乃至行動の為解職又は休職となり、或いは辞職を強要せられたる教師及び教育関係官公吏は其の資格を直に復活せしめらるべきことを公表し、且つ彼等が適当なる資格を有する場合は優先的に之を復職せしむること（略）》[32]

この項目で「軍国主義者」や「国家主義者」と認定された教員の追放を指示したわけだが、十月三十日には教員の資格審査や追放に特化した内容の指令、「教育及び教育関係官の調査、除外、認可に関する件」が再び出された。

そして、教育関係者の適格性を認定するための行政機構の設置、司令部への報告、個々の教員の適格性が精確にわかるような（つまり詳細な）報告、適格性判断の基準表作成、これらのための行政的措置や機構に関する報告、再審査の手続きなど、「よくもここまで」といいたくなるほど周到かつ具体的な条項を並べたうえで、「本指令の条文の適用を受ける日本政府のあらゆる官吏属僚及び官公私立の教育関係官は本司令に明かにされたる方針を完全忠

実に守る個人的責任を有する」と念を押している。

ＧＨＱのこのような動きに対して、東京帝国大学は一九四六年五月二十一日の『帝国大学新聞』一面トップに「戦犯教育者の追放」という論説記事を掲載している。孫引きになるが、この記事の一部を拓殖大学教授を務めた池田憲彦氏が「占領下における教職〝追放〟（教職員適格審査）（２）」で引用しているので紹介しよう。

《教育界の粛清は民主革命を真に確立せしめるか否かをかけた喫緊の要務である。十数年に亙《わた》る闇黒教育の結果を今日程若い世代の誰もが痛感している時はない。この闇黒と強圧から真に民主的な自由な解放を齎《もたら》すものこそ教育界の徹底的な廓清《かくせい》と民主化以外にはあり得ない》[33]

公職追放とは、共産主義者たちが敵対する政治勢力を排除する「粛清」と同じ手法であった。ＧＨＱとその迎合者たちは、敗戦革命工作に抵抗する政治家や公務員、教職員を「国家主義者」といったレッテルを貼って、公職から追放した。特に大学の教授ポストは、この公職追放によって次々と空白になった。その穴を埋めたのが、ＧＨＱに迎合した人々であった。

「敗戦利得者」という言葉がある。戦後、ＧＨＱのこのような追放政策によって「利得」を得た左翼系の人間が、それを既得権益化し、自分の息のかかった左翼系の人士で教育界・学界を席巻し、「左翼にあらずんば人にあらず」とでもいうような利権村を形づくったことを指す。ＧＨＱはそのような知的空間を意図して形づくったのである。

このように、占領開始からわずか三カ月で、ＧＨＱは、言論封殺で日本国民の口を塞ぎ、対外インテリジェンス機関を解体して目を奪い、国内治安組織と軍隊を解体して革命への防御力を奪い、学問と研究を圧殺して頭脳を奪い、教育のかたちも大きく変え、さらに皇室と国民のあいだに楔を打ち込んで皇室解体をめざしたのであった。

繰り返すが、これほどの短期間で「敗戦革命」の環境整備を成し遂げたのだ。予めプログラムをつくっておかなければ、到底不可能なことであった。

【注】

1　セオドア・コーエン『日本占領革命』（上）、五九頁
2　同、五二頁
3　同、五二～五三頁
4　Evans & Romerstein, *Stalin's Secret Agents*, Chapter 15.

5　セオドア・コーエン『日本占領革命』（上）、二四頁

6　同、三一～三四頁

7　「日本占領及び管理のための連合国最高司令官に対する降伏後における初期の基本的指令」http://www.ndl.go.jp/constitution/shiryo/01/036/036jtx.html、二〇一八年三月十八日取得

8　山極晃他編『資料　日本占領1　天皇制』三九〇～三九四頁

9　油井大三郎『増補新装版 未完の占領改革』二一〇頁

10　江藤淳『閉ざされた言語空間』二三七～二四一頁

11　原文は以下の通り。
《Criticism of SCAP Writing the Constitution : Any references to the part played by SCAP in writing the new Japanese Constitution or any criticisms of the part played by SCAP in the formation of the Constitution.》
これを江藤淳氏は「3．ＳＣＡＰが日本国憲法を起草したことに対する批判　日本の新憲法起草に当ってＳＣＡＰが果した役割についての一切の言及、あるいは憲法起草に当ってＳＣＡＰが果した役割に対する一切の批判」と訳しているが、近現代史家の細谷清氏の意見に従って、ＧＨＱが現憲法を起草したことへの一切の言及、及び現憲法の成立に当たってＧＨＱが果した役割に対する一切の批判も検閲の対象になった趣旨に日本語訳を修正した。

12　ＮＨＫクローズアップ現代「知られざる〝同胞監視〟～ＧＨＱ・日本人検閲官たちの告白～」二〇一三年十一月五日放送

13　山本武利『ＧＨＱの検閲・諜報・宣伝工作』岩波書店、二〇一三年、一一～一二頁

14　江藤淳『閉ざされた言語空間』九頁

15　同盟通信社が対外インテリジェンスを任務として担っていたことは、外務省が作成した一九三六

年十月二十八日付の文書「在外公館ト同盟特派員トノ連絡ニ関スル件」などからもわかる。これについては、里見脩『ニュース・エージェンシー』（中公新書、二〇〇〇年）などを参照のこと。

16 小谷賢「日本軍とインテリジェンス」、『防衛研究所紀要』第一一巻第一号、二〇〇八年十一月、四九頁

17 里見脩『ニュース・エージェンシー』kindle版、「同盟解体」

18 同、「同盟解体」

19 油井大三郎『増補新装版 未完の占領改革』二二五頁

20 荻野富士夫「解説　治安維持法成立・『改正』史」、『治安維持法関係資料集』第4巻所収、新日本出版社、一九九六年、七三四～七三五頁

21 油井大三郎『増補新装版 未完の占領改革』二二八～二二九頁

22 大森実『戦後秘史4　赤旗とＧＨＱ』講談社文庫、一九八一年、一三一～一三三、一三八頁

23 同、一四五頁

24 同、一〇三～一〇五頁

25 油井大三郎『増補新装版 未完の占領改革』二三〇～二三二頁

26 同、二三一～二三二頁

27 大森実『戦後秘史4　赤旗とＧＨＱ』八五～八六頁

28 片岡鉄哉『日本永久占領』講談社＋α文庫、一九九九年、三三一頁

29 太田尚樹『東京裁判の大罪』kindle版、ベスト新書、二〇一五年、第四章

30 以上の神道指令条文の出典は文部科学省のサイト「連合国軍最高司令部指令」http://www.mext.go.jp/b_menu/hakusho/html/others/detail/1317996.htm、二〇一八年三月十七日取得。片仮名を平仮名表記に改め、必要に応じて句読点を施し、傍線による強調を加えた。

31 葦津珍彦『国家神道とは何だったのか』kindle版、神社新報社、一九八七年、序

32 出典は文部科学省のサイト「連合国軍最高司令部指令」http://www.mext.go.jp/b_menu/hakusho/html/others/detail/1317996.htm、二〇一八年三月十七日取得

33 池田憲彦「占領下における教職〝追放〟(教職員適格審査)〈2〉」一二頁。http://chiikikagaku-k.co.jp/kkj/opinion/04/04_f.html、二〇一八年五月三十一日取得

第七章　ＧＨＱと日本共産党の蜜月

中国共産党、GHQ、日本共産党――「敗戦革命派」の連携

日本共産党にとって、占領初期はまさに、わが世の春であった。

絶大な権限を持ったGHQがやってきて、自分たちをわざわざ刑務所に探しにきて解放し、自分たちを取り締まった特高警察を潰してくれた。徳田球一・志賀義雄らが釈放されたときの政権は幣原喜重郎内閣で、内閣書記官長（現在の内閣官房長官に相当）は野坂参三の義兄の次田大三郎であった。

GHQの敗戦革命派は電光石火の速さで日本解体政策を実行する一方、日本共産党員と様々なかたちで連携している。

戦後の左翼運動史であまり取り上げられることはないが、敗戦直後に結成されて数カ月間、伊藤律、中西功、高野実、荒畑寒村、加藤勘十といった左翼運動家たちの活動拠点になった人民社という組織がある。

人民社を創立したのは松本健二という左翼運動家で、戦後は社会党や労農党、日中貿易促進議員連盟などに関わり、のち日本共産党統一戦線部などに所属した。[1]

伊藤律は戦前からの共産党員で、戦後徳田球一に重用されて中央委員を務めたが、のち中

国に密出国し、長く消息不明になった。一九八一年に帰国。

中西功は戦前、東亜同文書院在学中に上海で中国共産主義青年団に参加し、汪兆銘政権の情報を延安の中国共産党に通牒した「中国共産党諜報団事件」の中心人物だった。ゾルゲ事件の尾崎秀実の推挙により朝日新聞の笠信太郎の紹介を受けて満鉄に入社し、満鉄から中支那方面軍特務部に派遣されて汪兆銘政権のために勤務するあいだ、上海の中国共産党側の情報組織や毛沢東主宰の中国共産党中央委員会政治局に汪兆銘政権や日本側の情報を流していたといわれる。[2]

高野実は日本共産党創立時に参加した労働運動家。荒畑寒村も日本共産党の創立メンバーで、のちに先述の「講座派」と論争した「労農派」の中心人物となる。加藤勘十は戦前、日本無産党委員長を務めた労働運動家で、戦後は社会党結成に参画した。

要するに、共産党だけでなく、様々な左翼系のバリバリの運動家たちが結集していたのが人民社だったのである。

さて、この松本が、松本を含む人民社のメンバーと、中国共産党の八路軍兵士と、ＧＨＱのスタッフとして来日したアメリカ共産党員とが集結した興味深いエピソードを著書のなかで語っている。少し長くなるが紹介しよう。

《（一九四五年）九月末か一〇月初旬のことである。台東区稲荷町の私の家に、中国と米国とわれわれの三国の顔触れの人びとが集まった。

その動機は、中国の八路軍の人（中略）が、終戦で解放され、「労農通信社」をたずねてきたのである。『労農通信』の責任者であった浅川謙次は友人である共同通信記者の楊春頌に連絡し、同時にアメリカ関係にも連絡してもらった。そして、私（松本）のところにいったら何かあるだろうということで、私の家に集めることにしたからとの通知があった。当時何もない時代であるが、私はある程度の備えがあった》[3]

労農通信社というのは、人民社のメンバー、浅川謙次が一九四五年に創立した出版社で、労働組合・農民運動・消費者運動・婦人運動・部落解放運動・学生運動などを報道する『労農通信』を発行していた。浅川は、毛沢東や劉少奇の著作の翻訳も行なっている。

《私の家に来訪した人びとは、

人民社　佐和慶太郎、浅川謙次、中西功

中国　楊春頌（通訳した）と八路軍の二人

米国　塚原中尉（二世）とネルソン少尉

の八人であって、私を加えて九人の懇談会が催された。私がサントリーの一二年の角ビンを開けると、塚原中尉は「オー・サントリー」と喜んでくれた。

ネルソンは若い将校で、家は医者であると聞いたが、感じの良い青年であった。（略）その時の彼の話では、自分は共産党員であるが、知られていない。アメリカでは共産党員は、将校にはなれない。共産党の機関紙を売店で買う人びとは、近くで写真をとられている、などと話した。塚原中尉はにがみ走った神経質な感じの男であった。八路軍の二人は、貧農出身で延安の抗日軍政大学を卒業したと自己紹介した。通訳をした楊春頌は、共同通信の記者であったが、きっすいの労働者出身で、一九二七年漢口で開かれた有名な太平洋労働組合会議にも出席した人である。その会議には日本から山本懸蔵など一〇名ちかくが出席した。浅川とは親しい友人であった》[4]

太平洋労働組合会議というのは、プロフィンテルン（赤色労働組合インターナショナル。コミンテルンの下部組織）が開催した汎太平洋労働組合会議のことだ。汎太平用労働組合の書記長を務めたのがアール・ブラウダーで、ブラウダーは帰国後アメリカ共産党の書記長を長く務め、野坂参三と連携していた。

そのような人物たちが、一堂に会していたのである。

ＧＨＱ内部に潜んでいた「革命の同志」たち

人民社を創立した松本健二の引用をさらに続けよう。

《この懇談会で論議の中心になったのは天皇制の問題であった。

［アメリカ共産党員で日系人の］塚原中尉は、天皇制がいかに残忍であるかを強調した。

中西は、統一戦線の立場で、どうあつかうかを提案していたようだ。

私は、天皇制は崩壊させねばならぬが、天皇自身をギロチンにかけることには賛成しかねたので、伊勢神宮の宮司にしてはという考えがあったが、この場ではいわなかった。

八路軍の二人は、信仰としての天皇をどうするかといった意見をのべた。

結論を出して行動する会議でもなかったので、各自がこの懇談の中で自覚を深めるといった性質のものであった。私は中国の同志の考え方は高い線をいっていると思った。中国の同志は制度としての天皇制は崩壊するが、信仰として天皇は残るのではないか、それをどう打倒するか、このことを提案したのであるが、懇談会では、このことを中心に討論するまでにいたらなかった。（略）

この懇談会で、中国の同志から秋田県花岡鉱山での中国人への残虐行為を話され、それは

『真相』に暴露されて、のちに遺骨送還運動に発展した。

この懇談会は結論はださなかったが、意義のある会であった。

帰りぎわに、ネルソン少尉は、教育局のコングレス大尉に会うようすすめてくれた。これはあとで実行した》

松本は続けて、ＧＨＱと接触したときのことを書いている。松本は人民社で、機関誌『人民』や暴露雑誌『真相』を発行していたが、旧刑法がまだ生きている時期のことで、不敬罪で引っかかるのを恐れていた。そこで、ＧＨＱに不敬罪を抹殺するよう要請に行ったのである。


《われわれは雑誌『人民』の説明をし、創刊号の執筆者は、加藤勘十、加川豊彦、鈴木東民であるといったら、加藤勘十を知っているらしく、「加藤勘十はどちらだ」と、たたみかけてきた。「加藤は来ていない」というと、少しガッカリしたようであった。無名の奴がきたと思ったのであろう。

それでも日本の民主化について二、三話しあい、不敬罪のことを話し、「民主化の第一の障害だ」といったら、「天皇のことについては日本人民がきめることで、われわれは関知しない。すきなようにやれ」といった意味のことを応答した。不敬罪の法律はよくわからなかったようだ。こんな馬鹿げた法律があることはわからないのがあたりまえで、だから松島が一年後これにひっかけられて、はじめてわかり、廃止となったのである。われわれがここへきてから一週間ぐらいしてから「天皇のことは日本人民がきめるべきことで、このことに関し、たとえ暴動がおきても、GHQは関知しない」といった発表があったことを新聞で報道された。「宮城が占領できる」の発想が生れた背景でもあった》[6]

松島というのは、一九四六年五月十九日に皇居前で行なわれた通称「食糧メーデー」の集会で、「国体はゴジされたぞ。朕はタラフク食ってるぞ。ナンジ臣民飢えて死ね」のプラカードを担いでいて逮捕された共産党員の松島松太郎のことだ。食糧メーデーについては次章で詳述する。

松本は、とりあえず五千人を集めたら宮城を占領できる、そうすればクーデターは成功する、と考えていた。「たとえ暴動がおきても、GHQは関知しない」という通達が、どれほど革命運動家を元気づけたかがよくわかるエピソードだ。

まだある。

《このあと、高野実からアメリカと懇談会があるので出席するようにいってきた。日本の非民主的な過去の情況を語る会といったもので、彼らは拷問をする事実などについて主にきいた。出席したのは、高野実、島上善五郎（戦前は日本無産党、戦後は社会党の創立メンバー、総評初代事務局長）、山花秀雄（のち社会党の創立メンバー）、林百郎（のちの共産党議員）などで、林はまだ弁護士の卵時代である。高野に話があったのだから高野グループが集まるのも当然であった。相手は民政局関係であると思うが、そのときは、どこのセクションであるかも気にしなかった。アメリカ側は不法逮捕や、拷問などの事実をきいて、過去の日本の政治が如何に反動的であるかの記録をつくり、ＧＨＱの占領統治がいかに民主的であるかのデータをつくることを狙いとしていたようである》[7]

ＧＨＱが戦前に弾圧された活動家たちから事情を聞き取り、こんな酷いことをする警察はけしからんといって、治安機関を破壊するという構図である。

塚原中尉に勧められたコングレス大尉との面会についても書いている。

《彼は、独占資本が、いかに悪いやつであるかを強調し、アメリカ独占資本も悪い奴なんだみたいのことをいった。そして、革新勢力はどうしても日本の独占資本・財閥を徹底的に打倒せねばならぬと強調した》[8]

ＧＨＱのなかに潜んでいたアメリカ共産党員たちは、松本にとって「革命の同志」だったことがよく伝わってくる記述である。

「生産管理闘争」をけしかけるGHQ

人民社の活動は主に終戦直後数カ月間のもので、革命運動の主体は再建された日本共産党が資金力と組織力に物をいわせ、GHQの後ろ盾を得て担っていくことになる。

共産党の敗戦革命の尖兵としての活動ぶりに入る前に、資金について示しておく。本書で扱う時期より少しあとの数字だが、共産党の資金はきわめて潤沢であった。

ロジャー・スウェアリンゲン&ポール・ランガーの『日本の赤い旗』によれば、一九四九～一九五〇年の会計年度に全国選挙管理委員会が発表した数字によると、共産党の資金は一億二二八七万六〇〇〇円で、自由党の四二八九万七〇〇〇円を遥かに凌駕する断トツの一位だった。[9]

さて、釈放された徳田球一たちは、国分寺の自立館という、行き場がない府中刑務所出獄者たちのための施設を乗っ取り、米俵や野菜類も府中刑務所から確保して、日本共産党の再建臨時本部とした。[10]

一九四五年十月二十日には共産党機関紙『赤旗』を再刊し、天皇制打倒を掲げる一方で日本社会党を強烈に非難した。当時の日本社会党には、西尾末広や西村栄一といった、のちに民社党に結集する自由主義者がたくさんいたからだ。

また、『赤旗』再刊第一号は、徳田・志賀の名前で「生産管理闘争」という労働争議の戦術を支持する論文を発表している。

「生産管理」とは、労働者がストライキをするのではなく、会社や工場の施設や資材を奪い、使用者の監督を拒否して自分たちで生産や経営を行なうもので、コミンテルン第二回大会やプロフィンテルン第一回大会でも採択された手法だ。いうなれば、コミンテルンの闘争方式に則った戦術である。

十月二十五日、労働争議が起きていた読売新聞社で、争議団が新聞の印刷配達を開始した。『赤旗』再刊第一号が指示した生産管理方式の労働争議である。

ＧＨＱのＣＩＥ（民間情報教育局）のトップ、ダイク准将は、徹底的に読売新聞社の争議団側を支援した。大森実著『戦後秘史４　赤旗とＧＨＱ』によると経緯は次のようだ。[11]

まず、争議団による新聞発行が始まったのと同日、各新聞に「連合国最高司令部民間情報部発表」として、連合軍最高司令部情報教育部長ケン・Ｒ・ダイクの警告が掲載された。前日の二十四日に東京市内各新聞および放送協会の代表者を集めて発したものが、二十五日の記事になったわけだ。この日の『毎日新聞』はダイクの発言を次のように報じている。

《言論および思想の自由に関する十月四日の連合軍最高司令部の指令は、自由主義者の間では日本の「大憲章」とされている。しかるに日本の新聞とラジオは、この指令の歴史的意義を国民に徹底説明するほとんど何らの手段をも講ぜず、新聞はただお座なりな評論と指令の原文発表だけしか行っていない。

新聞やラジオはこの指令を国民が理解し、かつ彼らに新しい権利の行使を奨励するような言葉で説明すべきである。しかるに新聞はあたかも思想取締法が共産主義を弾圧することのみを目的としたものであったという印象を与えることによって、思想取締法を間接的に正当づけんと試みている。

しかし釈放された政治犯人に聞き質した結果、それは事実ではないことがわかった。同法は如何なるものたるを問わず、反軍国主義的所信を有するすべてのものを弾圧するために行使されたのである。たとえば戦争犯罪人の問題に関しては、十分かつ率直な討論が行われていない。新聞およびラジオは、日本人間に周知の日本の戦争指導者に関する知識を少しも知らしていない。（中略）

日本国民が当面する問題の自由討議は将来の日本の政治形態を聡明に決定するために必要である。当部は新聞が皇室の無制限な討議を要求した最近の指令を忠実に履行していないという苦情に接した。これらの投書によると皇室制度に対する根本的改革を求めた原稿や手紙は抑えられたといっている。

外国ニュースの完全な取扱に関しては、新聞やラジオがこれをおろそかにしていることは、これらの投書の綿密な調査が示した。かようなことは日本国民を将来連合国の一員に導くべく教育する道とはいいがたい》[12]

新聞は生ぬるい、もっと戦争犯罪者を糾弾し、皇室批判を無制限にどんどんやれと、けしかけたのである。

すさまじい勢いで組合員数が増え、争議件数も跳ね上がった

年末に近づくと、争議団は資金が枯渇してきて、ボーナスはどうするのだという話になってきた。これではいつまで持つかというときに、読売争議は一転直下、争議団が勝利する。ＧＨＱがいきなり、社長の正力松太郎を戦犯に指定して巣鴨拘置所に拘禁したからである。

ＣＩＥのダイク准将自身もニューディーラーの権化のような人物だが、部下もすごかった。ロバート・バーコフ新聞課長は、父親が西海岸で進歩的な日刊紙を発行していたことが自慢。デビッド・コンデ映像課長は、チャンバラ映画を徹底的に追放しようとした。ハズウ

ォール軍曹は、自称アメリカのＣＩＯ（産業別労働組合会議）のオルグである。読売争議弾や各新聞社の支援組織にＣＩＯ関係資料を配布し、「日本の新聞記者が陣頭に立って産別組合をつくるべきだ」と奨励してまわったという。[13] ＣＩＯというのはアメリカ共産党系の労働組合である。そのオルグ（活動家）ということは、ハズウォール軍曹がどういう人物なのか、説明の要はないだろう。

大森実氏は、こう指摘している。

《このケン・ダイク准将のピンク色の傘の下のＣＩＥの中に多数の日系左翼二世が前歴を隠したまま配属されていた（中略）もちろん、野坂潜入時代のアメリカ西海岸の元共産党員も潜入していた。彼らは日本のジャーナリストに民主化教育をすることを隠れ蓑として、活発な思想指導を行なっていた》[14]

ここでは読売争議をこの時期の労働争議の代表例として取り上げたが、敗戦とともにすさまじい勢いで労働組合員数が増え、争議件数も跳ね上がっていた。その背景には当然のことながら、ＧＨＱによる労組結成促進の指令があった。

当時、ＧＨＱスタッフとして労働政策に関わったセオドア・コーエンは、労働運動に対する警察の取り締まりを認めないという原則を重視し、その原則を守り抜くことに腐心したという。[15]

スウェアリンゲン＆ランガーの『日本の赤い旗』（コスモポリタン社、一九五三年、一九九九頁）は、一九四五年六月の労働組合数および組合員数がともに〇であったのに対し、半年後の一九四五年十二月には労働組合数七〇七、組合員数は三七万八四八一人にまで拡大したと紹介している。

ソ連に指示を仰ぐ野坂参三

こうしたなか、一九四五年九月十日、野坂参三が延安を出発し、米軍の援助で一九四六年一月十二日に帰国する。

和田春樹氏によると、野坂はその途中でモスクワに行き、赤軍参謀本部総諜報局長クズネツォフと十月十一日に面談して交渉を行なっている。野坂は、以下のことをクズネツォフに求めた。

《一、自分たちをモスクワから日本に帰国させてもらうこと。

二、華北にいる人民解放連盟のメンバー八〇〇人（うち共産党員一七〇名）の速やかなる帰国を援助してくれること。

三、日本との開戦前と戦後のソ連の対日政策についてオリエンテーションをえたい。
四、当該の時期における日本共産党の任務についてオリエンテーションをえたい。
五、日本共産党の再組織についての必要な方策について指示をえたい。
六、合法化の展望を前にして、日本共産党の綱領、規約の改訂について相談にのってほしい。
七、日本で共産党の機関誌を出すことについて指示をえたい。
八、日本共産党の資金獲得方式、とりわけ政治犯救援の問題を解決したい。
九、日本共産党とモスクワとの恒常的連絡の問題を解決したい。
一〇、将来の日本政府の性格と日本共産党のこの政府への態度についてオリエンテーションをえたい。日本共産党はこの政府に参加する必要があるのか。
一一、種々の政党、政派から日本における民主主義統一戦線をつくることについて指示をえたい。
一二、野坂の個人的な要望
イ、満州、南サハリン、朝鮮にいる日本人のために「民主日本をめざそう」という政治工作を行うことが必要である。このために人民解放連盟のメンバーを活用する。

ロ、ロシアと日本の国民の間の友好をはかる団体を組織する。
ハ、日本に必要な部数のレーニン、スターリンの著作を日本語とロシア語で送り込むこと。
ニ、中国共産党に日本軍からの戦利品の一部を航空機を含めただちに渡してほしい。ソ連の軍事教官を中共軍に派遣してほしい。
一三、華北には、共産党員武亭が率いる朝鮮人革命組織（一五〇〇人）がある。彼らが北朝鮮へ速やかに到着できるようにしてほしい。
一四、自分の書いた論文、演説を読んで、コメントしてほしい。
一五、延安から自分あての電報がきていれば渡してほしい。ソ連の英字新聞、短波受信機を与えてほしい。
野坂は最後に日本から情勢分析に必要な資料を獲得してほしいと要請した。（中略）以上のことをきいて、クズネツォフは関係方面に要望は伝達すると述べた。彼はこの会見について一〇月一二日モロトフに報告した。

モロトフはこのクズネツォフの報告をディミトロフに送り、検討させた。同時に彼は東京で出獄した徳田と会ったソ連側の要員からの報告もディミトロフに送り、検討させている》[16]

モロトフはスターリンの側近として対外交渉を一手に引き受けていた外務大臣だ。また、ゲオルギ・ディミトロフは一九四三年に解散されるまでコミンテルン書記長で、戦後はブルガリアに帰国するが、このときはまだスターリンの側近としてモスクワにいた。

野坂は、表向きには日本共産党がソ連やコミンテルンとほとんど関係がないと宣伝していたが、忠実にモスクワの指示を仰いでいたことがわかる。

野坂参三の帰国を「英雄的」に報じた『朝日新聞』

野坂の帰国を博多港で待ち構えてスクープした『朝日新聞』は、帰国翌日の一九四六年一月十三日、朝刊社会面トップに「野坂参貳氏、嵐の祖国へ帰る」「一党員として全力　民主主義の大同団結へ」と四段ぶち抜きの見出しで報じた。

《(福岡発) 平和時代から支那事変大東亜戦下の十五年を外国生活に過し中国共産党の本拠延安において日本人解放運動の最高指導者として反戦解放運動を活発に続けていた中共幹部の野坂参貳氏(筆名岡野進)は戦犯者処分、軍国主義者追放など民主主義旋風裡の祖国日本に帰国、十二日正午釜山経由、博釜連絡船で博多港に上陸した。同氏の政治的実践力は中共の「天皇制下にも成立つ共産党」という現実に即した闘争方法の採り上げによって、今後の日本共産党の運動指向に大きな役割を示すものとして期待されている。

朝鮮からの引揚船黄金丸は十二日博多港に入港した。背中に担えるだけの荷物を背負い込んだ引揚者に混った紺の鳥打、紺のオーバーに小さな事務用革鞄こうもり傘一本という身軽な服装でタラップを降りる白皙の人はまぎれもない野坂参貳氏の十五年振りに帰ってきた姿だった。仮保釈中の神戸から姿を消した当時からみれば白髪はめっきり殖えている。出迎えの記者への最初の言葉は、

「内閣はどうなった……」

「改造になる模様だが……」

「大臣病にとりつかれた人達に今の日本はどうすることもできないだろう」

細い切れ長の目を露天商人のかまびすしい売り声に向けながら列車待つ間の一時を憩うべく福岡市千代町の某所に入った。終戦と同時に昏迷の祖国へ帰国すべく昨年九月延安出発以来、空路或は徒歩で延安から張家口、長春を経て平壌に、元日京城に……長い四箇月の旅路を祖国再建への熱情で踏破した野坂氏を喜ばしたのは食卓に盛られた祖国の味、蜜柑一顆々々……祖国の味覚を味いながら話は民主主義統一戦線に……

「日本を救うのは民主主義革命の徹底、経済上における大改革が必要だ。大臣病患者の自

由、進歩党では救われそうで救われぬ。現在の日本における真面目な民主主義のすべての大同団結ならいかなる者も歓迎する。私は今後一平党員として党の方針にしたがいたい。その点で天皇制には未だ触れたくない。すべては志賀と話合ってのことだ。」

貪るように最近の新聞に眼を通し、同夜東京に直行した。なお野坂氏婦人龍女史はモスクワにそのまま居残っている》[17]

「大きな役割を示すものとして期待されている」「白皙の人」「長い四箇月の旅路を祖国再建への熱情で踏破」と、まるで「俺たちのヒーロー登場」といわんばかりの記事である。自由党・進歩党といった保守系政党への不信を煽り、人民戦線への結集を呼びかけるこの記事自体が、非常によくできたプロパガンダだ。

役者が揃い、遂に現実化する「敗戦革命」の危機

『朝日新聞』はさらに延安での野坂の活動について、こう紹介している。

《野坂氏が延安に入ってからの活動についてはアメリカの評論家アンドリュー・ロス氏も「日本のジレンマ」（一九四五年九月刊）の中で詳細に興味深く記述し、彼の存在はにわかに新時代の脚光を浴びるに至った。日本人解放聯盟が創立された当初のメンバーは約五百名

で、このうち優秀な組織者となるべき決意と体験と能力を具えた約二百名を骨幹として日本の根本問題を研究討議し、かつあらゆる機会を利用して計画を作成した。日本軍の敗退前においてさえ、その計画と宣伝技術は非常に効果的なことが実証され、日本軍捕虜の八割までが、反軍思想を受け入れるに至った。解放聯盟は日本敗北の見通しがほぼ決定的となった時期に設立されたため、日本の戦後計画に重点をおいていた。その中核は固《もと》より共産主義者であるが、その数は全体の二割五分にすぎなかった》[18]

「日本の戦後計画」、つまり敗戦革命を「優秀な組織者となるべき決意と体験と能力を具えた約二百名」が骨幹となって「日本の根本問題を研究討議し、かつあらゆる機会を利用して計画を作成」したと書いている。これは、まさに本書の第二章で詳述したとおりのことである。延安で訓練された優秀な幹部がこれから敗戦革命を大いにやるぞ、という宣言だ。

《解放聯盟自体は共産主義者に限らず、非共産主義者あるいは反共産主義者にも門戸を解放していたが、党員たるに必要な条件は戦争の終結、軍国主義者の追放および農民労働者、中小産業者の地位改善を伴う民主主義的日本の建設という基本綱領の承認であった》[19]

「解放連盟中の共産主義者は全体の二割五分にすぎない」というのもそうだが、この部分も、共産党をあたかも穏健な民主主義のようにイメージ操作して宣伝している。結びは、中国共産党と解放連盟の称賛である。

《かつて日本軍は数名の特に訓練した刺客を延安地区に送って野坂氏らを斃し、解放聯盟をつぶそうとした。しかしこれらの人物のうち捕えられて聯盟の有力分子となったものも少なくない。

日支事変勃発以来、八路軍の捕虜となった日本兵は不思議なほど歓待をうけた。「捕虜を殺すな、好遇せよ。もし希望するなら帰してやれ」というわけだ。昭和十九年の半ころまでに約三千の日本兵が捕虜となったが、このうち三百五十名が八路軍内に残った。他のものは壮行会までしてもらい旅費と案内人をつけて再び日本軍に帰された》[20]

当時、朝日新聞では、戦時中地下に潜行していた共産主義者の聴濤克己《きくなみかつみ》が復帰し、読売争議と並行して労働組合を結成、活発に活動を始めていた。「人道的な」中国共産党軍とそこから支持された野坂参三を讃えることで、日本は、中国共産党の側、つまり共産革命をめざそうと示唆したわけだ。

野坂の東京入りは、さながら凱旋将軍のようであった。「人民の英雄、同志野坂」「働かせろ、食わせろ、家を与えろ」「人民共和政権樹立」などの幟《のぼり》やプラカードが林立するなか、一九四三年までソ連の国歌であった「インターナショナル」を斉唱する群衆に迎えられたのである。

一九四六年一月二十六日に日比谷公園で開かれた野坂歓迎国民大会には三万人が集結し、野坂は壇上からこう演説した。

「無能なる現内閣は退陣すべきであり、人民政府を樹立せねばならぬが、そのためには民主勢力の結集が大事である。民主々義確立のための奮闘は愛国的行為であり、それ故に民主戦線は新たな愛国戦線である」[21]

なんといっても、ＧＨＱと戦勝国のソ連の「敗戦革命派」が後ろ盾である。怖いものはない。しかも、共産党を取り締まる特高警察は廃止され、日本軍は解体され、保守系の政治家や官僚は公職追放されていた。国民は、ＧＨＱの検閲と宣伝工作によって日本政府と軍部の批判ばかりを聞かされ、軍部への不信感を抱くようになっていた。

日本がポツダム宣言を受諾した当時、ごく一部の人々だけが憂慮していた「敗戦革命」の危機が、ＧＨＱによる対日占領政策の進行とともに、現実のものとなろうとしていた。

【注】

1 松本健二『戦後日本革命の内幕』亜紀書房、一九七三年、著者略歴参照のこと
2 新谷卓『終戦と近衛上奏文』一六〜一七頁
3 松本健二『戦後日本革命の内幕』四九頁
4 同、四九〜五〇頁
5 同、五〇〜五一頁
6 同、五四頁
7 同、五五〜五六頁
8 同、五六〜五七頁
9 ロジャー・スウェアリンゲン、ポール・ランガー著、吉田東祐訳『日本の赤い旗』コスモポリタン社、一九五三年、一四一頁
10 大森実『戦後秘史4 赤旗とGHQ』一〇七〜一〇八頁
11 同、一五四〜一五七頁
12 同、一五四〜一五六頁
13 同、一五七頁
14 同、一五六〜一五七頁
15 セオドア・コーエン『日本占領革命』(下)、二二三〜二二五頁
16 和田春樹『歴史としての野坂参三』一二九〜一三一頁
17 大森実『戦後秘史4 赤旗とGHQ』一七三〜一七四頁
18 同、一七六頁
19 同、一七六〜一七七頁

20　同、一七三〜一七四頁

21　大原社会問題研究所編著『日本労働年鑑　第22集／戦後特集』一九四九年、法政大学大原社会問題研究所Ｗｅｂより転載、http://oohara.mt.tama.hosei.ac.jp/rn/22/rn1949-258.html、二〇一八年五月三十一日取得

第八章　昭和天皇の反撃

昭和天皇が「新日本建設に関する詔書」に込められた真意

日本解体政策を推進するGHQと日本共産党の攻勢に、ある者は迎合し、ある者はうろたえ、迷走を続けるなか、昭和天皇は敢然と反撃を開始する。

終戦の翌年元旦、昭和二十一年（一九四六）一月一日、昭和天皇は「新日本建設に関する詔書」を渙発された。詔書渙発には、GHQ民政局のハロルド・G・ヘンダーソンやケネス・ダイク民間情報教育局長、ウィリアム・バンス民間情報教育局宗教課長らと、学習院大学英文学教授で皇室と民間情報教育局との間の連絡役を務めたR・H・ブライス博士とが関わっていた。[1]

GHQ民政局の狙いは、詔書によって天皇の神格化を否定することだった。「臣民の目に映る天皇の地位を引き下げることによって」、神道という〝危険なカルト宗教〟を解体しようとしたわけである。[2]

前述したように一九二〇年代から三〇年代にかけての日本では、右翼全体主義が跳梁跋《ちょうりょうばっ》扈《こ》し、学問の自由や信教の自由が損なわれた。そして、ノーマンやビッソンらは、この右翼全体主義が明治維新以来の日本の本質だと宣伝し、GHQの多くのスタッフも「右翼全体主義が日本だ」と誤解してしまった。だから彼らにとって、詔書の要点が天皇の神格化の否定にあるというのが当然の理解だった。

しかし、昭和天皇の真意は全く違っていた。昭和天皇が「新日本建設に関する詔書」を発された真意は、「五箇条の御誓文」を改めて日本国民に示し、変わらぬ君民の絆を訴えることにあったのである。

そもそも、この冒頭の五箇条の御誓文の部分は詔書の原案にはなかった。それを加えられたのは昭和天皇の強いご意向であった。その理由を昭和五十二年八月二十三日、記者会見でこう述べておられる。

《「それが実はあの時の詔勅の一番の目的なんです。神格とかそういうことは二の問題であった。

それを述べるということは、あの当時においては、どうしても米国その他諸外国の勢力が強いので、それに日本の国民が圧倒されるという心配が強かったから。

民主主義を採用したのは、明治大帝の思召《おぼしめ》しである。しかも神に誓われた。そうして『五箇条御誓文』を発して、それがもととなって明治憲法ができたんで、民主主義というものは決して輸入のものではないということを示す必要があったと思います」》[3]

それでは、「新日本建設に関する詔書」とはどういうものか、重要な内容なので全文を紹介しよう（原文表記の漢字片仮名を、漢字平仮名に変え、適宜ルビを補った）。

《茲《ここ》に新年を迎ふ。顧みれば明治天皇明治の初国是として五箇条の御誓文を下し給へり。曰く、

一、広く会議を興し万機公論に決すべし
一、上下心を一にして盛に経綸を行ふべし
一、官武一途庶民に至る迄《まで》各《おのおの》其《その》志を遂げ人心をして倦《う》まざらしめんことを要す
一、旧来の陋習《ろうしゅう》を破り天地の公道に基《もと》づくべし
一、智識を世界に求め大《おおい》に皇基《こうき》を振起《しんき》すべし

叡旨《えいし》公明正大、又《また》何をか加へん》

冒頭、真っ先に明治天皇が国是として下された五箇条の御誓文を挙げている。「何一つ付け加える必要のない、公明正大な明治天皇のお言葉である」と詔書はいう。

《朕《ちん》は茲《ここ》に誓《ちかい》を新にして国運を開かんと欲す。須《すべか》らく此《こ》の御趣旨に則り、旧来の陋習《ろうしゅう》を去り、民意を暢達《ちょうたつ》し、官民挙げて平和主義に徹し、教養豊かに文化を築き、以て民生の向上を図り、新日本を建設すべし》

明治天皇が示された「五箇条の御誓文」の御趣旨に則って、新しい日本を建設しようではないか——。

《大小都市の蒙りたる戦禍、罹災者の艱苦《かんく》、産業の停頓、食糧の不足、失業者の増加の趨勢《すうせい》等は真に心を痛ましむるものあり。然《しか》りと雖《いえど》も、我国民が現在の試煉《しれん》に直面し、且《かつ》徹頭徹尾文明を平和に求むるの決意固く、克《よ》く其《そ》の結束を全うせば、独り我国のみならず全人類の為に、輝かしき前途の展開せらるることを疑はず。夫《そ》れ家を愛する心と国を愛する心とは我国に於て特に熱烈なるを見る。今や実に此《こ》の心を拡充し、人類愛の完成に向ひ、献身的努力を効《いた》すべきの秋《とき》なり》

空襲の被害、罹災者の苦しみ、産業の停頓、食糧の不足、失業者の増加などはまことに痛ましいことだ。しかしそれでも、我が国民がこの試練に直面し、徹底して文明を平和に求める決意を固くして、全員が結束すれば、我が国だけでなく全人類のために輝かしい未来を作ることができることを私は疑わない。日本では、家族を愛する心、国を愛する心が特に熱烈だ。これからはそれをもっと広げ、人類愛の完成に向けて献身的努力をするべき時だ――。

昭和天皇は、敗戦という、どん底の状況にあってもなお、日本国民に日本の精神的伝統の素晴らしさを訴え、日本人の大いなる使命を高らかに説いたのであった。

皇室と国民の絆は変わらず

さらに「新日本建設に関する詔書」は次のように続く。

《惟《おも》ふに長きに亘《わた》れる戦争の敗北に終りたる結果、我国民は動《やや》もすれば焦燥に流れ、失意の淵に沈淪《ちんりん》せんとするの傾きあり。詭激《きげき》の風漸《ようや》く長じて道義の念頗《すこぶ》る衰へ、為《ため》に思想混乱の兆しあるは洵《まこと》に深憂に堪へず》

長く続いた戦争が敗北に終わった結果、我が国民はややもすれば焦燥にかられ、失意の淵に沈もうとする傾向がある。異常に過激な言論の流行が続き、道義心が非常に衰え、そのために思想に混乱の兆しがあることを私は深く憂いている――。

《然《しか》れども朕《ちん》は爾《なんじ》等《ら》国民と共に在り、常に利害を同じうし休戚《きゅうせき》を分たんと欲す。朕《ちん》と爾《なんじ》等《ら》国民との間の紐帯《ちゅうたい》は、終始相互の信頼と敬愛とに依りて結ばれ、単なる神話と伝説とに依りて生ぜるものに非ず。天皇を以て現御神《あきつみかみ》とし、且《かつ》日本国民を以て他の民族に優越せる民族にして、延《ひい》て世界を支配すべき運命を有すとの架空なる観念に基《もとづ》くものにも非ず》

しかし、私は国民と共に在って、常に利害を同じくし、喜びも悲しみも分かち合うことを望んでいる。私と国民との絆は、初めからずっとお互いの信頼と敬愛によって結ばれてきたものであり、単なる神話と伝説によって生じたものではない。天皇を現人神とし、日本国民をほかの民族に優越した民族と見なして、だから日本は世界を支配すべき運命を持っているなどとする、架空の観念に基づいているのでもない――。

「新日本建設に関する詔書」は、日本の歴史教科書やマスコミなどでは「人間宣言」と称されることが多い。それは、詔書のこの部分を指してのことである。ＧＨＱがこの詔書を認めた狙いも、このことを昭和天皇から国民に示すことにあった。

しかしながら、天皇が「天照大御神」に連なる家系でいらっしゃるとは思っていたものの、天皇がキリスト教的な「全知全能の神」のような存在だと盲信するような日本人はほとんどいなかった。

誤解のないように附言しておくが、だからといって詔書の「単なる神話と伝説とに依りて生ぜるものに非ず」という表現に問題がなかったわけではない。

GHQの政治的意向を踏まえなければならなったことを前提に東京大学名誉教授の小堀桂一郎氏は、詔書の問題点について次のように指摘している。

《天皇はゴッドなどではあり得ない。天皇を宇宙主宰の絶対神とする架空の観念に基づいて国民は天皇を崇拝してゐるわけではない——。こんなことは実は子供でも知つてゐる当り前の話でした。それをわざわざ文章に表現することによつて、逆に、天皇はかつては神と見做されてをり、それがここで初めて否定されたのだ、といふ印象を作り出したことになる。これは実に愚かな策を弄したものであります。占領軍の方はこの文面を見て、これで天皇の従来の権威は決定的打撃を受けた、とひそかにほくそ笑んだことでせう。そして何ほどかの安心をし、天皇に対して自らが何らかの圧力を加へなくてもすむ、と思つたことでせう。その意味でこの詔書は被占領国の外交手段としては一種の成功を収めたのかもしれない。しかし国民は、それでは国家は今まで自分達をだましてゐたのか、と言ひたくなります。頭では、それは虚構の上に立つた約束の如きものだ、天皇はゴッドではないことなどはわかつてゐた、と言へるとしても、気持としては、今まで表向きこの架空の観念を自分達に押しつけてゐたのか、といふ漠然たる不信の感が残ります。要するに、あらゆる意味で、この様な取消し請求は文字にされるべきではなかつたのであります》[4]

五箇条の御誓文を強調するにとどめ、敢えて「神話」や「現人神」などを否定する必要はなかったのではないか、ということだ。

このような指摘を踏まえたうえで、それでもなお、ここでは、昭和天皇が敗戦後も皇室と国民の絆は変わらないと強調されたことの意義を確認しておきたい。

「詔書」の解説に戻ろう。

《朕《ちん》の政府は国民の試煉と苦難とを緩和せんが為、あらゆる施策と経営とに万全の方途を講ずべし。同時に朕《ちん》は我国民が時艱《じかん》に蹶起《けっき》し、当面の困苦克服の為に、又産業及文運振興の為に勇往《ゆうおう》せんことを希念す》

政府は、国民の試練と苦難を緩和するため全力を尽くして万全の手段を取ってもらいたい。同時に、私は、我が国民が、今、直面している難題に対して敢然と行動を起こし、当面の困苦を克服するため、また、産業と学問・芸術の振興のため、恐れることなく前進するよう願っている――。

《我国民が其《そ》の公民生活に於て団結し、相倚《あいよ》り相扶《あいたす》け、寛容相許すの気風を作興するに於ては、能《よ》く我至高の伝統に恥ぢざる進化を発揮するに至らん。斯《かく》の如きは実に我国民が人類の福祉と向上との為、絶大なる貢献を為す所以《ゆえん》なるを疑はざるなり》

国民が団結し、寄り添い助け合って、寛容にお互いを許しあう気風を高めていけば、日本の至高の伝統に恥じない進化を発揮することができるだろう――。

ＧＨＱは昭和二十年末から、先の戦争の責任は一部の軍国主義者のせいだとする政治宣伝を始めており、国民を分断しようとしていたが、そうした分断工作に惑わされないようにと示唆されたのだ。

そして、ＧＨＱの宣伝に振り回されず、団結していけば、日本は全人類の福祉と向上のために絶大な貢献を行なうことができるに違いない――。

《一年の計は年頭に在り、朕《ちん》は朕の信頼する国民が朕と其《そ》の心を一にして、自ら奮《ふる》ひ自ら励まし、以て此《こ》の大業を成就せんことを庶幾《こひねが》ふ》

一年の計は年頭にある。私は、私が信頼する国民が、私と心を一つにして、自ら奮起し、自らを励まし、この大事業を成し遂げることを心から願う――。

これが昭和天皇の国民へのメッセージであった。

連合国のあいだでは、天皇戦犯論が湧きたっていた時期だ。場合によっては処刑されるかも知れないのに、昭和天皇は、ＧＨＱによる過激な占領政策に動揺する国民、そして政治家たちに対して、狼狽《うろた》えるな、日本は明治天皇の五箇条の御誓文の精神に立ち戻ればいいのだと、力強く宣言されたのだ。なんという勇気、なんという胆力であろうか。

「もう一つの玉音放送」と食糧メーデー

さらに昭和天皇は、「新日本建設に関する詔書」を出された約半年後の昭和二十一年（一九四六）の五月二十四日に、「食糧問題に関するお言葉」を発せられている。

これはその前日の五月二十三日に昭和天皇御自身がマイクの前に立たれて録音され、翌日の正午、午後七時、午後九時に全国にラジオ放送されたものである。前年八月十五日にポツダム宣言受諾を国民に伝えて以来の「玉音放送」であったため、「もう一つの玉音放送」ともいわれる。

宮内庁のウェブサイトでは音声も聴くことができるが、ここでは、その全文を掲げたい。[5]

《祖国再建の第一歩は、国民生活とりわけ食生活の安定にある。戦争の前後を通じて、地方農民は、あらゆる生産の障害とたゝかひ、困苦に堪へ、食糧の増産と供出につとめ、その努力はまことにめざましいものであつたが、それにもかゝはらず、主として都市における食糧事情は、いまだ例を見ないほど窮迫し、その状況はふかく心をいたましめるものがある。

これに対して、政府として、直ちに適切な施策を行ふべきことは言ふまでもないのであるが、全国民においても、乏しきをわかち苦しみを共にするの覚悟をあらたにし、同胞たがひに助けあつて、この窮況をきりぬけなければならない。戦争による諸種の痛手の恢復しない国民にこれを求めるのは、まことに忍びないところであるが、これをきりぬけなければ、終戦以来全国民のつゞけて来た一切の経営はむなしくなり、平和な文化国家を再建して、世界の進運に寄与したいといふ、我が国民の厳粛かつ神聖な念願の達成も、これを望むことができない。

この際にあたつて、国民が家族国家のうるはしい伝統に生き、区々の利害をこえて現在の難局にうちかち、祖国再建の道をふみ進むことを切望し、かつ、これを期待する》

昭和天皇が、この「もう一つの玉音放送」をされた背景には、社会情勢の危機的様相があった。

第七章で見てきたように、一九四六年一月二十六日、ソ連の指示を受けて日本に凱旋してきたコミンテルンの幹部、野坂参三の歓迎国民大会が開催され、三万余ともいわれる民衆が集まった。

ここで野坂は「民主戦線結成の条件はいまや熟しつつある」と演説し、同年三月九日には、民主人民戦線のための世話人会が開かれるに至る。民主人民戦線というのは、共産党だけでなく、社会党やその他のリベラル勢力、労働組合などが連携し、サヨク・リベラル政権を構築しようというものだ。この世話人会に集まったのは、野坂参三、石橋湛山、長谷川如是閑、大内兵衛、横田喜三郎、高野岩三郎、安部磯雄、荒畑寒村、森戸辰男らであった。
さらに四月七日には日比谷公園で幣原反動内閣打倒人民大会に七万人が集まり、一部の参加者が首相官邸に乱入している。この幣原反動内閣打倒人民大会では、野坂参三は次のような演説を行なっている。
《幣原内閣がいまたゞちに消えてなくならねばならぬことは国民的要求だ、幣原内閣は人民大衆の圧力によりやがて間もなく姿を消すだらう、しかしわれわれはこれだけで満足してはならぬ、幣原内閣のあとにつゞくあらゆる反動勢力をぶち破ることに努力しなければならぬ、そのためにはいかなる方法が必要か、いま労働組合などでも闘争のためしきりに会議をもよほしてゐるが、これだけではだめで労働者の唯一最大の武器たるゼネストをやるだけの用意がなくてはならぬ、しかしわれわれはこの有力な武器を軽々しく使つてはならぬ、われわれが今しなければならぬ仕事はいつでもこのゼネストをおこなひうるやうわれわれの強固な全労働階級の組織をつくることである》[6]
ゼネストというのは、すべての労働組合がストライキを実施することで国家機能をマヒさせることである。そして、この国家機能のマヒ状態のなかで一気に国会を占拠して、革命政権を樹立するというのが敗戦革命の一つの戦術なのだ。このゼネストを実施できるよう、労働組合を徹底的に組織化し、強くしていこうと訴えたわけだ。

翌月の五月十九日には、二五万人の参加者による飯米獲得人民大会（食糧メーデー）が皇居前で行なわれた。このとき、「詔書　国体はゴジされたぞ　朕はタラフク食ってるぞ　ナンジ人民飢えて死ね　ギョメイギョジ」などと書かれたプラカードをデモ隊が掲げていたことが不敬罪に問われた「プラカード事件」も起きている。群衆の一部が坂下門を突破して皇居に乱入する混乱状態だった。

この飯米獲得人民大会では、次のような「上奏文」が決議され、宮内省、首相官邸、警視庁、検事局などへ渡されている。

《わが日本の元首にして統治権の総攬者たる天皇陛下の前に謹んで申しあげます。

私達勤労人民の大部分は、今日では三度の飯を満足に食べてはおりません。空腹のため仕事を休む勤労者の数は日毎に増加し、いまや日本の全ての生産は破滅の危機に瀕しております。しかも現在の政府はこの現状に対し適切な手段をとることなく権力をもつ役人、富を握る資本家や地主たちは、食糧や物資を買い溜めて自分達だけの生活を守っているのであります。

このような資本家、地主の利益代表者たる政府ならびに一切の日本の政治組織に対し、私達人民はすこしも信頼しておりません。日本の人民は食糧を私達自身の手で管理し、日本を再建するためにも私達人民の手で日本の政治を行おうと決心しております。

この意見は日本の勤労人民大衆全ての一致した意見であつて、その実現のために私達は如何なる圧迫に抗しても、たゝかう決心をもつております。

別紙の決議に現れた人民の総意をお汲みとりの上最高権力者たる陛下において適切な御処置をおねがい致します》[7]

タイトルこそ「上奏文」とされているが、内容も文体も人を喰ったものであり、「食糧の人民管理の実現のために、いかなる圧迫に抗しても、たたかう」と強訴し、闘争宣言するがごとき文章であった。

ある意味では、昭和天皇の「食糧問題に関するお言葉」は、このような事態を受けてのものであった。かかる危機的状況に直面されてなお、昭和天皇は毅然として、「政府として、直ちに適切な施策を行ふべきことは言ふまでもないのであるが、全国民においても、乏しきをわかち苦しみを共にするの覚悟をあらたにし、同胞たがひに助けあつて、この窮況をきりぬけなければならない」というメッセージを打ち出されたのである。

もちろん、昭和天皇は「人民大会」の政府批判の裏を見通しておられただろう。そのうえで、「農民も頑張っている。政府ももっと努力すべきだが、何より日本人にとって本当に大切なのは国民相互の助けあいの精神ではないか。その精神で日本人が一丸となって危機を乗り越え、世界の発展に寄与しようではないか」と提起されたのだ。

昭和天皇の「お言葉」と、人民大会で決議された強訴のような「上奏文」。この両者を読み比べるとき、昭和天皇の思いが痛いほどに伝わってくる。

「皇室御物を食糧にかえて国民の飢餓をしのぐようにしたい」

実は左派が大騒ぎするまでもなく、昭和天皇は終戦後の食糧危機の深刻さを早くから予見され、心から案じておられた。昭和二十年（一九四五）十二月の段階で、マッカーサーに対して、皇室の御物と引き換えに食糧提供を要請されることまでなさっていたのである（もちろん、当時は日本国民に報道されることはなかったが）。

幣原喜重郎内閣の農林大臣であった松村謙三は、当時の昭和天皇の御懸念と御決断を、次のように回顧している。

《とうとう十二月になって、たしか十日ごろ宮中からのお召しがあった。急いでお伺いして拝謁を願うと、陛下は非常に食糧事情を心配遊ばされ、「食糧事情の悪化は、このまま推移すれば多数の餓死者を出すようになるというが、戦争に塗炭の苦しみをした国民に、このうえさらに多数の餓死者を出すようなことはどうしても自分にはたえがたいことである。政府ではアメリカにたいして食糧の提供を要請しているが、アメリカはこれに応諾を与えてくれぬそうであるけれども、考えてみると当方からは食糧の代償として提供すべき何物もないのだからいたしかたない。それで、聞けば皇室の御物の中には、国際的価値のあるものが相当にあるとのことである。よって帝室博物館の館長に命じて調査させ、その目録を作成させたのがここにある。これを代償としてアメリカに渡し、食糧にかえて国民の飢餓を一日でもしのぐようにしたい。そのように取りはからうように」との仰せである》[8]

松村農相からその旨の報告を受けた幣原喜重郎首相は、早速、マッカーサーに面会を求め、昭和天皇が用意された御物の目録を示し、天皇の意向を伝えた。これに対し、マッカーサーは非常に感動してこう答えた。

《「天皇の考えられることは、まことによくわかる——が、自分としてもアメリカとしても、せっかくの懇請であるけれども、皇室の御物を取りあげて、その代償に食糧を提供するなどのことは面目にかけてもできない。この目録は陛下にお返しされたい。しかし国民のことを思う天皇の心持ちは十分に了解される。自分が現在の任務についている以上は、断じて日本の国民の中に餓死者を出すようなことはさせぬ。かならず食糧を本国から移入する方法を講ずる。陛下に御安心なさるように申し上げてもらいたい』》[9]

マッカーサーに急ぎ昭和天皇の意向を伝えた幣原首相は、このマッカーサーとの会見の模様を、ほろほろ涙をこぼしながら松村農相に話したという。

《これまで責任者の私はもちろん、総理大臣、外務大臣がお百度を踏んで、文字どおり一生懸命に懇請したが、けっして承諾の色を見せなかったのに、陛下の国民を思うお心持ちに打たれて、即刻〝絶対に餓死者を出さぬから、陛下も御安心されるように……〟というのだ。マッカーサーが〝責任をもって、アメリカの面目にかけて……〟というのだ。食糧問題で苦しみ抜いた幣原さんは、これでほっと安心し、うれし泣きに泣いたのである》[10]

ただし、マッカーサーのこのような言葉にかかわらず、食糧の輸入はその後、スムーズに進んだわけではなかった。

その要因の一つとして、たしかにこの年、世界大戦の影響と世界的な不作でヨーロッパからアジアにかけて食糧が逼迫していた事情があった。

吉田茂も、こう回顧している。

《その当時は、世界の食糧事情も、戦争の打撃と天候の不順により、悪化の一路を辿っており、欧州やアジアの各地に飢餓状態を現出していた。この対策としてアメリカでは、昭和二十一年二月、トルーマン大統領が国民に消費節約を要請し、対外食糧救済運動を強力に提唱し、フーヴァー特使を全世界に派遣し、世界の深刻な食糧不足を調査せしめるという状況であった。（中略）世界の食糧事情がこのような有様では、敗戦国たるわが国は、食糧の国際割当においても、とかく後廻しにされることは必至であり、計画的輸入などは、到底期待できないということが明かとなったので、政府は国内産米の集荷に全力を注いだ。しかし二十年産米の供出は、割当の七割七分五厘という不成績に終り、政府手持米は窮迫した》[11]

だが、日本が窮乏化に追いやられた理由を、このような世界の食糧事情だけに求めるのは間違いであろう。

そもそもGHQは敗戦直後、日本を窮乏化に追い込もうとするような政策を次々と打ち出していたのである。

その背景に、コミンテルンの工作員らの暗躍によってまとめられたモーゲンソー計画や、ロボトミー的な日本社会改造志向があったことは、これまで述べてきたとおりだ。

革命の成功のために、あえて社会を混乱と窮乏に落とし込むことは、ソ連・コミンテルンの常套手段であった。ソ連は第二次世界大戦後、占領下の中欧（東欧）諸国でも、積極的に窮乏化政策をとっている。それによって社会的な軋轢を増し、庶民の不満を高め、政府への反感と共産党への支持が高まるように仕組んだのだ。

ＧＨＱの敗戦革命派は、中欧（東欧）のそのような状況を日本にも引き起こすことを狙っていたのではないか、と考えたくなる事態が現出していたのである。

貴官は日本の生活水準の維持になんらの義務をも負わない

しかも、「対日指令」は、連合国最高司令官であるマッカーサーに対して、「貴官は、日本経済の強化や日本人の生活水準の維持に、何の義務をも負わない」という指令さえ出していた。

原文には次のように記されている。

《13　貴官は、日本の経済的復興又は日本経済の強化についてなんらの責任をも負わない。貴官は、次のことを日本国民に明らかにする。

（い）貴官が日本にいずれの特定の生活水準を維持し又は維持させるなんらの義務をも負わないこと。

（ろ）生活水準は、日本がどれだけ徹底的にすべての軍国主義的野望をみずからすて、その人的及び天然資源の利用を全く且つ専ら平和的生活の目的に転換し、適当な経済的及び財政的統制を実施し、且つ占領軍及びその代表する諸政府と協力するかにかかっていること》[12]

日本人が飢えようが、困窮しようがそれへの対応は日本政府がすべきことであって、GHQが責任をとる必要はないと指示していたわけだ。だが、占領下に置かれ、世界との貿易を制限されていた日本政府に、必要とされる食糧を準備する手段はほとんどなかった。

実際に、占領初期の対日食糧援助はアメリカ政府の政策によって非常に厳しい制約が課されていた。

食糧の輸入についてはアメリカ国務省内の国・地域委員会（Country and Area Committees、略称CAC）が一九四四年十一月六日に決定したCAC222aという文書があり、この文書に書かれた「中国、朝鮮、フィリピンその他の解放地域への需要をまず決定し、供給不足のために全地域の要求に応じえない場合は、上記の地域を優先的に取り扱わねばならない」という原則が踏襲された。[13]

また、GHQによる対日食糧供与には、ルーズヴェルト大統領が一九四三年十一月十日に陸軍省に対して発令した、解放地域や占領地域への救済活動に関する指令の基本原則が適用されていた。占領地域に対しては、救済の範囲を、占領軍の安全を危うくするような「広範囲の疾病または民政不安」を防止する最小限度に制限するというもので、「疾病および社会不安方式」と呼ばれる基本原則である。

これらの厳しい方針が厳格に適用され、その結果、日本政府からの度重なる食糧輸入許可申請が軒並み却下されている。GHQは、日本側の輸入許可申請に対して、一九四五年十月九日付で「輸入物資の報告に関する覚書」を提示し、輸入許可には、①国民生活の最低水準の維持に絶対必要なこと、②国内自給の不可能なこと、の二点の証明が必要だと厳しい条件を課し、十一月十三日には、まず国内生産の増強が必要だと強調していた。

昭和天皇は、このような状況を突き崩すべく動かれたのである。

昭和天皇に対して「自分が現在の任務についている以上は、断じて日本国民のなかに餓死者を出すようなことはさせぬ」と約束したマッカーサーも、何もしなかったわけではなく、ワシントンに対して二一四万トンの対日食糧輸出を要請した。しかしアメリカ本国は、その要請も一九四六年二月に却下している。

一九四六年三月からアメリカの小麦・雑穀の輸入が始まったものの、今度は連合国から反対意見が出て紛糾する。一九四六年四月二十五日、極東委員会は「日本はいかなる連合国または解放諸国より食糧補給の優先的取扱ひを受けざる」よう決議して、アメリカが対日食糧輸出計画を再検討するよう迫った。

さらに四月三十日、第三回対日理事会で、ソ連代表は日本の食糧事情について検討する委員会を設けることを提案した。このソ連の狙いは明らかであろう。

要約すると、日本の食糧危機への対応は、まず、ソ連の意を受けた工作員が暗躍してつくられた対日占領政策の枠組みで厳しく規制されていた。実際に日本で占領を開始して食糧危機を目の当たりにしても、ワシントンの政策決定によって、食糧輸入は「疾病と社会不安方式」に則り最小限しか許さないなど、対応の範囲が非常に狭く制約されていた。そしてそのワシントンは極東委員会や対日理事会で、日本に対する食糧援助を妨害したいソ連に掣肘《せいちゅう》されるという構図である。

日本の食糧危機を解決させない方策が、何重にも施されていたのである。

食糧援助の「約束」を果たさせるための吉田茂の奮闘

このような厳しい制約をいかに突破し、昭和天皇の御心をいかに実現するか。そこで奮闘したのが吉田茂であった。

食糧メーデーが行なわれた一九四六年五月十九日は、ちょうど幣原内閣が倒れ、鳩山一郎が公職追放されて（五月四日）、吉田茂に大命降下した（五月十六日）直後のことであった。

ここで吉田茂は、食糧メーデーの混乱と、自身の首相就任というタイミングをうまく使い、マッカーサーに「食糧援助の約束」を果たさせるべく、粘りに粘った。

《その間実は吉田さんが、マッカーサー元帥が、食糧を出すといってから組閣すればよい、一カ月も全国で赤旗を振れば、アメリカから食糧を持ってくるよ、などといいながら情勢を細かく分析していたことは特記してよいと思う。毎晩陛下からは組閣は未だかというお電話を頂いて恐縮していたが、六日目の夜にマッカーサー元帥から招かれて「自分が最高司令官である間は、日本人は一人でも餓死させない」といったというので、官邸に待ち受けていた石黒（忠篤）、和田（博雄）などの諸氏に伝え、これでもう組閣してよいということになった。私は外交なるものを初めて見たのである》[14]（括弧内は引用者の補足）

吉田茂は大命降下を受けて、「この内閣は食糧内閣である」と位置づけ、農林大臣の選任に力を入れた。だが、石黒忠篤、東畑精一に打診をしたものの難航してしまう。

結局、和田博雄が農林大臣に就任することになるのだが、吉田はそのような組閣工作を進める一方で、マッカーサーが食糧支援の約束をしてくれることを、組閣せぬまま待ち続けていたのであった。マッカーサーが昭和天皇の御言葉に感激して約束した「日本国民の中に餓死者を出すようなことはさせぬ」という言葉を、何としても実のあるものにしようとしたのである。

そして、マッカーサーが再び同じ約束をしたことを受け、吉田は組閣したのであった。

武見太郎は先の回想記のなかで、総理大臣を拝命した吉田茂に「どうなさるつもりですか」と尋ねたところ、吉田が「戦争で負けて外交で勝った歴史はある」と毅然として言い放ったというエピソードを紹介している。吉田の気概が伝わってくる言葉である。

結局、同年六月から七月にかけて二〇万トン、八月に二一万トン、九月には一八万トンの輸入食糧の放出が行なわれた。これが日本国民を餓死から救った。

《七月から九月にかけての端境期に予想された最悪の食糧危機は、ようやく突破できた。『東京都食糧営団史』によると、東京都民が配給を受けた食糧のうち、国内物資と輸入物資との割合は次のようである。

月	国内物資（%）	輸入物資（%）
四	九四・三	五・七
五	七〇・七	二九・三

六	二二・九	七七・一
七	八・三	九一・七
八	五・九	九四・一
九	二七・六	七二・四
十	七二・四	二七・六》[15]

ここに引用した数字で見ても、一九四六年六月から九月にかけての輸入食糧の割合は圧倒的であり、輸入食糧が届かなければ到底乗り越えられる状況ではなかったことがよくわかる。

こうして、日本国民の多くは餓死をまぬがれた。昭和天皇の「戦争に塗炭の苦しみをした国民を、このうえさらに餓死の危機にさらすのは耐えがたい。何としても助けたい」という想いは、吉田茂首相の動きもあって、無事に実現されたのである。昭和天皇がラジオで国民に訴えかけた「もう一つの玉音放送」は、けっして単なる精神訓だけではなかったのだ。

結局、一九四六年中に合計約七〇万トンの食糧が送られたが、これはGHQが本国に要請した四分の一以下だった。ただし、このGHQの要請は、それだけ日本側の陳情が必死だったことの裏返しでもあった。これについて、吉田茂自身が興味深いエピソードを語っている。有名な回想ではあるが、本書でも引用しておこう。

《最初私は総司令部へ行って、四百五十万トンの食糧の輸入がないと、餓死者が出るということを農林省の統計数字に基いて陳情した。ところが初年度には七十万トンの輸入で、どうやら済んで、別に多数の餓死者も出なかった。それで総司令部側では、日本の統計数字が出《で》鱈目《たらめ》だといって、盛んに攻められた。事実農林省側としては、農家からの供出量をなるべく少く見積って、占領軍からの放出を少しでも多くしようという魂胆《こんたん》があってか、前述の四百五十万トンという数字を出したものらしい。それに戦時中からとかく我が政府は故意に、または無意識的に自分に好都合な数字のみを発表することが癖になっていた。ある時、マッカーサー元帥までが日本の数字の杜撰《ずさん》なことをせめるので、戦前にわが国の統計が完備していたならば、あんな無暴（ママ）な戦争はやらなかったろうし、またやれば戦争に勝っていたかも知れないといって、笑ったことがあった》[16]

マッカーサーが日本の数字の「杜撰さ」について愚痴がましいことをいったのは、それだけ昭和天皇への約束を果たすために一生懸命だったことの裏返しかもしれない。それに対して「統計が完備していたら、あんな無謀な戦争はやらなかった」「統計が完備していたら戦争に勝っていたかもしれない」と軽妙に答えた吉田の機転も、さすがといわざるをえない。

危機の真っ最中に始められた「全国御巡幸」

もう一つ、戦争直後の昭和天皇の御事蹟で忘れてはならないのは、天皇自らが地方を訪問される全国御巡幸である。

この御巡幸が始まったのは昭和二十一年（一九四六年）二月のことであった。

昭和天皇がこの御巡幸を発意されたのは、明治天皇が定めた五箇条の御誓文に立ち戻って国民が団結すれば、日本は必ずや立ち直るという強固な確信に基づいてのものであった。

《今度の戦争で、国の領土を失い、国民の中に多数の死傷者を出し、たいへんな災厄を受けた。この際、わたしとしては、どうすればいいのかと考えたが、結局、広く地方を歩いて遺家族や引揚者を慰め、または励まし、元の姿に返すことが自分の任務であると思う。わたしの健康とかなんとかは全然考えなくてもいい、その志を達するよう全力を挙げてこれを行え》[17]

元宮内府次長加藤進によると、御巡幸のことを昭和天皇は終戦当時から考えておられたのだろうという。昭和二十年三月十八日、昭和天皇は深川で東京大空襲の戦災の状況を視察され、焼け跡も死骸も目の当たりにされていた。おそらくそのときに、自分が各地を回って国民を慰めなければならないと決意されたという。[18]

また、昭和天皇にとって、御巡幸は明治天皇の御事蹟に倣うことでもあった。明治天皇は明治五年から十八年にかけて六回の御巡幸を行なわれたほか、その他にも数多くの地方行幸を行なっておられる。明治天皇の御巡幸は、親しく民情を知ってまつりごとを行なうのでなければ君主の重責を果たすことはできず、諸外国の侮りを受け、先祖を汚し、国民を苦しめることになる、という「明治維新の宸翰《しんかん》」に記された精神に基づくものであった。

昭和天皇の御巡幸が始まったのは、まさに「危機の真っ最中」であった。敗戦以来、GHQによる皇室への圧迫と日本解体工作が次々と行なわれ、一月には野坂参三が凱旋帰国して、国内がいよいよ騒然たる情勢に向かい始めていた、その時期なのである。

当時の日本政府高官らが「この状況では何があってもおかしくない」と危惧したのも無理はなかった。

また、御巡幸に対して、連合国の対日占領連絡機関である極東委員会では、ソ連、オーストラリア、ニュージーランドが、「天皇制維持を目的としたものだ」といって反対していたこともあって、日本政府の指導者たちの多くは「この際、陛下は皇居から外へお出になるべきではない」」と強く反対していた。

そういう反対を、昭和天皇が強い意志で押し切って始められた御巡幸は、一九五四年八月まで、総日数百六十五日間、行程三万三千キロ、当時アメリカの軍政下にあって入れなかった沖縄を除き、全都道府県に及んでいる。[19]

昭和天皇の全国御巡幸に対して、むしろGHQのニューディーラーたちは、各地で日本の国民に貧相な天皇の姿を見せて回れば、皇室に対する失望が生まれるだろうと期待していた。アメラジア事件で逮捕されたこともある「ウィーク・ジャパン派」のジャーナリスト、マーク・ゲインはその著『ニッポン日記』で、「いやな仕事を無理矢理やらされている疲れた悲愴な男、そして自分に服従しない声音や顔面や四肢を何とか支配しようと絶望的にもがいている男。これが天皇のありのままの姿だった」[20]と揶揄している。

また、高橋紘・鈴木邦彦『天皇家の密使たち』によると、当時GHQの高官らは、次のようなやり取りをしていたという。

《「ヒロヒトのお陰で父親や夫が殺されたんだからね、旅先で石のひとつもなげられりゃいいんだ」

「ヒロヒトが四十歳を過ぎた猫背の男ということを日本人に知らせてやる必要がある。神様じゃなくて人間だ、ということをね」

「それが、生きた民主主義の教育というものだよ」》[21]

敗戦後も、昭和天皇を大歓迎した国民たち

ところが、いざ御巡幸が始まると、GHQの目論見は大きく外れた。

昭和天皇は熱狂的な大歓迎を受け、行く先々で、拍手と万歳の声が鳴り響いたのである。天皇は戦死者の遺族や孤児、戦傷者を見舞い、漁船の漁師たちに呼びかけ、地底に潜って炭鉱労働者を励ました。

たとえば、昭和二十二年（一九四七年）十二月五日から八日にかけての「被爆地」広島の御巡幸の模様が『天皇陛下と広島』（昭和六十二年、天皇陛下御在位六十年広島県奉祝委員会）にまとめられている。

十二月七日には、昭和天皇は、八十四名の戦災孤児がいた広島戦災児育成所を訪問され、特に子供たち一人一人に親しく語り掛けられた。

《孤児の中には、爆心地近い袋町で原爆を受け、右目を失って今なお眼帯をかけ、頭に繃帯をしたまま、お母さん（同所保母）に抱かれてお迎えした宮本六襄君（六才）と、広島駅付

近の猛火の中で、息絶えた母親の乳房をにぎって泣いているところを危うく救われた東エイ子ちゃん（三才）の二人がいた。山下所長が東エイ子ちゃんの前で、「陛下、この子をここに連れて参りました時はまだ六ケ月でございました。」と説明申し上げた。陛下の御目にはいたいけな幼い二人の姿がはっきりと映っていた。

「ああそう！　大きくなりましてね。大変でしょうがしっかりやって下さい。」

陛下の御目に光るものがみるみる溢れ、御頰をつたわった。陛下は泣いておられた。

一瞬、群集のざわめきは静まり

〝天皇陛下は泣いておられる〟

との声が人々の中からもれた。いたるところからすすり泣きの声が起こった》[22]

さらに同日、原爆ドームの間近の旧護国神社前に設けられた広島市民奉迎場で行なわれた奉迎式典には、数万もの人々が集まった。奉迎場に集まった人々全員が「君が代」を大合唱し、広島市長が奉迎の辞を読み上げたのち、昭和天皇は静かにマイクの前に進まれた。

そのときの様子を当時、広島市総務課長であった小野勝氏が次のように書いている。

《陛下にはオーバーのポケットから小さな紙片を取り出された、御言葉だ、御間近に拝する御体から、今、直接に御聞きする御声だ、五万の会衆の眼と耳はジット陛下の御口元に集中された、涙も、声もない一しゅんである。

御言葉

「この度は皆の熱心なる歓迎を受けて嬉しく思う。

本日は親しく広島市の復興の跡を見て満足に思う。広島市の受けた災禍に対して同情はたえない。

我々はこの犠牲を無駄にすることなく平和日本を建設して世界平和に貢献しなければならない。」

一語一語、ハッキリと力強く耳を心を打ったこの御言葉、原爆の惨苦をなめた市民に注がせ給う大御心の有難さ、かたじけなさ。会衆はあの日の苦しみを一瞬忘れたごとく御声に聞き入った。水を打ったような静けさも御言葉が終わると同時に破れた、どっと上がった万歳の声、再び飛ぶ帽子、舞うハンカチ、溢れる涙、こんな国民的感激を、こんな天皇と国民の感情の溶け合いを、何時、何処で、誰が味わったであろうか》[23]

この奉迎式典に参加した広島県広島第一高等女学校二年の児玉蓮子さんが次のような手記を残している。この時点では、GHQによる占領政策がかなり進んでおり、墨塗り教科書を含む戦前否定の民主化教育が進んでいたことを念頭に読んでもらいたい。

広島御巡幸の折、原爆ドーム間近の奉迎場にて、大勢の市民の歓呼の声に帽子を振って応えられる昭和天皇（写真：共同通信社）

《天皇陛下はいよいよ原爆の都広島の地をおふみになった。

護国神社跡まで奉迎に出ていた何万の市民は一目でも陛下を拝見しようと大人も子供も必死だった。陛下はいよいよ壇上にお立ちになった。我らの象徴たる天皇を眼前に拝して、私は何とも言えない感激に満たされた。

陛下はまもなく広島市民に対しお言葉をかけられた。そのお言葉、そのお声、陛下は如何に我々広島市民のことを御案じなさっていられるかがわかる。又陛下は支那事変、そして太平洋戦争さえも、初めから御反対なさったとの事を、前に新聞で見たが陛下はほんとうに平和を心から愛されるお方だ。今こうしてお迎えしたのはまるで夢のような気がする。

今までは天皇陛下とかけ離れていた私達だが、今こうして目の前にお姿を拝したり、又ラジオを通じたり直接お声を聞いたりすることの出来たのは私達にとっての大きな喜びである。そして今はもう、もったいない事ながら私達のやさしいお父様のような気さえする。お風邪をめしながらも御巡幸になり、一々激励のお言葉をおかけになる陛下、おやさしくてお情深い陛下、これこそ平和日本のシンボルに適わしいお方だ。

そして陛下は仁のお方だ。たとえ単なる人間になられたとしても天皇はどこまでも天皇だ、今後天皇を中心とした、平和な国が実現しなければうそだ。それには若き者の力が必要だ。私達の力で、真の平和国家を建設して陛下に安心して頂きたい。

「陛下やります。私達若き者の情熱をもって、平和日本の建設のためにどこまでもやり抜きます」私は心の中でこうつぶやいた》[24]

戦前、革新官僚や右翼全体主義者たちが声高に主張した「天皇主権説」は戦後、明確に否定されたが、そもそも一般の庶民は、そんな「概念」など相手にしていなかったのである。だからこそ日本が戦争に負け、憲法が改正されたとしても、一般の庶民は、昭和天皇を心から歓迎し、皇室と国民の絆を改めて再確認し、日本復興に向けて奮闘を開始したのだ。

昭和天皇もまた、焦土の中で苦しむ国民を励ますことに力を尽された。

移動の車内で天皇は大金侍従長を相手に、「こういう言い方をしたが、あれでよかったろうか」「母親にだけ話をして、子供に言葉をかけなかったが、拙《まず》かったか知らん」「途中で万歳の声が起こったので話をやめたが、あとの人たちは失望しなかったろうか」と、常に反省しておられたという。[25]

昭和天皇はストライキの現場にも乗り込まれた

御巡幸は、いま紹介した広島御巡幸のあと、ＧＨＱの圧力によって一旦中断されている。あまりの国民の歓迎ぶりを見て、ＧＨＱ内部で暗躍していた「敗戦革命派」が止めたのではないかともいわれている。

その際、加藤進や大金益次郎といった天皇の信頼の篤い側近は更迭され、さらに宮内府の機構改編も押しつけられた。

だが、昭和天皇の御巡幸への御熱意は変わらなかった。国民の側も熱烈に御巡幸の再開を望み、昭和二十四年（一九四九）に再開されることになる。

実は、九州大学を卒業した私が最初に手掛けた仕事は、昭和二十四年五月から六月、福岡県を訪問された昭和天皇の御巡幸の記録をまとめると共に、当時のことを知る方々にインタヴューを行ない、福岡県御巡幸の記録を本にすることであった。昭和六十三年十二月に発刊した記録集では、昭和二十四年五月二十日、福岡県の三菱化成・黒崎工場を天皇が御訪問されたときのことを次のように紹介している。

《陛下はオープン・カーで工場間を移動されながら、各種染料を製造している染料工場や、食糧増産に最も必要な化学肥料を製造しているアンモニア合成工場を熱心に御視察になった。

途中、染料工場前で堵列《とれつ》する永年勤続者、組合幹部の前では、佐藤工場長が、

「こちらは三十年以上勤続している小石、川村、川下の三人でございます」と説明すると、緊張に身を固くした三人を見つめられ、陛下は、

「よくやっていますね、いろいろ困難があるだろうが、どうかひとつ努力してね」

と激励された。

「しっかりやってください」

と数メートルおきに十回余りも繰り返され、心から産業復興を願われる陛下の御姿に

「しっかりやります」

と、青年共産同盟のバッジをつけた青年も、感激して力強く答えていた》[26]
昭和天皇を迎えた感激は、共産党員であろうと変わらなかったのである。
ストライキに揺れる炭鉱にも、昭和天皇は足を運ばれた。
《陛下「深さはどのくらいあるの」
所長「海面からは約二千尺下、坑口から採炭場までは二千間ありまして、延坑道は三十里あります」
陛下「ほーう、随分遠いね。それでは鉱夫が疲れるだろうね」
所長「お足もとの地下では、約九千名以上の炭鉱労働者が、昼夜石炭と取り組んでいます」
所長の説明に、陛下はちょっと足を踏みかえられて、足下の地面を見回され、大きく頷《うなず》かれた。
陛下「健康状態はどうですか」
所長「炭鉱だからといって別に変りはありません、元気で働いています」
陛下「それはよくしているね」
やがて、陛下は、従業員代表や県内各炭鉱の労使代表者百三十一名が並ぶ列の前へ進まれた。

「石炭は、国家のために最も重要だから、困難もあろうが、しっかりやってくださいね」

陛下の御言葉に、緊張した鉱員代表、三菱新手炭鉱職員井浦嘉七さんが、

「しっかりやります」

とお答えすると、すぐそばにいた鉱員代表、三井・田川採炭夫吉田集さんが、

「私達も一生懸命にやります」

と決意を語った。その言葉を合図に、労使ともに堰《せき》をきったように万歳を叫んだ。それは、いかなる困難があろうと頑張りますとの感激の万歳であった。以前から、

〈(石炭の)増産の手助けになることがあれば、私もできるだけのことをしよう〉

と述べられていた陛下は、嬉しそうに幾度も頷かれた。

その様子に、ある米国記者は、「これで争議は解決した」と感想をもらしたという。

実は、筑豊炭鉱では、五月四日から無期限ストが続けられていたのである。全く歩み寄りを見せなかった労使双方が、このとき、ストも忘れたかのように万歳を叫んでいたのだから、そういう言葉が出てきたのも当然のことであった》[27]

当時の福岡では、労働組合がストライキを乱発し、大混乱の状況だった。そのような場所

にも、昭和天皇は乗り込んで行かれたのだった。

昭和天皇が御巡幸を始めた一九四六年には、野坂参三ら日本共産党は左翼系の労働組合を全国につくり、革命勢力を築こうとしつつあった。その後、驚くほど急速な勢いで労組が結成されていき、各地で労働争議が頻発する事態となっていた。

同時にGHQは、「軍国主義者たちの支配体制によって国民は犠牲になったのだ、犠牲を強いたファシズムの体制の頂点に天皇がいる」という「二分法」のキャンペーンを盛んに行なっていた。東京裁判も、WGIPも、教育改革も、神道指令も、すべてそのキャンペーンの一環であった。

そうした逆境のなかで昭和天皇は自ら乗り出し、全国を歩いて国民を励まし、団結を呼びかけられたのである。

わずか数年前に空襲の業火のなかで数万人、十数万人が亡くなった地を踏まれたときのお気持ちはいかばかりであっただろうか。戦場で地獄を見て帰還してきた兵士たちを見舞うお気持ちは、さらに戦災で父母を亡くした孤児たちの姿を見たときのお気持ちは——。

どんなに状況が厳しい折にも、昭和天皇は決してお逃げにならなかった。もちろん、策を弄されるようなこともなかった。ひたすらに真心で、真っ直ぐに、御自身が先頭に立って国民を励まされ、国民と共に涙を流し、日本人の使命と日本の伝統の素晴らしさを訴えつづけられた。

また、数年前まで死闘を続けた相手である連合国、ＧＨＱにも、真摯に、媚びることなく、堂々と向き合いつづけられた。

その勇気、真心、責任感の深さを知った名もなき庶民たちは、日本が戦争に負け、ＧＨＱとマスコミが皇室批判を繰り返したにもかかわらず、昭和天皇を支持しつづけたのだ。

退けられた左右の全体主義

「敗戦革命派」にとって、このような昭和天皇と日本国民との強固な絆、そして御巡幸への日本国民の熱い歓迎ぶりは脅威以外の何ものでもなかった。埼玉の御巡幸に同行取材したマーク・ゲインはこう書いている。

《今日は記念すべき日だった。私自身の眼で政治勢力回復の一幕を見たのだから。神としての天皇の有用性は、降伏の日とともに痛く減少した。今や宮廷の中の、また宮廷を取り巻く抜け目のない老人たちは、新しい神話を製作しつつある。——国民の福祉に熱心な関心をもつ民主的な君主に関する神話である。これは、日本国民および、われわれがその確立の援助

を約した、かの民主主義の観念に対する恥ずべき裏切りだ》[28]

彼の絶望に似た怒りが、憤懣やるかたない筆致から伝わってくる。

だが、マーク・ゲインらは、日本の自由主義、そして民主主義のことを、全く理解していなかった。昭和天皇と国民のこの結びつきこそ、むしろ日本が近代国家建設にあたって重視してきた自由主義、さらに民主主義（民本主義）の基盤なのである。

前著でも述べたが、日本には、仁徳天皇の「民の竈《かまど》」の逸話に象徴されるように、貧しい者や苦しむ者を「天皇のおおみたから」として労り慈しむという伝統がある。聖徳太子の「十七条憲法」が示すとおり、「お互いに支えあい、話しあってより良き知恵を生み出す」理想もある。また、明治天皇の「五箇条の御誓文」が高らかに掲げた、自由主義的かつ議会主義的で向上心に溢れた政治思想もある。

昭和天皇は、そのことを身をもって広く国民に訴え、国民を励ますべく、全国を巡幸されたのである。

もし戦後、昭和天皇がソ連・コミンテルンに同調する「左翼全体主義」を掲げていたら、果たしてどうなっていたことか。何しろ最側近の木戸内大臣でさえもソ連に好意的であったのだから、ありえないことではなかった。昭和天皇が敗戦革命に理解を示されたとしたら、自主的に退位されるか、ＧＨＱのニューディーラー、そして野坂参三と連携されただろう。そうなれば日本は大混乱に陥り、あるいは共産政権が樹立されていたかもしれない。

一方、昭和天皇が「右翼全体主義」を掲げ、天皇主権説に基づく専制政治をめざされたら、議会制民主主義を尊重するＧＨＱと対立し、退位に追い込まれていただろう。そうなれば、退位された昭和天皇を担いで革新官僚や軍部をはじめとする右翼全体主義者たちが「国体護持」を叫び、内乱を引き起こす事態に発展していたかもしれない。そして、内乱になれば、治安維持を名目にソ連は日本に軍を派遣し、日本は朝鮮半島のように分断されることになったかもしれない。

だが、昭和天皇は戦前・戦中、日本を覆った「右翼全体主義」と「左翼全体主義」、この二つのイデオロギーを退け、明治天皇の五箇条の御誓文に示された「保守自由主義」こそ国是であると「新日本建設に関する詔書」などにおいて明確に打ち出され、ＧＨＱ側もこれを支持せざるをえなかった。

だが、その一方で、ＧＨＱ内部で暗躍する「敗戦革命派」による「日本解体」政策は着々と進行し、アカデミズムや労働組合は、社会主義、左翼全体主義へと急旋回を始めていた。そしてＧＨＱの「敗戦革命派」の支持のもと、ソ連や中国共産党の支援を受けた野坂参三らと連携して一大政治勢力を築くようになっていた。

かくして戦後の日本で、「敗戦革命派」と「保守自由主義派」が正面から激突することとなる。

【注】

1　大原康男『神道指令の研究』原書房、一九九三年、一三頁
2　ウィリアム・ウッダード著、阿部美哉訳『天皇と神道』サイマル出版会、一九八八年、二九二頁
3　高橋紘『陛下、お尋ね申し上げます』文春文庫、一九八八年、二五二〜二五三頁
4　小堀桂一郎『今上天皇論』日本教文社、昭和六十一年、二五二頁
5　宮内庁「昭和21年5月にラジオ放送された昭和天皇のお言葉関係」http://www.kunaicho.go.jp/kunaicho/koho/taisenkankei/syokuryo/syokuryo.html
6　大原社会問題研究所編著『日本労働年鑑　第22集／戦後特集』一九四九年、法政大学大原社会問題研究所Ｗｅｂより転載、http://oohara.mt.tama.hosei.ac.jp/rn/22/rn1949-259.html'、二〇一八年六月四日取得
7　大原社会問題研究所編著『日本労働年鑑　第22集／戦後特集』一九四九年、法政大学大原社会問題研究所Ｗｅｂより転載、http://oohara.mt.tama.hosei.ac.jp/rn/22/rn1949-263.html'、二〇一八年六月四日取得
8　松村謙三『三代回顧録』東洋経済新報社、一九六四年、二六三〜二六四頁

9 松村謙三『三代回顧録』二六四～二六五頁
10 同、二六五頁
11 吉田茂『回想十年』新潮社、一九五七年。引用は中公文庫（2）、一九九八年、二三三～二三四頁
12 「日本占領及び管理のための連合国最高司令官に対する降伏後における初期の基本的指令（ＪＣＳ１３８０／15）」国立国会図書館「日本国憲法の誕生」、http://www.ndl.go.jp/constitution/shiryo/01/036/036jtx.html
13 以下、当時の食糧輸入状況については、岩本純明「占領軍の対日農業政策」（中村隆英編『占領期日本の経済と政治』所収、東京大学出版会、一九七九年）や、白木沢旭児「戦後食糧輸入の定着と食生活改善」（『農業史研究』第36号所収、二〇〇二年）を参照。
14 武見太郎「和田農林大臣の由来」、吉田茂『回想十年』（4）所収、中公文庫、一九九八年、一四七頁
15 猪木正道『評伝 吉田茂』普及版（4）、読売新聞社、一九八一年。引用はちくま学芸文庫、一九九五年、九五頁
16 吉田茂『回想十年』（1）、中公文庫、一九九八年、一六四頁
17 岸田英夫『天皇と侍従長』朝日文庫、一九八六年、一六三頁
18 加藤進「蘇った君民一体の絆」、『祖国と青年』昭和六十年一月号所収、四四頁
19 岸田英夫『天皇と侍従長』一六二頁
20 マーク・ゲイン『ニッポン日記』ちくま学芸文庫、一九九八年、二三二頁
21 高橋紘・鈴木邦彦『天皇家の密使たち』文春文庫、一九八九年、二三四頁
22 『天皇陛下と広島』天皇陛下御在位六十年広島県奉祝委員会、昭和六十二年、一一七～一一八頁
23 同、一三〇～一三一頁

24 同、一三二〜一三三頁
25 岸田英夫『天皇と侍従長』一六八頁
26 『筑紫路を埋めた日の丸』天皇陛下御在位六十年福岡県奉祝会、一九八八年、四一頁
27 同、四九〜五一頁
28 マーク・ゲイン『ニッポン日記』二二六頁

第九章　仕組まれた経済的窮乏

革命は少数のエリートによって起こる

日本の敗戦後、GHQ主導で日本を「解体」する政策が相次いで指示、実行されていく。加えてコミンテルンの指示を受けた野坂参三らが中国・延安から帰国し、戦前から国家社会主義に共鳴していたエリートたち（左右の全体主義者たち）と、急速に膨れ上がった労働組合を背景に大きな政治勢力を構築し始めていく。

その怒濤の勢いに対してソ連・コミンテルンの対日工作に警戒心をもっていた日本の政治家、官僚、学者、軍人などは公職追放処分を受けて排除され、政治の中枢でそうした動きに対応していたのは、昭和天皇とごく少数の保守自由主義者たちだけであった。

ちなみに三国同盟に反対し、対米開戦回避に尽力し、敗戦後は連合国による直接統治を阻止した最大の功労者、重光葵も昭和二十一年四月二十九日、東京裁判の被告として巣鴨拘置所に逮捕・収監され、政治活動を禁止されてしまった。重光を敵視したソ連の仕業であった。終戦事務局部長の太田三郎はこう述べている。

《重光大臣が戦犯になったのは、全くソ連の仕業です。ソ連検事が着任してから、重光大臣と梅津大将の起訴が決まったのです》[1]

よって昭和二十年末から二十一年前半にかけての日本の政治中枢の力関係は、次のようになる。

「ＧＨＱ（敗戦革命派）＋野坂参三＋左右の全体主義者」対「昭和天皇＋ごく少数の保守自由主義者」

最大の権力者であるＧＨＱが日本解体政策を推進し、かつ共産主義者の活動を支援しているわけであり、このまま進めば、容共政権の樹立から敗戦革命へと進みかねなかった。

もちろん、大多数の庶民は敗戦後も皇室を尊敬し、自由主義を支持しており、敗戦革命＝日本の共産化には反対であったが、戦後の焼け野原のなかで日々の暮らしに追われていて、しかもプレスコードという検閲のため、日本の政治の中枢で何が起こっていたのか、知ることができなかった。

そして残念ながら革命は、大多数の国民の意志とは関係なく、少数のエリートたちによって短期間に一挙に行なわれることが多いのだ。

高千穂商科大学教授を務めた名越二荒之助氏は、その著『内乱はこうして起る』においてこう指摘している。

《革命はさも自然発生的に歴史の必然として起ったようにいう人がある。しかしそれは革命の勝利者が、自分の正当性を大衆に証明するために作り出したフィクションに過ぎない。実際は一人の卓越した才能と、それを取り巻く少数のエリートたちの巧妙なる戦略戦術によって、一挙に行われる。この際トロッキーもいっているように、一般国民は殆んど革命には反対であり、革命など起るものかと楽観さえしている。それに国民は行動や発言の機会が与えられず、「声なき声」の立場に立たされる。
ロシア革命の場合も、ボルシェビキ（ソ連共産党）が国会に議席を持った数はたかだか四、五名、蜂起した労働者の数も僅か十余万（ソ連共産党史による）に過ぎなかった》[2]

問題は、敗戦後の日本にとって最大の権力者、ＧＨＱが日本解体政策を推進し、共産主義者たちを支持していることであった。

幸いなことに、このＧＨＱの動きに不審を抱き、ＧＨＱ内部の敗戦革命派との戦いに立ち上がった人物がいた。ＧＨＱ参謀第二部（ＧＳ）、つまりインテリジェンスを担当する部門の部長、チャールズ・ウィロビー将軍である。

ウィロビーに「ゾルゲ諜報団」の危険性を伝えた日本人

きっかけは、ゾルゲ事件であった。

一九四五年十月四日の人権指令によって大量の政治犯たちが釈放されたとき、ウィロビーにゾルゲ事件への関心と警戒を促した日本人官吏がいたのだ。ウィロビーは回想録にこう記している。

《米軍〝征服者〟の善意にもとづいて、牢獄の扉は開かれ、憲兵隊および「思想警察」（特高）の犠牲者たちは、西側の〝自由〟という、かつて味わったことのない明るみのなかへ、眼をしょぼつかせながら出て来た。釈放された囚人たちのなかには、戦前の日本共産主義運動の指導者たち、主義を押しとおして曲げなかった若干の人々、少数の政治的殉教者の他に、国籍の判然としない、数多くの〝影の人物〟たちがふくまれていた。

ある日、一人の日本の官吏が興奮しながらやってきた。

「将軍、釈放せよとのリストには、外国の諜報員たち、とくにゾルゲ諜報団の生き残りがふくまれていますが……」

と私にいってきた。

「将軍はゾルゲ事件をどう評価する気なのです？　こんど釈放される連中のなかに、マックス・クラウゼンがいるんですよ、あのクラウゼンが。彼には十分、注意しなければいけませんね」

マックス・クラウゼンは、ドイツ共産党出身で、ソ連赤軍第四本営に所属し、治安維持法、国防保安法、軍機保護法、軍用資源秘密保護法および無線電信法違反で逮捕された、ゾルゲの右腕である。反共主義者だったという説もある夫人のアンナとともに、精力的にスパイ活動を行なった、無線のスペシャリストでもある。

このゾルゲ一味に対する調査には、デリケートな取り扱いが要求された。私は旧日本軍の武装解除と復員問題をかかえている一方で、直接、この事件を調べることにした》[3]

ウィロビー将軍に、ゾルゲ諜報団の危険性を告げた「日本人官吏」が誰だったか、残念ながら本書には記されていない。

だが、この「日本人官吏」の行動は、大きな波紋を巻き起こしていくことになる。日本側の捜査資料を集めてゾルゲ事件の調査を始めたウィロビーは、ただならぬ状況に気づいていくのである。

《国内の治安という点から見て、ゾルゲ諜報団とアメリカの、とりわけカリフォルニアの共産主義活動家とが直接関係していたことを発見するまでには、かなりの時間と、慎重な調査が要求された。とはいえ、その調査過程は比較的スムーズに運ばれたが、それは釈放された連中が遅かれ早かれ本国との関係の糸をたぐっていくだろうと思われたからである。さらに重要で、ドラマチックな巻糸の糸口が、結局、上海に及んでいき、間もなく、ゾルゲ・グループが極東におけるソ連の支配をその究極の目的とする、浸透、破壊、治安妨害の世界的パターンを踏む、共産主義者の第三インターの「諜報班」の完全なひとつの歯車であったことが明瞭になった。今日ではあたりまえに知れ渡っているこれらの事柄も、一九四五年ころには十分に理解されてはいなかったのである。

カナダのスパイ事件が、破壊方法と技術に対する警告として、各国政府のエージェントによって広く知られるようになったとき、私は、ゾルゲ事件はたしかに一万マイルも離れたところで起こった事件であるが、カナダのスパイ事件と酷似しており、したがって、現存する赤色諜報活動の世界的パターンを実証し、ＦＢＩおよび米治安機関に対して、数人のアメリカ人官吏をふくむ人々の調査を勧告すべく、ゾルゲ事件のレポートを提出すべきである、と決心したのだった。

日本の裁判記録やその他の資料をふくんだ豊富かつ有効な文書が、完璧な報告書の作成に役立った》[4]

ここで書かれている「カナダのスパイ事件」とは、「グゼンコ事件」を指す。一九四五年九月、ソ連の駐オタワ大使館に勤務していたイゴリ・セルゲイエヴィッチ・グゼンコが、機密情報を含んだ文書を携えてカナダに庇護を求めてきた。グゼンコは、アメリカの原爆開発の秘密を盗み出すために赤軍の情報機関（ＧＲＵ）からカナダに送り込まれた暗号官だった。

そして彼がもたらした文書から、カナダにおけるソ連の大規模なスパイ網の存在が明らかになり、原爆開発のマンハッタン計画に参加していたイギリス人核科学者アラン・ナン・メイらがソ連のスパイであることも発覚。摘発につながった。

カナダで発覚したようなソ連のスパイ工作が、世界的規模で、各国政府の様々な重要機関に深く浸透しているのではないか。その恐るべき疑惑が、日本のゾルゲ事件とカナダのグゼンコ事件との類似性から浮かび上がってきたのである。

はたして、その懸念は正しかった。

ＧＨＱに入り込んだ「ソ連の協力者」たち

ウィロビーたちが突き止めたのは、次のような事実であった。

第一に、ソ連の日本に対する内部浸透工作のすさまじさである。

ゾルゲたちのグループは、優秀とされた日本の警察に察知されることなく長期間にわたって活動していた。彼らの諜報網は、政権要路の中枢にまで達していた。ゾルゲ自身がドイツ大使館に深く食い込んでいたばかりか、尾崎秀実や西園寺公一らを通じて時の近衛文麿政権の深奥部にまで浸透し、ソ連の国益に沿って日本の外交・軍事政策を左右していた。

ウィロビーにとって特に衝撃的だったのは、このゾルゲ・グループとアメリカ人共産主義者との濃厚な関わりである。ゾルゲが上海で活動していたあいだにはアグネス・スメドレー（作家）やガンサー・スタイン（ジャーナリスト）らがゾルゲの情報ネットワークに協力していたし、東京で摘発されたゾルゲ事件には、北林トモや宮城与徳といったアメリカ共産党員が連座していた。

アメリカ人の共産主義者やシンパが、上海や東京でこれだけ強力な諜報活動を行なっているとしたら、アメリカ国内でもやっていないはずがない（この時点では、アメリカにも大規模なソ連・コミンテルンのスパイ・ネットワークが存在していることは発覚していない）。その危惧が急浮上してきた。

第二に、GHQ内外の不穏な状況である。

終戦直前の一九四五年六月にアメリカで「アメラジア事件」が発覚し、ジョン・サービス、アンドリュー・ロス、マーク・ゲインといったニューディーラーたちが「ソ連のスパイ工作」の疑いで逮捕されたが、揃って無罪放免され、GHQのスタッフや新聞社特派員などとして続々と日本にやって来ていた。

ゾルゲが逮捕されたからといって、ソ連の対日工作が終わるわけがない。彼らは日本で、誰のために、何をやろうとしているのか、というのは当然の疑問だった。

そして第三に、ウィロビー自身が率いるG2のなかの怪しい動きである。

G2管轄下には対敵諜報部隊（CIC）という組織があり、エリオット・ソープ准将がキャップを務めていたが、ソープ准将の行動はウィロビーから見ると極めて容共的、つまり共産党に好意的で問題が多かった。

《当時のCICのキャップには、終戦までオーストラリア軍情報部に勤務していたエリオット・ソープ准将が、マーシャル国防長官と参謀長サザーランド中将の推薦によって、おさまっていた。残念ながら、この人選は失敗だったといわなければならない。日本の都道府県におのおのひとつ、さらに必要と認められた都市に支部隊を設置、統轄し、捜査権を持っていたCICと、日本の警察をその掌中に収めた彼は、私の意に反したことを次から次へと行なったのである。

ソープは、皇族・梨本宮守正王を逮捕し、皇弟・秩父宮を逮捕しようとした――もっとも、この件は逮捕寸前で私が押さえはしたが――。特高を全面的に解散してしまったり、政治犯全員を刑務所から釈放させたのも彼である。共産党の幹部である徳田球一や志賀義雄は十月十日に出所したが、彼らはその足で、すぐ活動をはじめたものだ。しかも、ゾルゲ一味の生き残りを、ちゃんとした監視体制も取らずに、いきなり釈放してしまったのも彼である。これらは、単なるヘマだろうか？》[6]

GHQの組織のなかで、特にニューディーラーが多く集まっていたのはコートニー・ホイットニー准将が局長を務める民政局（Government Section, 略称GS）であった。日本語ではよく「民政局」または「民生局」と訳される「Government Section」は、語の意味に忠実に表現するならば「政治局」である。

この「政治局」は実際に、政府を監視・統制するソ連共産党の政治局《ポリットビューロー》と同じように、占領下の日本の政治を牛耳り、その局長のホイットニーはマッカーサーの側近として大きな勢力を振るっていた。

ホイットニーの逆鱗に触れることはマッカーサーから遠ざかることを意味すると噂されているほどで、ホイットニーGS局長とその懐刀のチャールズ・ケーディス民政局次長は、当時、GHQ内で飛ぶ鳥を落とす勢いだったという。[7]

皇室廃絶を唱えていたトーマス・ビッソンは、この民政局の経済分析官として来日していたし、ＩＰＲによる「対日占領政策」論議を主導していたハーバート・ノーマンは、対敵諜報部調査分析課長としてソープ准将を補佐し、徳田球一や志賀義雄を釈放したり、「天皇制」廃止を明記した日本国憲法草案作成を旧知のマルクス主義者、鈴木安蔵と都留重人に要請したりしている。[8]

そしてマッカーサーの腹心ホイットニー率いるＧＳと、事あるごとに対立していたのが、ウィロビーのＧ２であった。

監視対象を日本の軍国主義者から共産主義者へと変更

こうしたＧＳ対Ｇ２という対立のなかで、もともとソ連・共産主義を警戒していたウィロビーはまず、共産主義者に好意的なソープを切る。

《ソープ准将が派手なスタンド・プレーを開始して約七カ月後、私はマッカーサーに強く進言し、彼をＣＩＣ隊長職から解き、本国へ帰してしまったが、彼の言動は、すでにＧＨＱの占領政策に影響を及ぼしてしまっていたのは残念である。私は、延安から帰った野坂参三を、まるで凱旋将軍のように迎えたソープに対するいまいましさを、いまもこらえることができない。

ソープは私に忠実たらんとするよりも、ホイットニーのご機嫌ばかり取り、あげくの果てに、ホイットニーにG2内部の事情をいちいちつげ口していたふしさえあるのである。ソープは、その後、あの有名な共産主義者オーエン・ラチモアを弁護したりしている。ソープの追放はもっと早い時期に行なわれるべきであった。この点、マーシャル長官やサザーランド中将も少しは責任を感じてもらいたいものである》[9]

ゾルゲ事件を調査したウィロビーは、早くも一九四六年中にワシントンに暫定報告書を送り、翌一九四七年には詳細な報告を送った。

この報告書のなかで「ソ連のスパイ」と名指されたアグネス・スメドレーの強硬な抗議に接して、トルーマン民主党政権の対応は腰砕けだったが、ソープを解任したウィロビーはさらにG2の体制を整える。

G2の下部組織CIC（対敵諜報部隊）は占領当初、日本の戦犯容疑者の調査や国粋主義団体の動向調査に注力していたが、一九四六年後半から一九四七年の最初の数カ月のあいだに、調査対象を日本国内外の共産主義者やGHQ内のニューディーラーへと切り替えたのである。[10]本当の敵は、日本の「軍国主義者」ではなく、内外の共産主義者なのではないかと、ウィロビーは考えたのだ。

その懸念が間違いではなかったことが、実際の調査によって裏付けられることになる。東京のCIC本部は、一九四六年八月には既に、共産主義活動の状況について、以下のような報告を作成していた。

《広範かつ大規模な反米活動がはっきりと目に見えるほどではないことは確かだが、そのいっぽうで、いわゆる米国資本による「日本の植民地化」に対するプロパガンダ活動は確実に現れている。これは、通常は日本共産党に共鳴する、おもに左翼や労働団体に受け容れられてきた常套句である。急進的なグループが、資金援助、脅迫、大衆的示威行動、さらに同様の方法によって、労働者や在日朝鮮人グループの支持を取り付けようとしていることを示す証拠は後を絶たない》[11]

GHQが支援してきた日本共産党とそのシンパたちは表向きGHQとの連携を叫んでいたが、その裏では、労働組合や在日朝鮮人を取り込みながら、資本主義反対という名の反米宣伝を始め、共産主義革命の準備を進めていたのだ。

しかもCICは、この動きは延安の中国共産党と連携しているのではないかと疑っていた。だからこそ、延安で野坂参三が指導していた労農学校や反戦同盟の参加者リストと顔写真を入手し、多くの引揚者が帰ってくる京都・舞鶴港に待機して、中国からの引揚兵をシラミ潰しにチェックしていたのである。[12]

また、GHQに対する浸透工作に関しても、IPRやアメリカ国内の共産党フロント組織との関係を含めて、一人ひとりについて徹底的な調査を開始した。

ゾルゲ事件を摘発した戦前の日本のインテリジェンス機関が残した記録が契機となって、GHQの一部、つまりウィロビーのG2だけは、GHQやワシントンに入り込んでいた「敗戦革命派」の動向に疑念を抱くようになったのだ。

敗戦革命の担い手としての労働組合

共産革命には、主として二つのやり方がある。

一つは、ロシア革命方式だ。ロシアでは、ボルシェビキ（ソ連共産党）のレーニンらが第一次世界大戦の混乱を利用して、国内の自由主義者たちと連携してロシア皇帝政権を打倒し、穏健なケレンスキー内閣というブルジョワ政権をつくる。そのうえで、軍を味方につけたレーニンらが権力を奪取し、社会主義政権を樹立した。

もう一つは、チェコスロバキアをはじめとする東欧での敗戦革命方式だ。

ドイツとハンガリーに併合されたチェコスロバキア共和国はドイツ敗戦後、復活し、エド

チェコの首都プラハに建つ「共産主義博物館」の入口にて。ここでは、ソ連と共産党によるチェコ支配とその過酷な実態を示す写真などが展示されている

ヴァルド・ベネシュを大統領とする政権を樹立した。

だが、ドイツを破ったソ連の影響力を背景に、一九四六年に実施された選挙では、共産党が第一党に躍進。これを受けて共産党指導者クレメント・ゴトワルドを首班とする連立「容共」政権が成立し、内務省など治安機関や教育・宣伝といった重要ポストを共産党系が獲得。そしてソ連の軍事的威嚇と共産系労働組合の大規模デモを背景に、一九四八年二月、ゴトワルド共産党政権が樹立された。[13]

第二次大戦後の東欧諸国がこのチェコスロバキアの方式でソ連の衛星国化＝共産化されたことからもわかるように、敗戦革命の担い手は、連立政権に入る共産党指導者と、大規模デモを実施できる共産系労働組合であった。

そして占領下の日本でも、おそらく意図的だろうが、敗戦革命を担う大衆組織として労働組合が急成長したのである。

終戦後の日本では、戦時中に輪をかけて悪化した経済的困窮、特に食糧の不足と（陸海軍の解体に伴う職業軍人などの）失業者の増加によって、また、GHQが対日占領政策の重要な柱の一つとして労働組合結成を奨励したことによって、労働組合の数と組合員数が激増した。労働省『資料労働運動史』昭和二十～二十一年、昭和二十二年によると、一九四五年九月には組合数＝二、組合員数＝一〇〇〇人余りだったのが、同年末には組合数＝五〇九、組合員数＝三八万五六七七人。一九四六年末には組合数＝一万七二六五、組合員数＝四八四万九三二九人。一九四七年二月の組合員数は五〇三万人を超えていた。

厳しい食糧事情のなか、食糧配給の遅配・欠配が続き、ヤミ価格が高騰するので、多くの企業では給与額が必要な生活費の半分にも達しないことが多かった。そのため、労働条件の改善を求めて労働争議が頻発するのは当然の状況だった。しかも後述するが、この国民の窮乏は、GHQによって意図的に作り出されていたのだ。

日本共産党系労組を支援するGS

急成長した労働組合には、二つの系統があった。

一つは、戦前から労働運動を行なってきた日本労働組合総同盟（総同盟）系（つまり非共産党系）であり、戦後続々と再建され、大量解雇反対、賃金引上げ、当面の生活苦を乗り切るための一時金の支給などを求めて活発に雇用者側と交渉した。

総同盟系組合の活動目的は労働者の生活改善にあって、皇室の廃絶や倒閣運動のような先鋭な政治的活動ではなかった。戦前からの労働運動家で社会党右派の西尾末広が終戦直後の十月三十日、労働組合結成を訴える演説のなかで、こう語っているのは象徴的である。

「世間には労働組合とはストライキをやるための団体であると考えている人がかなり多いが、それは国家とは戦争をするために存在するのだと考えるのと同様にははなはだしい認識不足である」[14]

総同盟系の労働組合はあくまで労働者の待遇改善が目的であり、日本共産党が唱えているような「日本の共産化」ではないと主張したわけだ。

もう一つは、日本の敗戦直後に合法化された共産党の指示を仰ぐ共産党系だ。この共産系は自ら労働組合を結成するだけでなく、総同盟系の組合にも浸透、つまり組合乗っ取り工作を仕掛けていた。

共産党は、企業ごとの組合を、地区全体、あるいは一産業全体で一つの組織に糾合する

「工場代表者会議」や「産別会議（全日本産業別労働組合会議）」の組織づくりに力を入れていた。表向きには、労働者の生活改善を掲げながら、本当の目的は別にあった。労働運動を利用した大衆動員による政権奪取である。

この総同盟系と共産党系は、全国各地で熾烈な組織争奪戦を行なっていたが、深刻だったのは、GHQ内のニューディーラーたちが主に共産党系組合を支援したことだ。日本共産党は、占領軍を「われわれにとって解放軍である」と褒め称え、GHQの側も共産党系組合の暴力行為を黙認し、様々な援助を与えた。

吉田茂も次のように回想している。

《終戦の年の春、近衛文麿公が天皇陛下の御下問に応えて上奏した意見（引用者注：本書第四章で詳述した「近衛上奏文」）の中心は、敗戦の結果として、共産革命の危険を最も恐れるという点にあったことは、前に記した通りである。

然るに、その敗戦の結果は、占領軍の初期施策の一端として、共産主義者の活動が容認され、極端にいえば奨励さえされた形となったことは、近衛公の憂慮が当ったというべきか、誠に奇妙な成行となったものと思う。奨励されたといっては過言になるかも知れぬが、初期の占領政策が共産主義者に寛大であったこと、あるいはこれを利用しようとしたこと、それから総司令部員の中に、共産主義者とまでは言わざるも、少くとも容共的分子が幅を利かせ、結果的に見て、過激な活動を助長するような施策を進めたことは誤りなきところであろう。

何分終戦直後のその当時においては、ソ連は立派に連合国の一員であり、戦後の復興と平和のために、自由諸国と協力して事に当る可能性なきに非ざる如く思われたのであるから、人の好い米国政治家の一部のものたちが、共産主義者の底意を十分に読み取れなかったのも無理はあるまい》[15]

暴力的な労組への日本政府の取り締まりも認めない

労働運動側の証言も残っている。

『ものがたり戦後労働運動史Ⅰ』から、GHQのニューディーラーたちによる共産党系組合支援の実例を二つ挙げておこう。

一つは、昭和二十一年（一九四六年）一月に発生した、日本鋼管鶴見製鉄労組の争議のときのことだ。日本鋼管鶴見製鉄労組は共産党系の主軸労組の一つで、一月十日に経営者の意向に逆らって工場を稼働させ、製品を製造する生産管理闘争に入ったものの、一週間経ったころから資材や配給物資が入らなくなった。

事態打開をめざした組合側は、日本橋の本社で重役会が開かれる一月二十六日早朝に一六〇〇人の組合員を動員し、赤旗をなびかせ、鉄板を叩きながらデモをかけた。最後には本社ビルの屋上で社長を取り囲み、すべての要求を認めさせた。

しかし会社側はその後、「強制的に捺印させられた」と声明を出し、マスコミからも組合側の争議手段が暴力的だという批判が上がるようになる。

二月二日、日本政府（幣原内閣）は「暴行、脅迫または所有権侵害などの違法不当なる行動に対しては断固処断せざるをえない」とする、内務、司法、商工、厚生の四相声明を発表した。

すると、ＧＨＱはこの声明を潰してしまった。労働課長代理のコンスタンチーノ大尉が記者会見を行ない、「政府の声明はＧＨＱが了解したものではない」「労働争議に対しては、占領政策にかかわらない限り、当事者間の問題である」「各地で労働組合の設立が続々と行われている事実は心強く思っている」などと述べたのである。[16]

たとえ組合が暴力的手段を取っても、それに対する日本政府の取り締まりは認めない、暴力的でも何でもどんどん争議行為をやれとけしかけたのだ。

もう一つの例は、一九四六年二月に発足した「全国産業別労働組合会議（産別会議）準備会」への援助だ。

一九四六年二月十六日付『朝日新聞』が社説で、産業別単一労組結成が必要だと主張した。朝日新聞労組、読売新聞労組などというように企業別の組合結成に留まるのではなく、新聞産業全体の統一労組を結成すれば、非常に強力になるからだ。

『朝日新聞』の社説掲載の四日後の二十日、新聞単一労組のほか、炭鉱、印刷出版、金属産業、映画など様々な産業の労組代表が集まり、全国産業別労働組合会議準備会が発足した。

準備会事務局は、朝日新聞社（！）の貴賓室《きひん》に陣取って行動綱領や規約草案などの作成準備に取り掛かったものの、事務局スタッフの多くは経験がなく、産業別組織を結集する大規模な組織をつくる方法もわかっていなかった。

《そこで援軍になったのがGHQであった。準備会では海外の労働組合の情報などをえるために、GHQの協力を求めることとし、英語がしゃべれる小林が民間情報部を訪ねた。応対したのは、労働担当キャップをしていたヒックス中佐だった。（中略）ヒックスは小林の訪問を歓迎し、すぐに小林をハズオールという軍曹にひきあわせた。ハズオールはCIOの専任オルグとして活躍した経験をもっていた。準備会の要請にこたえ、ハズオールはCIOや世界労連の資料などを航空便でとりよせた。こうしたGHQの支援のもとで、準備会は、「綱領」と「基調」は、世界労連のものを参考にしてつくり、「組織方針」ではCIOのものを採用した》[17]

CIOとは、アメリカの巨大労組「産業別労働組合会議」（Congress of Industrial Organization）の略称で、アメリカ共産党の影響を強く受けた組織である。また、世界労連はコミンテルンの下部組織、プロフィンテルンの主導で第二次大戦中に結成された国際労働運動組織だ。ハズオール軍曹はCIOの専任オルグだったというのだから、お里が知れるとはこのことである。

産別会議が六月二十五日に結成準備大会を開催した際にも、GHQは日比谷公会堂を借り受けていた期間のうち、一日分を産別会議に提供した。[18]

GHQの輸入制限が日本の経済的苦境を招いた

国民が経済的に豊かで、生活に大きな不安がない状態であれば、共産党がどれほど煽動しようと、国民は呼応しない。

共産党の煽動が燎原の火のように広がって最終的に六〇〇万人もの労働組合員を糾合で

きた要因は、国民の極度の窮乏にあった。

このような事態を引き起こした大きな原因として、GHQが進めた窮乏化政策があった。第八章で、食糧輸入に厳しい制限がかけられていたことを紹介したが、食糧にかぎらず、日本の貿易はGHQの完全な統制と連合国の厳しい監視下にあり、輸入規模は輸出の範囲内に抑えられていた。

元財務官僚で嘉悦大学教授の髙橋洋一氏は、日本の戦後直後の経済苦境をもたらした最大の原因は、実は原材料の輸入を厳しく制限したことにあったと指摘している。

終戦後の日本には、実は空襲を免れた工場施設がかなり残っていたのだが、足りなかったのは、工場を動かす燃料と原材料、それに資金だったというのである。[19]原材料なしでは生産回復が不可能なことは、考えてみれば当然だろう。

つまり、空襲による戦災と敗戦によって生活が苦しくなったのではなく、アメリカが原材料の輸入を厳しく制限したから、生活が苦しくなったのだ。

当時の日本の基幹産業である鉄鋼と石炭の生産が一九四七年の遅い時期から回復したことについて、髙橋氏は、こう述べている。

《経企庁出身で政策研究大学院大学教授などを務めた大来洋一《おおきたよういち》氏らは『傾斜生産方式は成功

だったのか』（二〇〇六年十一月）という論文を書いています。

この論文の中でデータ分析が行なわれていますが、結論としては、「一九四七年の遅い時期からの生産の回復は傾斜生産方式の成功を示すものではなく、占領軍、アメリカの援助が効果的であったことを示すものである」としています。（中略）

大来氏のデータ分析でも明らかになっていますが、鉄鋼や石炭の生産拡大と最も連動が強かったのは、「鉄鉱石の輸入数量」でした。要するに、アメリカが鉄鉱石を回してくれると生産が回復し、鉄鉱石を回してくれないと生産が伸びない状態でした。原材料がなければ、日本政府も産業界もなにもできなかったのです。

一九四七年の遅い時期から生産が回復したのは、一九四七年六月にアメリカからの重油の緊急輸入が実現したからです。それまでは生産が伸び悩んでいましたが、重油が入ってきてからは急速に生産が拡大していきました》[20]

ＧＨＱの占領政策がはっきりと日本の経済復興を認める方向に舵を切るのは、一九四七年七月二十二日付ＳＷＮＣＣ３８１文書が「日本経済の復興」を強調してからだ。トルーマン政権も、中国大陸での国共内戦で中国共産党軍が優勢になったことを受けて、対日政策を日本解体から、日本再建へと転換したのだ。

一九四七年八月、GHQは制限付きながら貿易再開を許可し、翌一九四八年七月から経済復興のためのエロア資金援助が始まり、日本の経済はようやく復興に向かったのである。

労働組合に産業の主導権を認めるかのような財閥解体

GHQは、それまで日本経済を支えてきた財閥の解体も積極的に行なった。

財閥解体は占領開始直後から一九四六年最初の数カ月にかけては、三井、三菱、住友、安田の四大財閥の持株会社解体に概ねとどまっていた。一九四六年一月にGHQの経済科学局内に設立された、財閥解体を担当する経済科学局反トラスト・カルテル課でも当初、財閥解体をそれほど大規模なものとは考えていなかった。

ところが、民政局に配属された経済専門家で、財閥解体に熱心なエレノア・ハドレーが、経済科学局の財閥解体政策はまったく不徹底なものであると強く批判し、解体の強化を提言する覚書を民政局長に提出した。[21]

この覚書は、一九四六年六月四日、反トラスト・カルテル課のスタッフ二名と、民政局のトーマス・ビッソンとハドレー自身を含む三名の合計五人で会合を開き、経済科学局の財閥解体政策について議論した結果作成されたものだった。[22]

「ソ連の協力者」であったビッソンらによるこの覚書提出がきっかけとなって、GHQは七月二十三日に「持株会社整理委員会に関する法規」を発出し、解体の対象を一気に拡大。指定された企業の総数は一二〇三社にのぼった。[23]

しかも、一九四六年一月から三月にかけてコーウィン・エドワードを団長とする日本財閥調査団が来日し、調査団は三月に徹底した財閥解体を提言する報告書を提出した。この報告書が基になって国務・陸海軍三省調整委員会において財閥解体政策が立案される。[24]

この政策文書は一九四七年四月二十九日に国務・陸海軍三省調整委員会で承認され、五月十二日に極東委員会に提出された。FEC230と呼ばれるその文書の内容は、「ある一定規模以上のすべての工場や企業は小口の買い手に売却され」、しかもその売却は「工場や企業そのものの価値ではなく、買い手の支払い能力に応じて」行なわれるものであり、さらに「労働組合が会社の役員を選び、経営を管理する」という過激なものであった。[25]

労働組合に日本の産業の主導権を認めるかのような、この財閥解体について、アメリカ国務省のジョージ・F・ケナンが次のように書いている。

《SCAP（引用者注：Supreme Commander for the Allied Powers ＝連合国軍最高司令官のことだが、ここでは総司令部のことを指している）はほとんど異常なほどの熱心さで、トラスト（引用者注：独占的企業結合）解体の理念を抱いていた。（中略）これらの措置がとられる基となったイデオロギー的な観念は、「資本主義的独占」の害悪に関するソビエトの観念と全く似ており、こうした措置そのものは、日本の将来の共産化に関心を持つものにだけ高く評価されるものであった》[26]

ジョージ・ケナンは、戦後アメリカきってのソビエト問題の専門家であり、「ソ連封じ込め政策」の推進者となった人物である。一九〇四年に生まれ、一九二五年にプリンストン大学を卒業し、国務省に入省。一九三三年から一九三七年までモスクワのアメリカ大使館に勤務、さらに一九四四年にはモスクワの大使館に代理大使として再び赴任しており、ソ連の「手口」や「狙い」については熟知していた。

ケナンは日本の専門家ではなかったし、ケナンが回顧録で書いているように「二つの機関――国務省とＳＣＡＰ――の関係はそれほど疎遠になり、不信感に満ちていた」こともあって、その回顧録の日本に関する記述のなかには、時系列などについて、やや事実を把握しきれていないように思われる部分もあるが、しかし政策の全体像についての分析は、さすがに的確である。

窮乏する国民を救済する予算を奪った「終戦処理費」

「戦後賠償」も、日本を窮乏に追い込んだ一因であった。

占領初期の賠償計画は、一九四五年十一月に来日したポーレー調査団の報告に基づいている。

『二十世紀日本人名事典』（日外アソシエーツ、二〇〇二年）のポーレーの項目に「結局ポーレー報告は紙上計画に終わった」と書かれているのをはじめとして、賠償計画は有名無実化したと書かれていることが多い。[27]

しかし占領当初、ポーレー報告に基づいてGHQは陸海軍工廠、航空機、軽金属、工作機械、各種大型化学工場、造船、ベアリングおよびボールベアリング工場、鉄鋼、火力発電所など、約七〇〇の工場を撤去する勧告案を承認、一九四六年九月には国務省が、ポーレーの主張する賠償品目の三〇パーセントの即時積み出し開始を提案している。最終的には日本の工作機械の一五パーセントが積み出され、中国がその半分、残りをフィリピン、オランダ領東インド、イギリスが受け取った。その総額は二〇〇〇万ドルに達している。[28]

戦後賠償の名のもとに、日本の生産能力が奪われたのだ。

ジョージ・ケナンは次のように述べる。

《賠償引き渡し、なかでも日本で使用されていた工業施設を同盟諸国――中国、フィリピンなど――に引き渡したため、経済の復興はなおさら阻害されつつあった。これらの賠償引き渡しと、それがいつまで続けられるのかわからないことが、日本経済に痛手を与えていたにもかかわらず、それによって他のどの国かの経済をとくに助けている様子も見えなかった。聞くところによると、多くの機械設備が、上海やその他の極東各地の港の埠頭で、錆《さ》びるままに放置されていたということだ》[29]

「終戦処理費」も、実は大きなものであった。

終戦処理費とは、占領軍が日本に駐留する経費のことである。第五章で重光葵が占領軍による軍票使用を差し止めたことを述べたが、このとき、軍票使用差し止めと引き換えに、占領軍の費用を日本が負担することを合意したのであった。

アメリカの布告第三号では占領軍が円軍票を発行し、これをリーガル・テンダー（適法通貨）としてあらゆる公私の支払いに使用できることになっていた。大蔵省の久保文蔵外資局長がGHQ側と粘り強く交渉し、紆余曲折を経て、日本側が占領経費を負担する代わりに円軍票使用は撤回された。当時終戦連絡部に勤務していた大蔵官僚の渡辺武は、「この交渉は大蔵省として占領軍との最初のやりとりであったが、占領軍の使用する通貨が歯止めなしに出ることを防ぐための必死の抵抗が久保氏等のねばりづよい交渉によって実を結んだものであった」と回顧している。[30]

この終戦処理費は、膨大な額であった。

昭和二十一（一九四六）年度予算では当初予算では足りずに、三〇〇億円を追加予算として計上。昭和二十二年度予算では、総予算額の三分の一。昭和二十三年度予算でも、追加要求を含めて三五・三パーセントを終戦処理費が占めた。[31]

この終戦処理費のおかげで政府は、窮乏した国民を救済する政策をほとんど打つことができなかった。言い換えれば、ＧＨＱは、窮乏する国民を救済する予算を日本政府から奪っていたわけだ。

これについてもケナンの評価を引用しよう。

《アメリカ占領軍の存在は、日本人の生活には重い負担となっていたし、また経済復興に必要なものの多くをすでに占有していた。軍事要員（引用者注：八万七千の兵員）の他にも、われわれは三千五百人の文官スタッフを駐留させていた。アメリカ占領軍のために日本が配置しなければならなかった基地従業員は数十万を数え、この中には数万にのぼる個人的な傭人も含まれていた。しかもこれらの全従業員に必要な全経費は日本側が負担していた。（中略）占領軍は必要経費として日本の国家予算のおよそ三分の一を消費していた。厄介な占領軍当局は、多くの点で寄生虫的存在であった。日本人に対して種々の名目で不当な強奪が行われたが、その中には占領軍要員の個人的な金儲けのためのものもないとは必ずしも言えなかったものがあったのは残念である》[32]

ケナンが書くように終戦処理費の予算の使い道は野放図なものであり、占領軍の将校用宿舎に毎日生花を届ける費用や、将校クラブ用の飛行機の形をしたシャンデリアの注文、接収した宿舎の法外な改造費用など、野放図に贅沢なものが少なからず含まれていた。[33]

終戦処理費の原資は、日本国民の税金以外にない。国民の租税負担は国民所得に対して当時一八・五パーセントと、非常に厳しい水準に達していた。それでなくとも苦しい生活のなかで多額の税金を納めても、日本政府は莫大な終戦処理費に予算を奪われ、満足な社会保障政策を打つことができなかった。

しかし、そんな仕組みを知らない庶民の不満と怒りは、日本政府に向かうことになった。そして、政府に対する不満を煽ることで共産党系の労働組合はますます支持を増やしていく。

公職追放で日本の政界を「左旋回」させよ

金融緊急措置令が公布されて、新円切り替えが行なわれたのは、総選挙の二カ月前の昭和二十一年（一九四六）二月である。預金の大半が凍結された国民の困窮は甚だしかった。それを背景に、三月に入ると、野坂参三らによる民主人民戦線運動が盛り上がり、総選挙三日前に幣原内閣打倒人民大会が開催される。七万人が参加し、デモ隊が首相官邸に乱入して警官隊が出動する騒ぎになった。

野坂参三が、「われわれは今やゼネストを準備するときがきた」「そのためには第一に労働組合の組織化をすすめ、第二にはそれを産業別単一に結集し、第三にダラ幹を追放して戦闘的組合にしなければならない」と演説し、この時期からすでにゼネストを訴えていたことは、第八章で紹介したとおりだ。[34]

この動きに対抗すべき保守系政治家は、昭和二十一年一月に始まる「公職追放」によって徹底的に排除された。公職追放の詳細は第六章で指摘したが、マッカーサー率いるＧＨＱは、保守系の政治家を左派、共産党の政治家へと強制的に入れ替える、つまり民意を無視することが「民主化」だと考えたのだ。

対日占領政策についての専門家でもあるスタンフォード大学の片岡鉄哉氏はこう指摘する。

《追放の初段は、一九四六年春の戦後初の総選挙で日本の政界を「左旋回させる」（ホイットニー）ために お膳立てされたものであった。このソーシャル・エンジニアリングが狙っていたのは、戦前の保守党の右派をなで斬りにし、残った左派を、戦後政界の右端に据える。その左で中央に、「the great middle course of moderate democracy」としての社会党を構築する。そして左翼に共産党を置くというものであった》[35]

げんに、幣原内閣を支える与党・日本進歩党は一月の公職追放令によって町田忠治総裁以下、二七四人中二六〇人が公職追放され、崩壊寸前に追い込まれていた。鳩山一郎率いる自由党も四三人中三〇人が斬られた。社会党も一七人のうち、右派の一一人が追放された。

各党とも急遽、新しい候補者を擁立して総選挙に間に合わせたが、保守系には圧倒的に不利であった。一九四六年四月十日の投票の結果は、与党・日本進歩党が九十四議席で第二党に転落し、社会党（片山哲中央執行委員長）は進歩党と一議席差の九三議席という大躍進を果たした。日本共産党は五議席である。第一党は、鳩山一郎が率いる自由党だが、過半数に及ばない一四一議席だった。

自由党が第一党になったことで、鳩山一郎を首班とする連立政権が誕生するはずであった。連立交渉が始まり、社会党は常任中央執行委員会で、鳩山内閣への入閣協力をすべきかどうかを議論した。中間派が左派に与《くみ》したため、「首班か、しからずんば野党」という方針に決する。

そして四月二十五、二十六日の両日、社会党の提案で四党協同委員会が開かれ、政権協議が行なわれた席上、徳田球一は共産党を入れた連立政権を提唱し、社会党右派の西尾末広は社会党首班の連立を主張した。自由党の三木武吉は、「天皇制」について意見が根本的に異なる共産党との連立はあり得ないと反論し、四党協議は決裂した。

かくして、自由党と進歩党による「保・保」連立政権発足になるはずであった。ところが五月四日、鳩山一郎が突如として公職追放される。この追放についてウィロビーは、その陰に日本共産党とGSのニューディーラーらの暗躍もうかがえると示唆している。《GSは、日本自由党の総裁・鳩山一郎の追放も狙っていた。鳩山がつぎの選挙で首相になるだろうことは目に見えていた。CIC（対敵防諜部隊）からの報告によれば、この件に関して、当時、日本共産党がGSになにかと鳩山の〝情報〟を伝えていた形跡がある。GSは、つぎの諸点を上げて、鳩山の追放を日本政府に迫った。

一、田中（義一）内閣の時、書記官長として、大陸侵攻の基礎となった東方会議を主宰。
一、日本の民主化に一番悪い影響を与えた治安維持法を起案した時の書記官長。
一、自由主義学者を弾圧した人間であり、滝川事件の文部大臣。

わがG2では、GSがよもや鳩山を追放しようとは思ってもいなかった。しかし、鳩山は追放された。ここで興味があるのは、当時の共産党機関紙『アカハタ』の鳩山攻撃記事と、GSの発表した説明とが酷似していたことである》[36]（前者の括弧は原文まま、後者の括弧は引用者の補足）

鳩山は選挙期間中に共産党を批判する声明書を出したことから、日本共産党が赤旗で鳩山批判を繰り広げていた。この鳩山追放の結果、同じ自由党の吉田茂を総理とする連立政権が成立した。そして、この吉田首相の登場が占領政策を大きく転換させていくことになる。

「共産主義者の政権奪取への道を開く」GHQの政策

GHQの「敗戦革命派」が、日本の警察を破壊し、軍隊を破壊し、皇室や神道の解体を目論み、教育を骨抜きにし、保守系政治家や官僚、学者を公職追放する一方で、共産主義者たちは釈放し後援し、共産系労働組合を支援してきたことは、これまで見てきたとおりだが、それも含めた占領政策の全体像を、ケナンは次のように評価している。

《日本は全く武装解除され、非軍事化されてしまっていた。（中略）そればかりか、日本の中央警察組織は破壊されてしまっていた。

日本は共産主義の浸透や政治的圧力に対抗する効果的な手段は何も持っていなかったのに、すでに共産主義者は占領下に強力な宣伝を展開し、もし占領が終了し、アメリカ軍が撤退しさえすれば、たちまちにその圧力は増大することが目に見えていた。このような情勢に直面しながら、その時までにマッカーサー総司令部が遂行してきた占領政策の本質は、ざっと見るだけでも、日本の社会を共産主義の政治的圧迫に抵抗できないほどに弱いものとし、共産主義者の政権奪取への道を開くことを目的として立てられた政策の見本のようなものでしかないことがわかった》[37]

まことに的確な分析だ。

GHQ内部でも、ウィロビーや彼が率いるG2内の民間諜報局（Civil Intelligence Section, 略称CIS）は、ケナンと同じような危機感を抱き始めていた。そして一九四六年四月の総選挙での共産党の台頭と共産党系労組の拡大が、ウィロビーたちの動きを強めていく。

CISの特別情報課は、八月三日付の日本共産党幹部、徳田球一の論文に基づいて、「共産党が日本の経済回復を遅らせるために外国資本の導入に反対し、外国資本を利用しようとする日本の実業家や企業家を攻撃するという二つの目的を持った新戦略を採用している」というメモを作成した。
このメモはさらに、外国資本導入が日本を半植民地的地位に堕落させているという徳田の主張に着目し、戦前および戦中に日本の国家主義者が使った「愛国的な」感情に訴える方法であることを指摘した。[38]
このメモを受けたウィロビーは、日本共産党の新戦略を米ソ戦争（第三次世界大戦）と結びつけて分析した。共産党の新戦略は、ソ連が米ソ全面戦争を不可避と考え、来るべき第三次世界大戦に備えて日本経済を破壊しようとしていることを意味すると考えたのだ。
当時、野坂参三は「日本共産党はモスクワから独立している」と、しきりに主張していた。だがウィロビーは、日本共産党はソ連の手先としてアメリカとの戦争準備をしている、アメリカの敵であると認識していた。[39]
ウィロビーの認識には根拠があった。野坂参三が東京のソ連代表部の参事官に対して、定期的に共産党の活動を報告しているという情報を得ていたのである。[40]

ウィロビーと吉田茂の反転攻勢

ゾルゲ事件の研究から始まって、このような認識に達していたウィロビーは、早くから共産主義の脅威を唱えていた吉田茂が総理大臣になったことから、宿舎にしていた帝国ホテルで吉田首相と頻繁に会うようになる。[41]

吉田は吉田で、ウィロビーの人脈を使ってマッカーサー司令官との関係を構築し、あれこれと指示をしてくるGSと対決しようと考えていた。

《これはいさゝか個人的の話めくが、打ち明けたところ、私はこのホイットニー少将はじめ民政局の人々からは、あまり好ましくは思われていなかったようだ。（中略）

何故に私が嫌われたかの原因は、私自身にははっきりしないが、強いて言えば、私の方からは殆んど民政局へは、顔を出さなかったからではないかと思う。というわけは、私は総司令部に何か用事があれば、たいていの場合、直接にマッカーサー元帥を訪ねることにしていたからである。（中略）

これらの人たち（引用者注：ホイットニー少将、マーカット少将〈経済科学局長〉など）は、元帥の前では何を言われても、ただ「イエス・サー」を連発するのみ。事は一瞬にして片づいてしまう。私にとっては誠に好都合であったが、こうした総司令部の要人達の身になってみると、私の見てる前で、直立不動のイエス・サーをやるのは、余り有り難くなかったろうと思う。

また今でも想い出すのは、民政局からわが外務省に対して、これこれの人物は占領政策に非協調的だから、職を止めさせろとか、追放にせよとか言ってきたことが、一再ならずあった。そうした時には、私は「か丶る性質の問題は、口頭によってではなく、正式の文書にして申出てもらいたい」旨、わが事務当局を通じて、民政局に言ってやる。するとその問題は、それっきり消えてしまうことが多かった。文書にしてくれれば、その文書を私がマッカーサー元帥のところへ持って行って、直談判をやるのを先方は知っていたからであろう》[42]

吉田茂がこのような手法をとれたのは、マッカーサーの信頼を勝ち得ていたことが大きいが、その背景には、ソ連・日本共産党による敗戦革命を警戒するウィロビーたちの後押しが大きかったといえよう。

前述したが、昭和二十年末から二十一年にかけての日本の政治中枢の力関係は次のようであった。

「GHQ（敗戦革命派）＋野坂参三＋左右の全体主義者」対「昭和天皇＋ごく少数の保守自

由主義者」

最大の権力者であるＧＨＱが日本解体政策を推進し、かつ共産主義者の活動を支援していた。このまま進めば、容共政権の樹立から敗戦革命へと進みかねなかった。

ところが昭和二十一年五月に吉田政権が樹立し、Ｇ２のウィロビーと連携するようになったことから、その力関係は次のように変化していく。

「ＧＨＱの一部（ＧＳ）＋共産党＋共産系労組」対「ＧＨＱの一部（Ｇ２）＋昭和天皇＋吉田首相」

最大の権力者であるＧＨＱが分裂し、その一部（Ｇ２）が、敗戦革命「反対」派に回ったのだ。しかも、なんとしても「占領」憲法を日本に押しつけたかったマッカーサー司令官は、現行憲法制定に協力的な吉田政権を支持せざるを得なかった。[43]

かくしてウィロビーと吉田首相による反転攻勢が始まっていくことになる。


【注】

1　福冨健一『重光葵　連合軍に最も恐れられた男』講談社、二〇一一年、二七五頁

2 名越二荒之助『内乱はこうして起る』原書房、昭和四十四年、三四頁
3 チャールズ・ウィロビー著、延禎監修『知られざる日本占領』番町書房、一九七三年、一〇八〜一〇九頁
4 同、一一二〜一一三頁
5 ノーマン・ポルマー、トーマス・B・アレン著、熊木信太郎訳『スパイ大事典』論創社、二〇一七年、二五六頁
6 チャールズ・ウィロビー『知られざる日本占領』一三七〜一三八頁
7 白洲次郎「【回想余話】民政局の芝居」、吉田茂『回想十年』(1)所収、一三〇頁
8 「GHQ幹部ノーマン マルクス主義色の『民主化』」、『産経新聞』二〇一四年七月二十七日付。岡部伸著、極東国際軍事裁判研究プロジェクト編「ノーマンと『戦後レジーム』——近代日本を暗黒に染め上げた黒幕」、国士舘大学『比較法制研究』第三八号所収、二〇一五年、一〇一〜一二三頁
9 チャールズ・ウィロビー『知られざる日本占領』一三八頁
10 明田川融訳・解説『占領軍対敵諜報活動』現代史料出版、二〇〇四年、六八頁
11 同、七五頁
12 大森実『戦後秘史3　祖国革命工作』二二一頁
13 名越二荒之助『内乱はこうして起る』三五頁
14 ものがたり戦後労働運動史刊行委員会編『ものがたり戦後労働運動史I』第一書林、一九九七年、五三頁
15 吉田茂『回想十年』(2)、三〇四〜三〇五頁
16 ものがたり戦後労働運動史刊行委員会編『ものがたり戦後労働運動史I』一〇一〜一〇四頁

17 同、一一一～一一二頁
18 同、一五四頁
19 髙橋洋一『戦後経済史は嘘ばかり』PHP新書、二〇一七年、三〇～三八頁
20 同、三二～三三頁
21 細谷正宏「アメリカの財閥解体政策の積極化について」、『同志社アメリカ研究』二十二所収、一九八六年三月二十五日、一七九頁
22 同、一七九頁
23 同、一八三頁
24 細谷正宏「アメリカ対日占領政策の『転換』」、『同志社アメリカ研究』二十四所収、一九八八年三月十五日、一三六頁
25 同、一四五頁
26 清水俊雄、奥畑稔訳『ジョージ・F・ケナン回顧録Ⅱ』中公文庫、二〇一七年、二三一～二三二頁
27 渡辺武『占領下の日本財政覚え書』中公文庫、一九九九年、五二頁。セオドア・コーエン『日本占領革命』〈上〉、二二七～二三〇頁
28 セオドア・コーエン『日本占領革命』〈上〉、二三五頁
29 『ジョージ・F・ケナン回顧録Ⅱ』二三四頁
30 大蔵省財政史室編『対占領軍交渉秘録　渡辺武日記』東洋経済新報社、一九八三年、六七二～六七三頁
31 同、六七八頁
32 『ジョージ・F・ケナン回顧録Ⅱ』二三〇～二三一頁

33 大蔵省財政史室編『対占領軍交渉秘録　渡辺武日記』六七八頁
34 ものがたり戦後労働運動史刊行委員会編『ものがたり戦後労働運動史I』一二八頁
35 片岡鉄哉『日本永久占領』九五頁
36 チャールズ・ウィロビー『知られざる日本占領』一四六頁
37 『ジョージ・F・ケナン回顧録II』二一三〜二一四頁
38 柴山太『日本再軍備への道』ミネルヴァ書房、二〇一〇年、七〇頁
39 同、七〇頁
40 同、七二頁
41 チャールズ・ウィロビー『知られざる日本占領』一五二〜一五三頁
42 吉田茂『回想十年』(1)、一二二〜一二三頁
43 憲法草案が国会に提出されたのは第一次吉田内閣が成立した約一か月後の昭和二十一年六月二十日で、衆議院、次いで貴族院で審議され、十月七日に審議は終了し、枢密院の審議を経て十月二十九日に昭和天皇の裁可があり、十一月三日に公布された。

第十章　敗戦革命を阻止した保守自由主義者たち

労働争議参加人数の急増と高まるゼネストへの動き

吉田政権が成立した一九四六年五月当時、逼迫した食糧状況のなかで、共産党系の労働組合では、指導部を牛耳る共産党の活動家たちによってゼネストへの動きが高まっていった。何しろ一九四六年六月に警視庁が行なった調査では、大半の世帯が米飯を一日に一回小盛りで食べるのがせいぜいで、あとは雑炊や代用食でつないでおり、一日に米一粒も食べられない世帯も決して少なくなかったほどであった。[1]

共産党が、世の中の不平不満を煽り立て、社会に騒擾を起こしていくためには、絶好の機運が醸成されていた。

一九四六年後半、特に八月以降、労働争議の参加人数が急激に増えていく（表1）。中でも大きかったのが官公庁組合である。

官公庁労組の争議の皮切りは教員組合で、一九四六年十月十八日に賃上げなどの要求を決議した。次に全逓が十月二十八日からの全国大会で賃上げその他の要求を採択。その次が国鉄総連合が十一月二十日から臨時大会を長野で開き、年末要求などを決議した。[2]

これらの動きを受けて十一月二十六日に全官公庁共同闘争会議（全官公庁共闘）が結成さ

労働争議と労働損失日数

	労働争議　総数		うち　争議行為を伴ったもの				労働損失日数
			同盟罷業		業務管理		
	件数	参加人員	件数	参加人員	件数	参加人員	
45/1〜7月	13	382	9	313			
8月	1	129					
9月	3	913	2	813			
10月	32	17,292	16	9,406	1	2,000	
11月	66	36,363	21	11,558			
12月	141	109.506	33	9,595	4	6,674	
46/　1月	74	42.749	27	6,142	13	29,029	21,527
2月	81	35,153	23	6,523	20	15,806	45,021
3月	103	83,141	32	48,521	39	20,651	280,445
4月	109	60,917	30	14,762	53	34,815	117,885
5月	132	58,978	42	9,047	56	38,847	69,198
6月	104	33.554	29	6,735	44	18,056	38,799
7月	111	37,233	48	14,721	25	2,478	59,840
8月	130	591,162	61	24,054	28	23,245	179,243
9月	148	655.148	39	81,368	37	22,390	913,852
10月	176	293,459	104	188,958	35	9,138	2,412,072
11月	145	176,319	89	76,663	24	7,663	1,507,957
12月	135	1,616,582	65	61,361	26	8,566	268,458
47/　1月	113	1,973,300	35	20,020	34	9,039	42,173
2月	142	2,113,926	58	31.743	29	7,228	939.765

労働省『資料労働運動史』昭和20〜21年、昭和22年（出典：『ものがたり戦後労働史Ⅰ』）

れ、十二月三日に改めて吉田首相に対して越年資金や最低賃金などの十項目の共同要求を提出した。

全官公庁共闘に参加したのは、国鉄総連合、全逓、全教協、全官公職、全公職、都市労同盟、大蔵三現業、財務労、医療労、東京都労同盟、大学高専労協、進駐軍労、都市交通労連で、参加人員は二六〇万人であった。

全官公庁共闘の議長には、国鉄総連合所属で共産党員の伊井弥四郎、副議長には全官公職委員長の佐藤安政、事務局長には全逓の長谷川武麿が選任された。全官公庁共闘と政府との交渉が難航したため、十二月十日に皇居前広場で五万人の官公吏がデモに参加した。

共同要求は賃上げや越年資金などの経済的項目だったが、運動は急激に政治化し、十二月十七日に「吉田内閣打倒国民大会」が予定される。

日本労働組合総同盟（のちの総評）結成に関わり、主事を務めた高野実は、吉田内閣打倒国民大会の組織方針の私案として、こう書いている。

《総選挙のあと、社会党の手に新政権が落ちるかに見える瞬間があった。自進両党をキソとする吉田内閣がたん生してしまった。その時からすでに八ヶ月がすぎた。

そして、今日、われわれは今一度真剣に吉田内閣を打倒して次期政権をわれわれの手におさめるための、全国的な吉田内閣打倒の一大国民運動を組織しようと決心している》[3]

労組結成促進に熱心で、争議では組合側に肩入れすることが多かったGHQ経済科学局労働課長のセオドア・コーエンはここへ来て十二月十四日、組合側の闘争の激化に警告を発した。

《労働者の生活水準向上は増産に待つほかなく、増産を阻むようなストライキを極力避け、平和的妥協の道を選ぶべきである。そのためには、労使双方とも労働委員会の裁定を尊重すべきで、いまや労組は日本人の生活の不可欠の一部となったが、その潜在的能力を再検討すべきときがきている。組合は合理的な妥協を受け入れ、争議調整のために設定されている手続きに依存し、できる限りストライキを避けよ》[4]

吉田内閣も、官公庁の壁にデモ参加禁止の緊急指令を張り出したが、すぐに剝ぎ取られ、破られてしまった。

そして十二月十七日、「人民広場」と呼ばれた皇居前広場での大会には五〇万人が集結した。「吉田内閣即時退陣」、「国民勤労大衆絶対支持の新政権樹立」が決議され、国会へ向けてデモ行進が行なわれた。

十二月十九日には、共産党と社会党、産別と総同盟、そのどちらにも属さない中立派の組合と国鉄総連とが集まって内閣打倒実行委員会が設置された。官公庁だけでなく、民間の労働組合を含めて糾合された労組の組合員数は六〇〇万人に膨れ上がっていた。[5]

ＧＨＱの窮乏化政策に対抗した石橋湛山蔵相

労組が急速に膨れ上がり、共産党が躍進したのは、ＧＨＱによる日本解体政策と、それによる国民の困窮化があった。こうした動きに対して吉田政権は、インテリジェンスと経済政策、この二つの分野で果敢に対抗していく。

インテリジェンスの分野では、G2のウィロビーとの連携であり、GHQ内部の「敗戦革命派」の追放という形で結実していく。

もう一つの分野、経済政策の戦いでは、石橋湛山の奮闘が目覚ましい。戦前、社会主義者と革新官僚ら右翼全体主義者たちによる「統制経済」政策に激しく抵抗し、自由主義経済のもとでの金融政策の重要性を訴えていた石橋を、吉田茂は第一次吉田政権を組閣するに際して、大蔵大臣に登用したのだ。

敗戦直後に日本を襲った激しいインフレに直面した経済学者たちのなかでは「国内および対外的財政支出によってインフレが悪化する」という説が専らであった。しかし、石橋は「緊縮政策を行なうべきではない」と声を大にして主張していた。

《私は、このインフレ必至論に対しては、終戦直後から反対した。戦後の日本の経済で恐るべきは、むしろインフレではなく、生産が止まり、多量の失業者を発生するデフレ的傾向である。この際、インフレの懸念ありとて、緊縮政策を行うごときは、肺炎の患者をチフスと誤診し、まちがった治療法を施すに等しく、患者を殺す恐れがあると唱えた》[6]

石橋が終戦直後のインフレ対策として緊縮政策が行なわれることに強い警戒心を持ったのは、一九三〇年に浜口雄幸内閣が行なった金解禁の経験があったからだった。金解禁による緊縮政策で昭和恐慌が起こり、日本経済は壊滅的な打撃を受けて失業者があふれた。こうした経済危機が、一九三〇年代の日本の世論や国策を誤らせた一つの大きな要因となった。

戦前の経済政策の間違いについては、倉山満著『検証　財務省の近現代史』（光文社新書）を、ぜひ読んでほしい。倉山氏はこう指摘する。

《当時、経済学的に最も正しい主張をしていたのは石橋湛山です。この時、石橋は東洋経済新報社の主筆です。（中略）彼らの主張の要点は、「デフレ不況時には、政府は積極的に財政出動を行うべきである。ましてや金の保有量しか通貨を刷れない金本位制など愚の骨頂である」というものです》[7]

このような石橋湛山の経済思想は、戦前に活躍した高橋是清の経済思想に近かった。高橋是清といえば、一九二七年（昭和二年）の金融恐慌を迅速な手当で収束し、さらに一九三〇年代の大不況をも的確に鎮静化させたことで名高い。

一九三〇年代の昭和恐慌は次のような経緯を辿っている。

一九二九年に成立した民政党の浜口雄幸内閣は、井上準之助大蔵大臣の下で財政と金融の緊縮政策を進め、一九三〇年（昭和五年）一月、金解禁を実施した。このため日本は激しいデフレとともに空前の大不況に陥ってしまう。

《濱口は石橋の対極にある経済思想で一貫しています。それは、「不況なのは無駄遣いをしているからだ、だから倹約をして政府の支出を減らそう。金の保有量しか通貨を刷れなければ無駄な支出をしなくなるから、金本位制に戻ろう」という次第です》[8]

第一次世界大戦中、欧米各国は金本位性を停止し、金の輸出を禁止していた。戦時下では対外支払が増加するので、金の兌換を続けていたら自国の金は流出するばかりとなり、ひいては戦争継続が不可能となるからである。

第一次世界大戦後、一九一九年にアメリカが金本位制に復帰したのを端緒として、欧米各国は金輸出解禁を進めていくが、日本は関東大震災の影響などもあって遅れていた。そこで浜口雄幸内閣は、金解禁へと舵を切ったわけだが、タイミングが世界恐慌と重なってしまった。

しかも井上準之助蔵相は、旧平価（当時のレートよりも割高なかつてのレート）で金解禁を行なったため円高が進んだ。さらに、その為替相場を維持するために緊縮政策をとったため、一気に経済のデフレ化が進んでしまったのである。

物価と実質賃金は大暴落し、失業率は増大した。農産物の価格も下がり、中小・零細農家にも大打撃を与えた。昭和恐慌である。

深刻な不況によって社会不安が高まるなか、一九三〇年（昭和五年）十一月には浜口雄幸首相狙撃（のちにこれが原因で死去）、一九三一年（昭和六年）三月には橋本欣五郎と桜会によるクーデター未遂（三月事件）、一九三二年（昭和七年）二月と三月に井上準之助と団琢磨の相次ぐ暗殺など、不穏な事件が続く。

高橋是清が蔵相に就任したのは、一九三一年十二月のことである。就任するや、高橋蔵相は金本位制からの再離脱を発表し、以後、公共事業支出を増額する財政拡張政策で世界に先駆けて恐慌を収束させていった。

だが、経済回復が実感できるものになるまでには、どうしてもタイムラグがある。昭和恐慌を契機に盛り上がった左右の全体主義者たちの運動はさらに高揚し、一九三二年の五・一五事件、一九三六年の二・二六事件へと続く。高橋是清は、惜しくもこの二・二六事件で殺害されてしまうのである。

こうした戦前の反省を踏まえ、吉田首相は石橋を登用したのだ。

インフレとは、世の中全体の物の量に対して貨幣の量が大きい状態をいう。そのため、インフレ（物価の上昇）を収束させるために貨幣の量を減らすデフレ政策を採ることは一見正しく見える。だが、石橋はそうは考えなかった。

敗戦後の日本のインフレの原因は、流通する通貨量が多いからではなく、供給不足、つまり生産が十分に行なわれていないことによるのだから、生産を拡大する以外にない、というのが石橋の主張だった。

こうした認識に基づいてマーカット経済科学局長やセオドア・コーエンらに経済統制の解除、つまり生産の拡大や原材料の輸入の拡大を求めたが、残念ながらコーエンらには石橋の議論がまったく理解できなかった。

石橋湛山の議論が理解され、ＧＨＱの占領政策がはっきりと日本の経済復興を認める方向に舵を切るのは、前述したように、一九四七年七月二十二日付ＳＷＮＣＣ３８１文書が「日本経済の復興」を強調してからだ。その翌月、ＧＨＱは制限付きながら貿易再開を許可し、翌一九四八年七月から経済復興のためのエロア資金援助が始まり、日本の経済はようやく復興に向かうことになる。

民間企業への増税を阻止せよ

石橋湛山蔵相は個別政策の分野でも、ＧＨＱの間違った経済政策を是正しようとしたのだ。その一つが、補償打ち切り問題だ。

戦時中に日本政府は、軍需会社に対して設備建設や生産を命じ、その資金を賄うために銀行に融資を命令していたのだが、敗戦によってこれらの会社や銀行は大きな損失を抱えることになった。

政府が命令したときの条件では、政府による損失補償が定められていた。当時、大蔵省でGHQとの折衝に当たっていた渡辺武は次のように解説している。

《幣原内閣のころの政府の考え方としては、このような政府の保証義務はいわば公約であり、また戦争保険金の支払い義務や契約解除による賠償義務は私法上の義務でもあるから、支払い金額はできるだけ圧縮するにしても支払うこととし、その代わりインフレ防止の目的と財産や利得の不均衡を是正する目的で財産税、法人戦時利得税、個人財産増加税などをかけることを考えていた。これは、いわば「やるものはやって、とるものはとる」という方式であった。

ところが、司令部ではこのようなやり方に批判的で、補償を払ってから財産税などを徴収するよりも、はじめから補償を支払わないことにすべきだとの意見であった》[9]

GHQ側はインフレ抑止という名目と、「戦争は引き合わない」ことを日本人に叩き込むのだという懲罰的な意味合いとで、補償打ち切りを指示したのだった。

しかし、石橋蔵相は補償打ち切りによる銀行や企業への打撃と、それによって生産が停滞することを懸念した。そして、GHQに対して四カ月間、粘り抜いたのである。

GHQは、石橋蔵相を次のように脅し上げた。

《かねてから司令部がこのような考えをもっているという情報は日本側に伝わっていたが、石橋蔵相はすでに就任間もない二十一年五月二十九日の大蔵省議の席上で、「補償打ち切りには反対である」とその意見を表明していた。ところが、五月三十一日になって石橋氏は司令部に招致され、マーカット少将から「日本政府の発意によってこの案を実行されたい。もし日本政府が実行せず、GHQ指令を出すことを余儀なくされるならば、対日理事会との協議が必要となり、その結果は日本側にとってかえって不利をもたらすことになる可能性がある」と申し渡された》[10]

しかし、こうした脅しにも石橋はひるまなかった。GHQに対して石橋は敢然と立ち向かいつづけたのである。[11]

だが、石橋蔵相の抵抗に対して、GHQはあくまでも強硬であった。

《七月二日午前、午後にわたり大臣といっしょに司令部を訪れ、マーカット少将帰国中のためライダー大佐などと会見したが（中略）石橋蔵相は、「大蔵大臣としての回答は明日出すが、一経済学者として見ると、司令部案はなっていない」といい放って、会見を終わった。
（中略）
七月十日、院内で閣僚とマーカット少将との会談が行われることとなった。この席上、マーカット少将は「課税案（司令部案）の遷延は故意の懈怠か現状温存の意思としか思われぬ、二十四時間以内に明答を望む」と強硬な申入れを行った。かくて、石橋蔵相はついに吉田首相に辞意を表明するに至ったが、首相はこれを受け入れず、マッカーサー元帥に対して文書を提出するということになった》[12]

その後の交渉で、日本政府は、わずかながらも補償打ち切り政策を是正することに成功した。

吉田政権の抵抗は、ほかにもある。

GHQの円軍票使用差し止めと引き換えに日本側が負担した終戦処理費（占領軍経費）に、ずいぶん法外なものがあったことは第九章で紹介したとおりだが、渡辺武『占領下の日本財政覚え書』（五一～五二頁）によると、この問題に対しても吉田茂首相、石橋湛山蔵相、渡辺武ら大蔵官僚が力を合わせて取り組んでいる。

一九四六年九月ごろに大蔵省が調査したところ、占領軍の工事業者に対する監督が行き届かないために、工賃が不当に高くついていることがわかった。これは、工事についての専門知識を持たない外務省の終戦事務局を通じて工事の発注が行なわれていたことが原因だが、地方では政府の手を通さずに米軍と請負者が直接交渉していたため、請負者が工事費用をぼったくって高くなっている場合もあった。

石橋湛山はこの報告に基づいて、日本政府側とGHQ側で改善すべき点を列挙し、一九四六年十一月にGHQに提出している。そして十二月三日、吉田首相はこの工事費用の問題について、マッカーサーを訪問して申し入れを行なった。すでに計画されている工事は規格を下げたり規模を縮小したりして経費を圧縮する、計画がないものについては上限の金額を定めて超過しないようにする、これらの措置をとるまで新規工事の注文を中止する、そして、議会で追加予算を提出するにあたって、将来の占領費の縮減、資材の輸入などに関して声明を出す、の四点である。

このようにGHQによる統制経済、緊縮財政政策を是正することで吉田政権は、国民生活の窮乏化を緩和し、共産革命への目論見を阻止しようとしたのだ。

「一六原則」を掲げて攻撃を仕掛けてきた極東委員会

このようにＧＨＱの一部を味方につけながら占領政策の緩和に向けて奮闘していた吉田政権だが、それに対して、極東委員会が攻撃を仕掛けてくる。一九四六年十二月二十四日、共産系労組の活動を支持するかのような政策決定を伝達してきたのだ。

マッカーサーにとって極東委員会は、ＧＨＱの占領政策に何かと口を出してくる面倒な存在であり、決して友好的な関係ではなかったが、このときは極東委員会の決定がＧＨＱを通じて発表されたために、ＧＨＱも極東委員会と見解を同じくするとみなされた。[13]

一六項目にわたる極東委員会政策決定のうち、次の項目が重要である。

《・労働組合は何らの差別待遇なく、自由に集会、演説、出版ならびに放送施設使用の権利を有する。

・ストライキその他の作業停止は、占領軍当局が占領の目的ないし必要に直接不利益をもたらすと考えた場合にのみ禁止される。

・労働組合は政治活動に参加し、また政党を支持することが許される。

・労働組合が民主的体制および労働組合活動について組合員にたいする成人教育を施し、理解を深めさせることは、これを奨励する。日本政府はできるかぎり、組合役員が他国の組合運動情報を入手するよう援助すべきである。

・警察その他の政府の諸機関が、労働者がストライキをすることをスパイし、または正当な労働組合活動を抑圧することはできない》[14]

実はGHQのマッカーサー司令官や、労働課長のコーエンらは、労働運動の行き過ぎを懸念し、過激な政治化を警戒するようになっていた。その背景には、ウィロビーが率いるG2の対敵諜報部の調査活動もあったと思われる。

たとえば、対敵諜報部は一九四六年十一月、次のような報告書を作成している。

《日本において共産主義の煽動活動《アジテーション》を生む要因は、労働者の貧窮であった。全体主義戦争体制の桎梏から解放されて、日本の労働者たちは戦後ほとんどまもなく雨後の筍のように叢生した労働組合に組織化されることによって生活状態の改善を求めた。

日本政府は、占領軍当局の同意を得て、既存の生活費を基礎に、職業の別に応じて金額に変化をつけた賃金表を作成した。上昇を続けるインフレが終息していたなら、この賃金表も有効なものになったことであろう。

しかし、事実はそうではなかったから、日本の労働者は、いまだに自分と家族を養っていくのは難しいと感じていた。

労働不安が起こるとき、その主な要求は、生活費の上昇を補塡するための賃金引き上げであった。こうした初期の争議においては、公正な解決に到るための誠実な努力が行われた。

占領が進捗するにつれ、共産党が労働組合に入り込んでいることが、対敵諜報部隊の眼にも明らかとなってきた。このような厄介分子の戦術とは、以下の7点に要約することができよう。

(1)組合員として労働組合に入り、責任ある地位に就く
(2)自らの生活水準が経営者の生活水準に比べて低いとこぼしている労働者の間に不安を蔓延させる
(3)暴利をむさぼっている企業を告発する
(4)ストライキの煽動に参加し、現に存在しているかもしれないどのような不公平よりも誇張した要求を示し、経営者がその要求を拒否するように追い込む
(5)仲裁委員会の決定に従うことを拒否する
(6)政権政党を糾弾する
(7)経済的な目的ではなく、政治目的を志向するストライキを助長する

1946年の後半には、ストライキの波が日本の主要産業を直撃し、共産主義の先導者がそうした多くの活動の末端にまで入り込んでいる様子が見受けられた。いくつかのストライ

キの一つで、共産主義者と直接に結び付いていたのは、神奈川県の海員労組のストライキであった。1946年9月に終息したこのストライキの種は、同労組の「青年行動隊」に求めることができた。この「青年行動隊」は、スト達成の折に徳田球一から祝辞を贈られた。徳田は、このストライキが「ゼネストの力で政府を打倒した」ものだ、と声高に宣言したのであった》[15]

表面でどんな主張をしようとも、共産党と共産系労組の目的は、ゼネストの実施とその混乱に乗じての革命である。そうした理解がウィロビーらの徹底した調査によって、吉田政権だけでなく、GHQ内部にも広がっていく。

かくしてGHQと共産党系労働組合との蜜月の時代はようやく終わりを告げつつあったのだが、日本共産党幹部はそう思っていなかった。むしろ極東委員会の動きを過大視して、GHQ内部の変化を軽視した。

共産党系の産別会議は、一九四七年年明けの年頭アピールで、次のように気勢を上げた。[16]

「われわれのだんこたる闘争が極東委員会の16原則により明確に大道として再確認された」「かくして、確信をもってわれわれは革命の年としての1947年の幕をひきあげる。用意はよいか。前進だ。民主革命の年1947年！」

また全官公庁共闘議長の伊井弥四郎は、コーエンに呼ばれて「経済闘争ならいいけれども吉田内閣打倒など政治闘争はいけない」と注意されたとき、極東委員会の一六原則を盾にとって「労働組合の政治活動は国際的に認められている」と反論し、吉田内閣打倒の何が悪いと開き直ったのだった。

「不逞の輩」演説、そしてゼネスト宣言の決議

共産党系の活動がますます激化するなかで吉田首相は一九四七年一月一日、年頭の辞において、有名な「不逞の輩」演説をラジオで行なった。

《昨年以来労働争議、ストライキなど頻発し、生産減退、インフレおよび生活不安を激化し、いわゆる経済危機を助成せしめつつある現状であります。

いかにしてこの現状を打破し、克服するか、当面の重大問題であります。

いわゆる労働攻勢、波状攻撃などと称して市内に日日デモを行い、人心を刺激し、社会不安を激化せしめて、あえて顧みざるものあるは私のまことに意外として、また心外にたえぬところであります。

社会不安を増進せしめ、生産を阻害せんとするのみならず、経済再建のために挙国一致を

破らんとするがごときものあるにおいては、私はわが国民の愛国心に訴えてかれらの行動を排撃せざるを得ないのであります。

しかれども私は、かかる不逞のやからが、わが国民中に多数あるとは信じられません》[17]

吉田首相は、労働争議が頻発すれば経済危機を助長するだけなので、そうした社会不安を煽る「不逞のやから」に惑わされないでほしいという趣旨の話をしただけなのだが、発言の一部を切り取って発言の主旨を歪めるのは、マスコミの得意技だ。

吉田首相の演説直後、『朝日新聞』は社説でこう憤激してみせた。

《不逞という言葉は、敗戦前において特権階級が政治的弾圧を行なうときに使った絶対主義的天皇制のもとにおける独特の言葉であった。吉田首相の政治感覚の古さの證明になるし、無意識のうちに本性を現したのだとすれば、吉田内閣には、もはや時局担当の資格なきものと断じて誤りではないだろう》[18]

吉田自身は後年、こう述懐しているが、不用意であったことは確かだ。

《この言葉で、私が指したのは、国民全体の苦悩の時に乗じて、労働不安を煽動する、いわゆる職業的アジテーター達であったのだが、彼等の仲間ならまだしも、一般の新聞やラジオ放送までが、私が勤労者全体に対して、不逞呼ばわりをしたかの如く評するものが少くなか

った。それほど当時の新聞や放送の関係者の間にも理性を失ったものが多かったのである》[19]

吉田首相の「失言」を絶好のチャンスと見た全官公庁共闘は一月十一日、スト態勢確立大会を開き、ゼネスト宣言を決議した。

《祖国再建の悲願にもゆる我々はその基盤たる生活圏を獲得せんとして、旧ろう以来いん忍二ヶ月にわたり、血涙をのんで平和裡に交渉をつづけてきた。最低賃金の確立をはじめ基本的人権を主張する我々の要求はまさに正当である。

しかるに政府は一顧をあたえざるのみか、ついに血迷える首相は我等の勤労大衆をよぶに「不ていの輩」をもってした。事態はまさに最悪の段階にいたっている。

我々は祖国復興のためにかかる頑迷な政府の挑戦に対して、反撃をあえて辞さないであろう。我々はいまや相互の団結を確信し、なん時たりとも指令一下整然として歴史的なゼネストに突入し、共同の全要求を貫徹する日まで断乎として闘いぬくことを宣言する》[20]

共産党系の産別会議は一月十四日の幹事会で二・一ゼネストの基本的性格について次の方針を確認した。

①全官公庁共闘を中心とする闘争は、全人民の闘争である以上、保守勢力と民主勢力の決戦である。

②我々の結局の目的は、民主政府の樹立である。

③そのために、戦術としてはゼネスト以外にとるべき方法がないが、反動政府の打倒は、ゼネストだけでできるものではなく、農民・市民・中小商工業者がこれに結集されてこそ全人民の闘争として大きな政治闘争へ発展せしめうるし、民主政権の樹立まで望み得る。[21]

そして産別会議を仕切る共産党が一月十六日から四日間にわたって行なった全国協議会で、労働組合部長の長谷川浩は「いまや労働運動は、労働戦線の統一や民主戦線の結成に重要な役割を果たす域にまで前進、成長した」と述べ、当面の官公庁共闘の闘争は「必然的に政治的性格を帯びた対政府闘争とならざるを得ない」「現在のストライキ運動を全人民層の闘争に拡大し、政権に対する闘争に高めねばならぬ」と訴えた。[22]

まさにゼネストを梃子《てこ》として、民主人民戦線への結集力を高め、もって政府打倒と政権奪取にまで政治闘争を高めようという宣言であった。

「明日にでも革命が起って、人民政府が誕生するかもしれぬ」

いまの方にはピンと来ないと思うので、改めてゼネストの危険性について説明しておきたい。
ゼネストとは「ゼネラル・ストライキ」すなわち、多数の産業にまたがる多くの労働者たちが、同じ地域あるいは全国的規模で共同して一斉に行なうストライキの意味であり、総罷業、総同盟罷業とも称される。当然のことながら、社会は麻痺状態になり、暴動やテロ、火事などが同時に起こっても警察や消防も対応できず、大きな混乱が引き起こされることになる。

この政治的混乱が大きな政変、革命につながっていくことがある。
げんに、一九一七年にロシアで起きた二月革命（三月革命）の折も、ロシアの首都ペトログラードでゼネストが起こされ、それを鎮圧すべく派遣された軍隊のなかから叛乱する部隊が相次ぎ、遂に皇帝退位と臨時政権の樹立にまで至った。

近年でも、二〇〇四年にウクライナで起きた「オレンジ革命」は、大統領選挙結果に抗議すべく、落選した野党候補の支持者がゼネストを決行し、それが大きな政治運動に高まって、大統領選挙のやり直しになった。二〇一〇年にチュニジアで起きた「ジャスミン革命」も、政府への抗議運動がゼネストに発展し、遂に大統領の逃亡と政権崩壊を引き起こしている。

一九四六年から一九四七年にかけての日本にも、そのような気運が充溢していた。

当時、労働大臣兼厚生大臣を務めていた吉武恵市は、次のように回想している。

《「共産党員に非ざれば、人に非ず」というと、今時の人は驚くかもしれぬが、昭和二十二年頃は正にそんな時代であった。明日にでも革命が起って、人民政府が誕生するかもしれぬといった社会情勢であったから。（中略）

二十一年十月頃あたりから「日共に操られた労組が新春を機にゼネストを企んでいる、一種の流血革命だ」と、われわれがしきりに訴えるにも拘らず、ＧＨＱは一向に取り上げないばかりか、かえって「君たちは民主主義の芽を摘もうとしているのではないか」と注意される始末であった。（中略）

明けて二十二年は元旦早々より総理官邸を本拠としてスト回避方策に全力を注いだ。ストの中心勢力はいうまでもなく国鉄、全逓を主体とする官公庁の職員、労働者。全官公共闘と名付け、本部は国鉄内に設置された。彼等の主張は「労働者はいままでの給与体系では食えない。ベース・アップしろ」と、一応は給与改善を掲げていたが、本当のネライは別にあったのを、われわれは感得していた。

一月六日の日共の声明はハッキリこれを裏付けしている。『二百六十万組合員を持つ全官公労組のゼネストを支持し、ともに民主人民政府樹立のために闘わんことを、全民衆に訴えるとともに、わが党は全力をあげて、この先頭に立って奮闘する』》[23]

吉武労働大臣も指摘しているように、何しろ連合国による極東委員会やGHQの一部までが、この動きを支援しているのだ。

しかも、この動きに対抗すべき保守系の政治家の多くが追放され、軍隊は解体され、治安機関も弱体のままであった。吉田政権とウィロビーたちの奮闘がなければ、GHQ全体がゼネストへの動きを支援していたであろう。

さらに猛然と盛り上がるゼネストへ向けた動き

ゼネストへ向けた動きは、猛然と盛り上がっていく。

再び吉武労働大臣の回想を引用しよう。

《かゝるせっぱつまった成行きに、政府もあせり気味になり、中労委に斡旋を依頼するなど、回避に全力をつくす傍ら、われわれは総司令部にそれこそ日参、真相を訴えた。しかしコーエン課長は依然として「何をいうか」といった態度を変えない。こんな課長級を相手ではラチがあかないというので、外務省筋からGHQの幹部級に話を持ち込んでも、「労働問題はセクション（担当課）に任せてあるから、その責任者と話合ってくれ」というニべもない返事である。ＧＨＱの幹部がこんな調子では、ゼネスト突入は必至だと思った。

そうこうするうち二・一スト体制はグングン進行。（引用者注：一月）十一日スト体制確立大会、十五日ゼネスト宣言拡大共闘委を開き、二月一日から無期限ゼネスト宣言を発表。二十日共、社両党に対し、正式参加を申し入れ、共産党は受諾したが、社会党はゼネストは絶対に回避して、政府の「総辞職を要求」する線を打ち出す。かくて事態は破局の一歩手前まで追い込まれてきた》[24]

この回想にあるように、社会党系の組合はゼネスト前の集会に協力していたが、社会党自体はゼネストに反対だった。ただし、吉田内閣の総辞職を求めていた。

社会党を取り込むべく吉田首相は年末以来、社会党との連立を打診していたが、社会党は強気で、商工相、労働相、建設相のほか、経済安定本部と二つの無任所大臣の合計六つの大臣ポストを要求したほか、連立に加わる協同民主党と国民党に一ポストずつ、さらに石橋湛山大蔵大臣を解任することを要求した。

だが、吉田首相は石橋解任と協同党・国民党への大臣ポストを断り、社会党との連立構想は挫折する。

一方、共産党は、ゼネストへの弾圧も織り込んだ準備を進め、外部に秘密の拠点を設けた。第一指導部が壊滅することを想定して、第二指導部や第三指導部も準備していた。

一月下旬、いよいよゼネスト期日が迫ってくると、GHQ経済科学局長マーカットと労働課長コーエンは、労働組合側にゼネスト中止を盛んに働きかけ始めた。

まず一月二十二日、GHQの経済科学局長ウィリアム・マーカット少将が官公庁共闘議長の伊井弥四郎らを呼びつけ、ゼネストの中止を強く指示した。

《マーカットは「きょう、政府はおまえたちの満足する回答をするだろう」という。何か政府に賃上げについて指示したのでしょう。これはいいと思って聞いていたところが、つづいていわく「占領軍は労働者の権利は認めているが、ストライキをもって国家的災害をもたらすような共同行動は許すことができない」というのです。

「ゼネストはいけないというのですか」と質問すると「そうだ」という。「それはマーカットの意見か、それともマッカーサーがいったのか、アメリカからいってきたのか」と質すと、「マッカーサーの命令だ」という。

しかし、私たちはアメリカの命令というのは必ず文書になり、最高責任者が署名したものが正式の命令だということを聞いていました。ですから、「それではその書面を見せなさい」

というと、「マッカーサーの口頭命令である」という。しかもわれわれのうちの誰一人として納得できないことは「この命令はおまえたちだけに伝えるのであって、労働者には知らせてはいけない。新聞その他報道機関に絶対知らせないことを命令する」ということです。口頭命令で、しかもそれは誰にも伝えてはならないというあやしげな命令では誰だって疑わざるを得ないわけです。

かれらは二・一闘争に干渉することがポツダム宣言や極東委員会の決議に反することであり、国際的に批難されることを恐れたにちがいないのです。だから文書にできない、報道関係に伝わるとまずい、と考えたのです》[25]

極東委員会を通じたソ連の圧力については、吉田首相も次のように指摘している。

《ソ連の代表などは、当時の労働不安、社会不安は、むしろ歓迎していて、総司令部側の出方を絶えず牽制し、事あらば文句をつけようという態度であった》[26]

出回った「人民政府の閣僚リスト」

マーカットと伊井弥四郎のやり取りの続きを見よう。

《しかも「もしこの命令をお前たちが聞かなかったならば、おまえたちにたいし最高の処分をする」という。

「最高の処分とは一体どういう処分ですか。死刑ですか」と、聞きかえすと、「日本にはおれないだろう」という。つまり沖縄へでも連れていくつもりでいたのでしょうか。いずれにせよ占領軍として二・一ゼネストに干渉し、中止せよと始めていったのはこの一月二二日のできごとであり、それはたしかに組合はもちろん日本の全労働者にとっては大きな衝撃でした》[27]

共産党はあくまでもゼネスト断行の姿勢で、この日、「民族の独立と産業再建を妨げる吉田内閣を倒し、民主人民政府の樹立されるまで断乎として戦う」と声明している。

一月二十四日、共同闘争委員会の中の小委員会は、四班に分れて対日理事会に陳情に行っている。四班はそれぞれ、アメリカ、ソ連、中華民国、イギリスの代表に、スト決行の真意を伝え、支援を求めた。[28]ゼネストを抑えようとするＧＨＱを、対日理事会を使って逆に抑えようとしたわけだ

一月二十八日、皇居前広場で四〇万人が「吉田内閣打倒危機突破国民大会」を開き、「吉田内閣打倒の日までこの大闘争の矛先をおさめるものではない」と宣言した。大阪、名古屋、横浜など各地の都市でも数万人を集める集会が開かれている。

一月二十九日、共産党は、GHQがゼネストを弾圧するかどうかについて、全官公庁共闘や産別会議の幹部を集め、最終的な会議を開催した。

《この席上、野坂参三は、「GHQはぜったいに弾圧しない」と述べ、労働組合部長の長谷川浩も「GHQの弾圧はありえない。弾圧してくるとしたら日本の警察だ。これとは徹底的にたたかう腹でゼネストに突入すべきだ」と訴えた。たった1人だけ「GHQの弾圧がないという甘い判断は危険ではないか」と反論した者がいた。これにたいし志賀義雄は「われわれは獄中18年をへてきているのだ。弾圧がこわくて中止命令はでないといっているのではない」と述べ、「日本では初めての政治闘争をまえにして、多少ちゅうちょするような傾向が各組合にあらわれているが、これにたいしフラクションは強力に勇気をもって説得し、おしきっていかなければならない」と主張した》[29]

共産党のフラクションとは、労組や市民団体などの内部に入り込んだ党員の組織を意味し、その団体で指導的な役職に就き、その団体を共産党の方針に沿うように活動させる任務を持つ。

このころ、二・一ゼネストで吉田内閣を倒したあとに樹立される、「人民政府の閣僚リスト」が労組やマスコミ周辺に流れ出していた。このリストについて、大森実氏は次のように述べている。

《そのころ、村上寛治（朝日新聞記者）は取材中に、代々木（日本共産党執行部）がひそかに人民政府の閣僚名簿を用意しているという情報を耳にした。首相松本治一郎、内相徳田球一、外相野坂参三、農相伊藤律というリストが手に入ったのであるが、村上はこれをホンモノだと信じた。野坂参三と志賀義雄は、この閣僚リストについて、両者とも、「あれは冗談めいた単なる噂にすぎなかった」と否定するのだが、

村上寛治は、

「ほんとうに準備されていたと思う」と肯定的である》[30]（括弧内は引用者の補足）

野坂と志賀がいうように、単なる噂だったのかどうかはわからない。

だが、大森氏の同僚の多くは、この閣僚リストの存在を、かなりの信憑性をもって受け止めていた。

《もちろん、この情報は筆者の耳にも入っていた。筆者の同僚の多くはこの情報を信じ、いよいよ日本は革命政権になるのかと思った。毎日新聞大阪本社では、「革命が起これば、外信部長の前芝確三が編集局長になるぞ」という情報が流されていた。モスクワ特派員の経験者をヘッドとした前芝外信部の中に、共産党フラクションの拠点が置かれていた》[31]

マッカーサーのゼネスト禁止命令

革命前夜かという憶測が飛び交うなか、ゼネスト予定日の前日の一月三十一日、伊井弥四郎はGHQに行くよう命じられる。そして、再びマーカットから、ゼネスト中止を命じられた。

伊井はそのやり取りをこのように回顧している。

《マーカットは英文の書面にマッカーサーが署名したものを私に示し、「ゼネスト中止を命令する。おまえはこれに署名をせよ」といいます。

私は「署名できません。みんなに相談して、それから署名するかしないかを決めましょう」というと、彼はとたんに、頭にきたのでしょう。赤ら顔がさらに真っ赤になり、「今晩おまえは六時にゼネスト中止のラジオ放送をすることを命令する」という。以下、次のようなやりとりを続けました。

伊井「ラジオ放送に応ずるかどうかはみんなに相談してお答えします。現にこの近くの部屋に各委員長がいるじゃありませんか。各委員長をみんなこの部屋に入れたらどうだ」

マーカット（M）「その必要は認めない。おまえは最高の責任者だ」

伊井「私はかりに最高の責任者であっても一人でお答えする権限は与えられていない」》[32]

こんなやり取りが延々と続き、伊井はここでも極東委員会の十六原則が日本の労働組合に政治活動の自由を認めていることを持ち出している。

だが結局、ラジオ放送に応ずることになった。国鉄委員長の鈴木清一との面会を認められ、多くの組合でスト中止の空気になっていることを聞かされたからだ。[33]

一月三十一日午後二時三十分、マッカーサー司令官によるゼネスト禁止命令が発せられた。

《連合軍総司令官として余に付与された権限に基づき、余はゼネラルストライキを行う目的のもとに連合した組合の指導者に対し次のように通告した。すなわち余は現下の困窮かつ衰弱せる日本の状態において、かくの如き致命的な社会的武器を行使することを許容しない。従ってかような行為を助長することを断念するよう彼らに指令した》[34]

もしゼネストを実施したらどうなるか、マッカーサーはこう述べた。

《ゼネストは輸送および通信を崩壊せしめるもので国民の必要とする食糧の輸送をはじめ、緊急必要品を確保するための石炭の移動を阻み、今日なお、依然として操業を続けている産業活動をも停止させるものである。

麻痺状態は不可避的に起る。これは日本人の多くをして事実上の飢餓に導き、かつ社会階層および、基本問題に対する直接の利害関係にかかわりなく、日本人の各家庭に恐るべき結果をもたらすものである》[35]

ゼネストはかろうじて回避された

マッカーサーの命令に接しても共産党はさらにしばらく粘った。

午後六時半、共産党は次のような声明を出した。

《総司令部の声明は、ゼネストを中止すべきことを通告したものであって、合法的な目的貫徹の行動を制限したものではない。われわれは、吉田内閣が即時総辞職し、人民の信頼しうる民主人民政権を樹立することを要求し、このための闘争をいっさいあげて果敢につづけるだろう》[36]

ゼネストがダメなら個々の組合が単独でストを決行すればいいと考え、社会党系のゼネスト実行本部に当たる全闘本部に、徳田球一と伊藤律が単独スト決行を申し入れている。[37]

しかし結局、午後九時十五分に、伊井弥四郎がラジオ放送でゼネスト中止を呼びかけた。

《私は全官公庁共同闘争委員会の議長伊井弥四郎であります。このたびの争議に関し、今日マッカーサー連合国最高司令官より命令を受けました。私は、今声がかれてよく聞こえないかも知れないが、緊急で、しかも重要な事柄ですからよく聞いてください。マッカーサー連合国最高司令官は、二月一日のゼネラル・ストライキを禁止されました。（中略）本日の命令内容の一部には、私として遺憾ながら了解に苦しむ点もありますが、命令では遺憾ながらやむを得ません。（中略）

私は今マッカーサー連合国最高司令官の命によりラジオをもって親愛なる全国の官公吏教員の皆様に、明日のゼネスト中止をお伝えいたします。実に断腸の思いで組合員諸君に語ることを御了解願います。私は今一歩退却、二歩前進という言葉を思い出します。私は声を大にして日本の働く労働者、農民のためバンザイを唱えて放送を終わることにします。労働者、農民バンザイ。われわれは団結せねばならない》[38]

一方、吉田茂首相は、ウィロビーらと接触するなかで、ＧＨＱが必ずゼネスト中止に踏み切ると見切っていた。

《総司令部の人々の中には、前にも少し触れた通り、労働組合側とある種の連絡を保って、こういう情勢を促進したと思われる節がなきにしもあらずであった。

と同時に、私の接した総司令部首脳部、それも特に本来の軍人の側では、経済的要求を逸

脱した政治的な労働攻勢に対しては、かなり早くから弾圧の肚を決めていたのである》[39]

「本来の軍人の側」というのは、ウィロビーらG2のことだろう。

ゼネスト中止のタイミングを決めるには、ソ連も加盟している極東委員会や対日理事会の容喙《ようかい》を許さないための情勢判断が必要だった。吉田は、こう回顧している。

《従って総司令部としては、労働攻勢の弾圧の必要を認めながらも、その時期を選ぶのに慎重だった。すなわち、だれが見てもこれ以上放任すれば、日本の秩序を紊《みだ》し、治安の上からも危険であると認め得る段階に至るのを待っていた。そして遂にいわゆる二・一ストは禁止されたのである。この時でも、ソ連代表委員は対日理事会で、総司令部の弾圧政策に対して文句をつけたが、その抗議はアメリカ代表によって一蹴されている。もしもあの時、総司令部の断が下らず、二・一ストが実行されていたとしたら、その後の日本の状況はどうなっていたであろうか》[40]

ソ連は、アメリカがゼネストの禁止を決断したことに対しても、異議を突きつけてきていたのである。もちろん、ソ連は、二・一ゼネストの実施と、それによる民主人民政権樹立を望んでいたからだ。

野坂参三や徳田球一らによる政権奪取は、あと一歩のところまで迫っていたが、ぎりぎりのところでGHQは踏みとどまった。そしてマッカーサーの判断の背後には、ウィロビーが率いるG2の対敵諜報部の正確な情勢分析があったと見るべきだろう。マッカーサーは日本を民主化しようとは考えていたが、日本を共産化し、ソ連の衛星国にするつもりはなかったのだ。

地下活動と武装蜂起——なおも続く蠢動

二・一ゼネストを止めたことで、日本共産党が主導する民主人民政権樹立へ向けた動きは、いったん阻止することができた。

だが、一度盛り上がった気運が、一夜にしてしぼむはずがない。

ウィロビーは今後、日本共産党の幹部たちが地下に潜り、非合法活動を強めていくことを予測した。

GHQのG2と米軍の第八軍は、この次は共産党が労働運動のような合法的方法にとどまらず、暴動や武装蜂起などの過激な手段に出てくることを警戒するようになった。その過激な手段のなかには、左翼の在日朝鮮人やソ連支配地域からの帰還者を組み込んで、武力革命をめざすことも含まれていた。

ウィロビーの懸念は正しかった。

共産党は一九四七年十月を期して、再びゼネストを利用した革命を計画していた。対敵諜報部隊（CIC）の調書が描き出す共産党の動きは生々しい。

《1947年8月、日本共産党機関紙『赤旗』は、通信、鉄道、電機産業の労働組合を先頭に押し立てた大規模な賃上げ要求闘争の計画を発表した。対敵諜報部隊は、共産主義者がこの新たな攻勢のために3つの段階を提案していることをつかんだ。

第1段階は、1947年8月20日頃までに完了する予定であり、労働者の要求を経営者側に申し立てることを内容とするものであった。

次の1カ月、労組はその要求についてオーナー側と気乗りのしない交渉を行う。

9月20日から10月20日までの間に、全参加労組が、10月半ばまでゼネスト状態が継続するように別個にかつ単独でストを指令する。

共産主義者のプロパガンダは、一見したところは独立した行動による全面的な操業停止を呼びかけるものであった。これは、実際にはストライキがよく調整され、相互に連携しあっているという事実を隠蔽する試みであった》[41]

あからさまに「ゼネストを決行する」といえば、二・一ゼネストと同様にGHQの命令で止められてしまうので、単独のストライキを装いつつ、実際にはゼネストになるように計画したというのである。

このゼネストの目的は、共産党の指導者たちの言動から明らかだった。

《CICは、来るべき攻勢のための重大事を預言する、さまざまな共産主義指導者による言行録を編纂した。そのなかには、万事が計画どおりに進めば、ロシア革命の記念日である11月7日までに新たな革命が緒につくであろう、という徳田球一の宣言も収められていた。

徳田は、連合国最高司令官が大量一斉検挙を求めることを予想し、地区事務局に対して、党の資金を隠し、党の文書と名簿を破棄し、地下に潜る準備をするよう指令を発した。青年共産主義者連盟のある幹部が行った次のような発言も収められている。「この滝に血が流れ出ることだろう。いったい、誰が無血革命など認めようか」》[42]

地下活動と武装蜂起。まさにウィロビーの予測した通りである。

なぜ「十月攻勢」は実を結ばなかったか

二・一ゼネストの議長伊井弥四郎は後年、共産党が二・一ゼネストでクーデターを計画していたという説を激しく否定し、批判している。[43]

だが、前掲の徳田の発言と、一九四七年一月二十九日付『アカハタ』の徳田の記事を並べてみると、二・一ゼネストでも十月攻勢でも共産党が一貫して革命をめざし、政権奪取を計画していたことは間違いない。

対敵諜報部隊（ＣＩＣ）の調書は、次のように分析している。

《いくつかの産業において、共産党は、民主的手続と確立された労組の手法を断固として擁護する労組指導者と闘いながら、ストライキを行う労組の指導権をすばやく奪取する必要があった。迅速な浸透活動が、これらの労働組合の指導権を暴力的で急進的な少数派の手に握らせたのである。

党の熟練した雄弁家たちが広く遊説し、講演し、そして労働者の公開討論会を開いた。そうした場所ではどこでも、労働者の目的を成就するには闘争も必要であるという事実に一般大衆を慣らすための暴力的な議論が聞かれた。日本共産党中央委員会の春日庄次郎は、ある演説のなかで次のように述べている。

党員のなかには、平和革命を唱える者がある。これは誤りだ。マルクスやレーニンは平和革命を支持していない。暴力革命こそ明確に導きだされているのだ。我々の来るべき十月闘争において、米国が我々を妨害しようと実力を行使すれば、平和革命は暴力革命へと変わるだろう。

もうひとりの中央委員会委員紺野与次郎は、1947年8月22日に熊本県で行った演説で、「十月攻勢」の目的を達成するためには軍事力が必要であろうと述べた。後に紺野は、極めて大胆に、ソ連からの支援を求めるべきだと提案した。

秘密情報の提供者たちは、ストライキの直接の目的は労働者の賃上げからかけ離れたもので、日本共産党が日本政府を制圧し、米国が何らかの干渉行動を執ることによって国際的な混乱を惹起し得るような重大な混沌を作り出すことにある、とCICに伝えた。福岡県では、十月攻勢のスト計画者たちは、最終的には計画の成功を非常に確信していたので、共産主義者は地方官吏にとって代わる者の人選をすませた、と報告されたほどであった》[44]

「ソ連からの支援を求めるべきだ」との発言は、東欧で起こった敗戦革命を想起させる。ソ連の軍事力を背景にゼネストを起こし、一気に権力を奪取しようと考えていたわけだ。

だが、幸いにして十月攻勢は実を結ばなかった。なぜか。

CICの調書はこう記している。

《十月攻勢に人々の支持が向けられる場合の諸条件は変化しつつあった。最も重要だったのは、アメリカから船積みされた食糧が折良く到着し、共産主義者たちが何カ月もの間しつこく非難してきた食糧不足を緩和するのに大いに役立ったことである。（中略）1947年2月のストライキは連合国最高司令官が命令を発した結果、中止された。しかし今回、占領軍当局はその時よりも賢明な間接的戦術を用いたのであった。すなわち、大量の食糧を放出したばかりでなく、日本の労働者に民主的労組の正しい実践というものを集中的に教育する計画を設けたのである》[45]

ここでは、あたかもアメリカのトルーマン政権ないしGHQが戦略的に食糧を支援したことが功を奏したように書かれているが、第八章で見たように、昭和天皇の御努力、さらに吉田茂らの奮闘によって、食糧輸入が行なわれるようになったことを、われわれ日本人は忘れるべきではない。

昭和天皇の日本国民を想う心と、日本の保守自由主義者の活躍が、食糧や物資供給の道を開き、徐々に人心の安定をもたらし、アメリカの保守自由主義者との連帯も生み、ひいては、敗戦革命の阻止という結果をもたらしたとも言えるだろう。

GHQに浸透したソ連の工作員たちを排除

ゼネスト中止を境にしてGHQ内部では、ウィロビーの率いるG2の発言力が強まり、占領政策が目に見える形で転換されていく。いわゆる「逆コース」である。

とはいっても、一夜にして状況が変わったわけではなく、対日政策をめぐるGHQ内部での対立、特にGSとG2の対立は、ゼネスト後もしばらく続いた。

その一つが、警察力再編論争である。

二・一ゼネスト中止後の国内騒乱を懸念した吉田政権は、二月二十八日、国家警察の創設を提案した。[46]

当時、日本の警察は、思想犯に対応する特別高等警察（特高）が解体され、内務省も骨抜きになって、地方警察単位に分かれていた。国家的な危機、治安的脅威の高まりに対応するため、三万人規模の国家警察を、個々の犯罪などに対応する地方警察とは別組織としてつくりたいという提案だった。

GHQ内部でも、今後の治安問題の深刻化を見据えて警察改革・強化策を提案する動きがあった。

これらに対して反対したのが、民政局（GS）のティルトンである。妥協案として、治安危機が高まっている当面の時期は国家警察を設置し、落ち着いたら国家警察を解体して地方警察のみの体制にするという提案が出された。G2側は、「日本には陸軍も海軍も何ひとつない、治安が守れなければ経済も安定しない」と強力に論じたが、ティルトンは頑強に反対し続けた。

そこでウィロビーは一九四七年四月二十三日、GHQ内の敗戦革命派に対する本格的な攻撃を開始した。

『総司令部への左翼主義者の浸透状況』という報告書をマッカーサー司令官に提出し、皇室解体を主張していたビッソン、財閥解体を強力に押し進めたエレノア・ハドレー、日本国憲法草案作成に関わったベアテ・シロタ・ゴードンらの詳細な調査報告を行なったのだ。

ウィロビーの報告書を読んで、民政局のホイットニーは激怒した。

だが、ウィロビーは再び『GHQ内の左翼職員について』という報告書を作成し、日本共産党を支援するGHQのメンバーを一掃しようとした。

ウィロビーのこうした行動はこれまで、常軌を逸した荒唐無稽な共産党恐怖症と決めつけられることが、ままあった。ウィロビーの著書『知られざる日本占領』の日本語訳にも、編者がこのようなコメントを本文中にわざわざつけている。

《現在の世界情勢からみれば、GHQを吹き荒れたこの〝アカ狩り〟も、ウィロビーに代表される誇大盲想的共産主義恐怖症は滑稽でさえあるが、戦後の一時期、ちょっとでも変なこ

とを口にすれば「あいつはアカだ！」とレッテルをはられ、刑事が身辺をうろついた暗い時代の前兆でもあったのだ》[47]

だが、一九九五年、アメリカ政府が公開した「ヴェノナ文書」によって、ウィロビーの調査報告は必ずしも誇大妄想ではなかったことが明らかになっている。

そして、ウィロビーの反撃により、GHQ内部に入り込み、敗戦革命推進に手を貸していたニューディーラーたちは排除されていった。

ホイットニーの右腕として権勢を振るったケーディスは一九四八年、また日本に戻るつもりでアメリカに出張したが、そのまま退役を余儀なくされた。当時、公職追放された昭和電工社長の後継としてGSが間接的に推した日野原節三が巨額の賄賂をばら撒いた昭電疑獄事件があったが、贈賄の対象は主としてGSだった。それを摘発したのがG2である。ケーディスと鳥尾元子爵夫人との不倫関係を含めて、G2はワシントンに詳細な報告を送っている。[48]

トーマス・ビッソンは一九四七年四月末までにGHQにおける任務を事実上終え、五月にアメリカに帰国している。帰国後、IPRのウィリアム・ホランド事務総長の世話でロックフェラー財団からの研究助成金と、カリフォルニア大学バークレー校での客員講師の職を得た。

こうしてGHQは〝獅子身中の虫〟をある程度排除することに成功し、占領政策の方向も転換されていく。

ただし、敗戦革命の危機はその後も続くことになる。

ソ連からの本格的な引き揚げが始まるとシベリア抑留中に共産主義の洗脳を受けた引揚者が大量に帰国しはじめ、一九四九年には中華人民共和国が成立。そして一九五〇年の朝鮮戦争に向けて、新たな危機が日本を襲ったのだが、それはまた、機会を改めて検証することにしたい。

「敗戦革命との戦い」を踏まえた戦後史を

一九四八年、エリザベス・ベントレー女史とウィテカー・チェンバーズがアメリカ連邦議会の下院非米活動委員会に呼ばれ、証言を行なった。彼らの証言から、国務省高官のアルジャー・ヒスがソ連軍情報部のスパイであるという疑惑が飛び出すことになる。

チェンバーズは『タイム』誌の記者で、コミンテルン工作員だったが、一九三九年に、ルーズヴェルト政権内部にソ連の工作員が多数浸透していることを、ホワイトハウスの治安専門家であったアドルフ・バール（当時、国務次官補）に報告していた。

一方のベントレー女史は、元々アメリカ共産党員だったが、スターリンの大粛清に幻滅して党を離れた人物で、一九四五年にＦＢＩにソ連工作員の動きを告発していたのである。

彼らの証言がきっかけとなり、ヤルタ会談を仕切ったソ連軍情報部の工作員、アルジャー・ヒスが偽証罪で有罪になるなど、アメリカ政府においても、ようやくソ連の工作員に対する警戒心が強まっていく。

一九四九年の中国共産党の内戦勝利と中華人民共和国の成立、一九五〇年の朝鮮戦争の勃発といった国際情勢の急変を背景に、ローゼンバーグ夫妻が核開発の機密情報をソ連に提供したローゼンバーグ事件をはじめとして、アメリカでは「赤狩り」旋風が吹き荒れることになる。

これを主導したジョセフ・マッカーシー上院議員の手法があまりに荒削りだったため、このとき全容が解明することはなく、最終的にはむしろ誰かをソ連・コミンテルンのスパイだと批判することがタブー扱いされるようになってしまった。

しかし、この「赤狩り」によってソ連の息がかかった工作員は次々とアメリカの枢要部から放逐されていった。連動してアメリカ政府の対日政策も急激に変わっていくことになる。

帰国後、カリフォルニア大学バークレー校での客員講師となっていたトーマス・ビッソンも一九五一年、アメリカ連邦議会上院国内治安小委員会のＩＰＲに関する公聴会に召喚された。その影響もあってバークレー校でのビッソンの契約更新は行なわれず、その後、一九六八年まで大学の教職に就くことができなかった。

府中刑務所にいた日本共産党の幹部たちを釈放したハーバート・ノーマンは一九五〇年にカナダに帰国したあと、駐ニュージーランド高等弁務官や駐エジプト大使兼レバノン公使を歴任したが、一九五七年、アメリカ連邦議会上院国内治安小委員会でジョン・エマーソンと都留重人がノーマンが共産主義者であるかどうかについて質問された直後、任地のカイロで投身自殺した。

野坂参三も、その晩年は哀れなものであった。一九九一年十二月にソ連が崩壊すると、ソ連時代の機密情報が公表されるようになったが、それによって野坂参三が一九三九年に「日本共産党の同志・山本懸蔵がスパイだ」とソ連当局に密告し、結果、山本が粛清されていたことが露見する。日本共産党も「独自調査の結果、野坂はソ連の赤軍情報総局に直結する工作員という任務をもって日本に帰国した事実が明らかになり、本人も認めた」として、一九九二年に野坂参三を除名した。

工作員の末路が、悲劇的に終わることも多い。日本の「敗戦革命工作」を進めた人々も、その例に漏れなかった。

その一方で、戦時中から戦後すぐの時期に「ソ連・コミンテルンの工作員」を告発したエリザベス・ベントレーやウィテカー・チェンバーズ、そしてジョセフ・マッカーシーらはその当時、必ずしも全面的に受け入れられたわけではなかった。むしろ非難に晒《さら》され、不当な評価を受けてきたといえよう。

だが、繰り返し述べているように、一九九五年にヴェノナ文書が公開された結果、半世紀の時間を必要としたが、現在では彼らの告発が概ね正しいものであったことが明らかになりつつある。その再評価に際しては、歴史の真実が明らかになっていなかった段階で危機に気づき、その危機に立ち向っていったこれらの人々の先見の明を大いに讃えることを忘れてはなるまい。

日本もそうだ。

たとえ、その時は圧倒的な少数派であったとしても、インテリジェンスを重視し、敵の意図を正確に把握しようと努め、なによりも国民の安全と生活を重視した指導者たちが、日本を終戦から占領期の亡国の危機から救ってきたのだ。

その危機とは、本書で縷々説明したように日本を敗戦から共産革命へと追い込む「敗戦革命」であり、昭和天皇をはじめ、重光葵、吉田茂、石橋湛山ら保守自由主義者が敢然と立ち向かわなかったら、戦後の日本は、いまの北朝鮮のようになっていたかも知れないのだ。

同様にトルーマン政権をして「対日無条件降伏」を断念させた硫黄島、沖縄の奮戦、さらに、スターリンによる北海道侵攻を食い止めた占守島での奮戦がなければ、日本はどうなっていたことか。先人たちに、心より敬意を表したい。

先の戦争は、英米を始めとする連合国との「軍事の戦い」であるだけでなく、連合国内部に入り込んだソ連・コミンテルンの協力者たちによる「敗戦革命との戦い」でもあった。「敗戦革命との戦い」というインテリジェンスの視点を踏まえて戦中・戦後史は、大きく書き換えられるべきである。

【注】

1　伊井弥四郎「国鉄九月闘争と二・一ゼネスト」、労働運動史研究会編集『占領下の労働争議』所収、労働旬報社、一九七二年、二一頁

2　ものがたり戦後労働運動史刊行委員会編『ものがたり戦後労働運動史Ⅰ』一八六～一八七頁
3　竹前栄治他編『資料　日本占領2　労働改革と労働運動』大月書店、一九九二年、一四三頁
4　大森実『戦後秘史4　赤旗とGHQ』二三二頁
5　伊井弥四郎「国鉄九月闘争と二・一ゼネスト」、前掲書、二七頁
6　石橋湛山『湛山回想』岩波文庫、一九八五年、三二八～三二九頁
7　倉山満『検証　財務省の近現代史』光文社新書、二〇一二年、四三頁
8　同、四三～四四頁
9　渡辺武『占領下の日本財政覚え書』三八～三九頁
10　同、四〇頁
11　同、四〇～四一頁
12　同、四二～四三頁
13　ものがたり戦後労働運動史刊行委員会編『ものがたり戦後労働運動史Ⅰ』二〇四頁
14　同、二〇四～二〇五頁。原文の項目の★を・に改めた。
15　明田川融訳・解説『占領軍対敵諜報活動』八九～九一頁
16　ものがたり戦後労働運動史刊行委員会編『ものがたり戦後労働運動史Ⅰ』二〇五頁
17　伊井弥四郎「国鉄九月闘争と二・一ゼネスト」、前掲書、二七～二八頁
18　大森実『戦後秘史4　赤旗とGHQ』二三五頁の引用による
19　吉田茂『回想十年』(1)、一六五頁
20　竹前栄治他編『資料　日本占領2　労働改革と労働運動』一四六頁
21　ものがたり戦後労働運動史刊行委員会編『ものがたり戦後労働運動史Ⅰ』二〇六～二〇八頁
22　同、二〇八頁

23 吉武恵市「【回想余話】二・一ストの思い出」、吉田茂『回想十年』（2）所収、三四一〜三四三頁
24 同、三四三〜三四四頁
25 伊井弥四郎「国鉄九月闘争と二・一ゼネスト」、前掲書、三一〜三二頁
26 吉田茂『回想十年』（1）、一六六頁
27 伊井弥四郎「国鉄九月闘争と二・一ゼネスト」、前掲書、三二頁
28 能勢岩吉編著『二・一ゼネスト』労務行政研究所、一九五三年、二二一〜二二二頁
29 ものがたり戦後労働運動史刊行委員会編『ものがたり戦後労働運動史Ⅰ』二一七頁
30 大森実『戦後秘史4　赤旗とGHQ』二三五頁
31 同、二三五頁
32 伊井弥四郎「国鉄九月闘争と二・一ゼネスト」、前掲書、四九〜五〇頁
33 同、五〇〜五二頁
34 竹前栄治他編『資料　日本占領2　労働改革と労働運動』一四九頁
35 同、一四九〜一五〇頁
36 ものがたり戦後労働運動史刊行委員会編『ものがたり戦後労働運動史Ⅰ』二一九頁
37 同、二二〇頁
38 竹前栄治他編『資料　日本占領2　労働改革と労働運動』一五〇〜一五一頁
39 吉田茂『回想十年』（1）、一六五頁
40 同、一六六頁
41 明田川融訳・解説『占領軍対敵諜報活動』九一〜九二頁
42 同、九二頁
43 伊井弥四郎「国鉄九月闘争と二・一ゼネスト」、前掲書、六〇〜六四頁

44　明田川融訳・解説『占領軍対敵諜報活動』九二～九三頁
45　同、九三～九四頁
46　柴山太『日本再軍備への道』七四頁
47　チャールズ・ウィロビー『知られざる日本占領』一六一頁
48　同、一五五～一五九頁

おわりに――米軍元将校の警告

敗戦革命は、残念ながら過去のものではない。

戦時中、アメリカと中国共産党の本拠地・延安において、ソ連・コミンテルンの協力者たちによって対日「敗戦革命」工作が準備されていた。多くの人々が眼前の米軍との戦いに目を奪われるなかで、その危険性に気づいていたのは、昭和天皇をはじめとしてごく少数であった。

歴史を学ぶと気づかされるが、当時、マスコミが報じていたことがすべてではない。よって現在も、日本を解体する政治工作が中国やアメリカ、ロシアなどで検討され、仕掛けられていると考えるのが自然だろう。

ご参考のために、ささやかな体験を一つ書き記しておきたい。

尖閣中国漁船衝突事件の翌年の二〇一一年、米軍の元将校と東京・赤坂のあるホテルでランチをとっていたときのことだ。

「あなたは、コンドミニアムを知っているか」と尋ねられた。「知らない」と答えたら、こういわれたのだ。

「昨年、尖閣諸島沖で中国漁船の衝突事件が起こり、日本政府（当時は菅直人民主党政権だった）は中国政府の抗議に屈して、その漁船の中国人船長をすぐに釈放してしまっただろう。あれを見て、われわれ米軍はあきれ果てた。自国の領土を守るつもりがないのなら、われわれも日本を助ける義務はない。

実はアメリカ国務省と中国側との秘密交渉において、あくまでも一部の動きだが、中国による尖閣諸島攻撃を止める代わりに、日本を米中両国で経済的に搾取しようという案が出ていることを聞いた。具体的には、日本のメガバンクの株を中国の政府系ファンドが購入し、銀行を通じて日本の企業を支配しようというものだ。これをコンドミニアムと呼んでいるようだ」

「ふざけるな、アメリカは日本の同盟国ではないのか」と反論すると、こういう言葉が返ってきた。

「われわれ米軍は、日米安保条約に基づいて日本の自由と平和を守ろうと思っているが、それは日本自身が自らの自由と平和を守るつもりがあることが前提だ。中国から尖閣諸島を守るつもりがないのに、なぜ、われわれだけが日本のために努力をしなければならないのか。それに、コンドミニアムの話は国務省、それも一部の人たちの話であって、米軍の大多数は反対だ。ただ、国務省のなかには中国との関係を重視する奴もいて当然だし、コンドミニアムという議論もあっておかしくない。そういうことを想定しない日本の方が異常なのだ。日本では小学校から英語を学ぶそうだが、このままだと、いずれ中国語を小学校で学ぶことになるだろうね」

このときのやり取りは本当によく覚えている。

アメリカは一枚岩ではなく、ウィーク・ジャパン派とストロング・ジャパン派がいまも内部で抗争をしている。そう、戦前から戦時中にかけてと同じようにだ。

ちなみに、「コンドミニアム」とは「共同搾取」を意味する隠語である。つまり、アメリカのウィーク・ジャパン派のなかには、中国共産党政府と連携して日本を経済的属国にして徹底的に搾取しようとする動きがあるということである。

だとするならば日本もまた、アメリカのストロング・ジャパン派と積極的に連携を深め、米中結託によるコンドミニアムを阻止すべきであろう。

ところが日本のなかには、アメリカを一枚岩と見做し、アメリカのストロング・ジャパン派との連携を強化することさえも「対米従属だ」などと批判する「愛国者」たちが少なからず存在する。

しかし、同盟国アメリカに対する働きかけを怠ることは、結果的に米中結託によるコンドミニアムを容認することになりかねない。

この構図が、「国体護持」の名のもと反米を叫び、ソ連との和平交渉だけが正しいと主張して対米交渉を怠り、ソ連による日本占領の危機を招いた軍部の姿と重なって見えるのは果たして偶然だろうか。

本来ならば、外国から様々な対日工作が仕掛けられていることを前提に、そうした工作について調査し、対抗するのが対外インテリジェンス機関の役割だ。戦前の日本は、そうした対外インテリジェンス機関が存在したが、その貴重な情報を活用できる政治家や軍幹部が少なかった。

そうした戦前の政治家や軍幹部の見識のなさを批判するのは容易《たやす》いが、現在のわが国には、そもそも対外インテリジェンス機関そのものがない（対外インテリジェンスについても同盟国アメリカに大きく依存している）。

ある意味で、戦前の日本よりも、インテリジェンス能力は劣っていて、危険を察知する

「目」と「耳」を持たずに「ダチョウの平和」を謳歌しているのが現在の日本だ。そして、何よりも問題なのは、われわれ有権者がそれでよしとしていることであろう。

しかし、マスコミで報じられないだけで現在も、外国によって危険な政治工作が日本に仕掛けられていると考えるべきである。そう考えて、インテリジェンスの戦いを繰り広げることが日本の自由と平和を守ることなのだ。

敗戦革命工作と戦った先人たちの奮戦を描いた本書をお読みいただくことで、保守自由主義、適切な経済政策、そしてインテリジェンスの重要性を理解する人が増えることを、心より願っている。

PHP新書

PHP INTERFACE
https://www.php.co.jp/

江崎道朗［えざき・みちお］

1962年生まれ。九州大学卒業後、月刊誌編集、団体職員、国会議員政策スタッフを務め、安全保障、インテリジェンス、近現代史研究に従事。2016年夏から本格的に評論活動を開始。著書に『コミンテルンの謀略と日本の敗戦』（PHP新書）、『日本は誰と戦ったのか』（ベストセラーズ）、『アメリカ側から見た東京裁判史観の虚妄』（祥伝社新書）、『マスコミが報じないトランプ台頭の秘密』（青林堂）、『コミンテルンとルーズヴェルトの時限爆弾』（展転社）など。

日本占領と「敗戦革命」の危機

PHP新書 1152

二〇一八年八月三十日　第一版第一刷
二〇二四年三月十二日　第一版第三刷

著者――江崎道朗
発行者――永田貴之
発行所――株式会社PHP研究所
東京本部――〒135-8137 江東区豊洲5-6-52
ビジネス・教養出版部 ☎03-3520-9615（編集）
普及部 ☎03-3520-9630（販売）
京都本部――〒601-8411 京都市南区西九条北ノ内町11
組版――有限会社メディアネット
装幀者――芦澤泰偉＋児崎雅淑
印刷所
製本所――図書印刷株式会社

ISBN978-4-569-84129-8

ＰＨＰ新書刊行にあたって

「繁栄を通じて平和と幸福を」(PEACE and HAPPINESS through PROSPERITY)の願いのもと、ＰＨＰ研究所が創設されて今年で五十周年を迎えます。その歩みは、日本人が先の戦争を乗り越え、並々ならぬ努力を続けて、今日の繁栄を築き上げてきた軌跡に重なります。

しかし、平和で豊かな生活を手にした現在、多くの日本人は、自分が何のために生きているのか、どのように生きていきたいのかを、見失いつつあるように思われます。そして、その間にも、日本国内や世界のみならず地球規模での大きな変化が日々生起し、解決すべき問題となって私たちのもとに押し寄せてきます。

このような時代に人生の確かな価値を見出し、生きる喜びに満ちあふれた社会を実現するために、いま何が求められているのでしょうか。それは、先達が培ってきた知恵を紡ぎ直すこと、その上で自分たち一人一人がおかれた現実と進むべき未来について丹念に考えていくこと以外にはありません。

その営みは、単なる知識に終わらない深い思索へ、そしてよく生きるための哲学への旅でもあります。弊所が創設五十周年を迎えましたのを機に、ＰＨＰ新書を創刊し、この新たな旅を読者と共に歩んでいきたいと思っています。多くの読者の共感と支援を心よりお願いいたします。

一九九六年十月

ＰＨＰ研究所